中共广州市委党校红棉论丛

粤港澳大湾区
建设理论与实践

YUE-GANG-AO
DAWANQU
JIANSHE LILUN YU
SHIJIAN

刘　杰　主编

广州新华出版发行集团
广州出版社

图书在版编目（CIP）数据

粤港澳大湾区建设理论与实践 / 刘杰主编. —广州：广州出版社，2020.5

ISBN 978-7-5462-2932-4

Ⅰ. ①粤…　Ⅱ. ①刘…　Ⅲ. ①区域经济发展—研究—广东、香港、澳门　Ⅳ. ①F127.6

中国版本图书馆CIP数据核字（2020）第076492号

书　　名　粤港澳大湾区建设理论与实践
Yue-Gang-Ao Dawanqu Jianshe Lilun Yu Shijian
出版发行　广州出版社
（地址：广州市天河区天润路87号9、10楼　邮政编码：510635
网址：www.gzcbs.com.cn）
责任编辑　潘孟良　李畅炜
责任校对　黄焕珊　张　苹　李少芳
装帧设计　奔流文化
印刷单位　广东信源彩色印务有限公司
（地址：广州市番禺区南村镇东兴工业园　邮政编码：511442
电话：020-31035510）
规　　格　787mm × 1092mm　1/16
印　　张　21
字　　数　244千
版　　次　2020年5月第1版
印　　次　2020年5月第1次
书　　号　ISBN 978-7-5462-2932-4
定　　价　48.00元

前 言

建设粤港澳大湾区是习近平总书记亲自谋划、亲自部署、亲自推动的国家战略，是新时代推动形成全面开放新格局的新举措，也是推动“一国两制”事业发展的新实践。2019年2月18日，中共中央、国务院印发《粤港澳大湾区发展规划纲要》（以下简称《规划纲要》）。这份纲领性文件对粤港澳大湾区的战略定位、发展目标、空间布局等方面作了全面规划，一个富有活力和国际竞争力的一流湾区和世界级城市群将在不懈努力中一步步变为现实。

湾区经济作为独立于沿海经济的高级经济形态和共享经济模式，是国内外区域经济不断发展过程中形成的具有独特优势的高级形态，以其更强的共享性、开放性、合作性特点，受到了国际上大部分国家的认可。从国际共识看，“湾区”通常是指地理意义上三面成陆、一面内凹通海的沿海地理区域，在湾区区域内形成相互关联的港口群、城镇群并由其带动产生的经济活动则被称为“湾区经济”。湾区经济形成的基本机理是“拥海抱湾合群通陆”，“拥海”有利于形成国家对外开放的新引领，“抱湾”有利于促进各种生产要素的集聚，“合群”有利于产生“港口群+产业群+城市群”的叠加效应和创新能力，“通陆”有利于促使湾区城市拓展腹地。[①]

① 申勇：《湾区经济的形成机理与粤港澳大湾区定位探究》，《特区实践与理论》，2017年第5期。

纽约、旧金山、东京等国际知名大湾区之所以能引领全球经济发展，原因就在于良好的交通运输和居住生活条件使其在人口和产业集聚上具备了突出优势。

党的十九大之后，以之前不断深化的珠三角改革发展（一体化）、泛珠三角合作为重要基础的粤港澳大湾区建设上升为国家战略。这不仅是中国新时代谋求发展的新探索，也从整体上呼应了当今世界各国纷纷将战略中心东移的国际大环境。《规划纲要》明确了粤港澳大湾区由“2+9”城市组成，包括香港特别行政区、澳门特别行政区，以及广东省广州市、深圳市、珠海市、佛山市、惠州市、东莞市、中山市、江门市、肇庆市（通常称“珠三角九市”），总面积达5.6万平方千米，2017年末总人口约7000万人，是我国开放程度最高、经济活力最强的区域之一，在国家发展大局中具有重要的战略地位。粤港澳大湾区土地面积比纽约、旧金山和东京三大著名湾区之和还要大，实际管辖人口或超8500万人，2017年年底其地区生产总值已突破10万亿元。而且粤港澳大湾区良港密布，集装箱吞吐量位列全球第一，约占全球远洋集装箱总运量的1/5。港深交易所总市值超过6.5万亿美元，位居全球第三。粤港澳大湾区内还拥有80亿吨石油储备，具备包括基础科研、产品研发、设计原型、零件配套、中期测试到大规模生产的全流程完备产业链。正因其良好发展基础和独特条件，粤港澳大湾区以全国0.6%的土地面积和0.5%的人口，贡献了全国1/8的GDP。各方都认为其有望建成继纽约、旧金山、东京湾区之后的全球第四大湾区。

《规划纲要》的正式公布引起了国内外持续广泛的关注、热议。实际上，这一国家战略从酝酿到正式提出，经历了一个民间呼吁、官方主导、粤港澳积极推动、社会各界建言献策的过程。

从历史上看，粤港澳区域在自然地理、人文历史等方面具有先天存在、不可分割的密切联系，但受近代以来全球政治、经济格局变动的影响，其人文社会关系、空间关系、价值观都曾经发生过重大变化，使原本同根生的珠江口湾区逐步演变成“一个国家、两种制度、三种货币、三个关税区、四个核心城市”格局的粤港澳区域。进入21世纪以来，如何从空间视角概括粤（珠三角）与港澳关系成为社会各界共同关注的热门议题。

港澳学者较早关注了这一问题。1997年前后香港科技大学教授吴家玮、田长霖等根据美国旧金山湾区经验，提出建设沿香港海域的“香港湾区”设想，这是一个较早的研究。[①]2003年澳门科技大学黄枝连教授进一步提出建设“伶仃洋湾区”或“华南湾区”设想。[②]此后，2005年，江璐明、张虹鸥、梁国昭将环珠江口与日本环东京湾地区在产业发展，以及环境方面进行详细对比，提出形成以伶仃洋为圆心、环珠江口地区为核心，与广东省、大珠三角区乃至泛珠三角等在产业发展空间上辐射带动的圈层拓展与同心圆结构。[③]与此同时，广东各级政府也一直予以积极回应，早在2003年左右，时任中共广东省委书记的张德江就从区域经济视角提出“大珠三角”（珠三角+港澳）和“泛珠三角”概念；2004年，广东省政府与国

① 吴家玮：《一飞冲天还是一败涂地——兼论“港深湾区”》，《中国评论》（香港），2001年第7期；田长霖：《旧金山湾区对上海的启示（专访）》，《世界科学》，1998年第8期。

② 吴启焰：《城市密集区空间结构特征及演变机制——从城市群到大都市带》，《人文地理》，1999年第1期。

③ 江璐明、张虹鸥、梁国昭：《环珠江口与环东京湾地区产业发展及环境比较》，《热带地理》，2005年第4期。

家住建部联合组织编制《珠三角城镇群协调发展规划》，第一次从官方层面提出“珠江口湾区”概念[①]，更清晰地表达了珠三角核心区向珠江口集聚的发展趋势。2014年，基于深港合作深化和深圳东西联动拥抱海湾的发展前景，深圳市政府在工作报告中首次提出深圳要依托毗邻香港、背靠珠三角、地处亚太主航道优势，重点打造前海湾、深圳湾、大鹏湾、大亚湾等湾区产业集群，构建湾区经济，希望以湾区经济形成对外开放新格局。在随后的深港、深澳高层会晤和深港合作会议、深澳合作会议上，深圳市政府都曾多次以共建湾区为话题，推动湾区建设逐步成为强烈的区域共识。

粤港澳三地多年来一直保持着良好的合作关系。长期以来形成的密不可断的地缘、人缘关系使粤港澳三地的经济发展始终密切相连。改革开放以来，三地区域合作由早期单一的“前店后厂”跨地域分工模式向“厂店结合”等多种模式并举演变，地域范围不断延展，合作内涵日益丰富。伴随着经济关系的转变，空间格局亦由“小集聚、大分散”逐步转向“小分散、大集聚”，三地区域合作也逐步从分散发展走向边界突破，从宜居湾区走向世界级湾区，从中心—腹地走向枢纽—网络。特别是近年来随着区域一体化的创新性发展，三地深度合作在有力推动湾区建设方面发挥了重要作用。[②]近十年来，《珠江三角洲地区改革发展规划纲要（2008—2020

① 常征：《澳门在珠江三角洲城市群协同创新中的战略定位和发展路径研究》，《科学与管理》，2015年第6期。

② 闻瑞东、钟世川：《加强粤港澳大湾区文化整合的对策》，《改革与开放》，2018年第20期。

年）》、《关于建立更紧密经贸关系的安排》（简称“CEPA”）、《粤港合作框架协议》等深化合作的文件陆续落地。其中2010年《粤港合作框架协议》首次在地方政府层面提出“粤港澳大湾区”概念。民间的期待与互动、地方政府的积极推动，为党的十九大后粤港澳大湾区建设这一国家战略的形成奠定了坚实的基础。

中国特色社会主义进入新时代。习近平总书记以非凡政治家的高瞻远瞩推动形成“五位一体”总体布局和“四个全面”战略布局，我国全方位开放不断深化。早在2012年12月，在党的十八大后习近平总书记首次离京考察就来到广东，提出希望广东联手港澳打造更具综合竞争力的世界级城市群。2013年9月和10月，习近平总书记分别在访问哈萨克斯坦和东南亚期间提出共建“丝绸之路经济带”和“21世纪海上丝绸之路”的重大倡议。2013年11月，党的十八届三中全会通过《中共中央关于全面深化改革若干重大问题的决定》，明确提出要推进丝绸之路经济带、海上丝绸之路建设，形成全方位开放新格局。为落实党中央关于“一带一路”的倡议，2015年3月，国家发改委、外交部、商务部联合出台《推动共建丝绸之路经济带和21世纪海上丝绸之路的愿景与行动》，第一次在国家层面提出“深化与港澳台合作，打造粤港澳大湾区”的构想。此后，这一概念便在中央和地方相关政策文件中不断被提及。

作为国家战略的粤港澳大湾区建设逐步提速。2017年3月全国“两会”期间李克强总理提出要“开展粤港澳大湾区城市群发展规划”，引发国内外对粤港澳大湾区的高度关注。2017年7月1日，在习近平主席见证下，国家发改委和粤港澳三地政府在香港共同签署《深化粤港澳合作　推进大湾区建设框架协议》。2017年10月，党的十九大报告明确提出“要支持香港、澳门融入国家发展大局，以粤港澳大湾区建设、粤港澳合作、泛珠三角区域合作等为重点，全面推进内地同香港、澳门互利合作，制定完善便利香港、澳门居民在内地发展的政策措施”。2017年12月18日，习近平总书记在中央经济工作会议上指出，粤港澳大湾区建设要科学规划，加快建立协调机制。2018年3月7日，习近平总书记在参加广东代表团审议时指出，要抓住建设粤港澳大湾区的重大机遇，携手港澳加快推进相关工作，打造国际一流湾区和世界级城市群。2018年3月，李克强总理在《政府工作报告》中再次明确要出台实施粤港澳大湾区发展规划，全面推进内地同香港、澳门互利合作。2018年5月10日、31日，习近平总书记先后主持召开中央政治局常委会会议和中央政治局会议，对《规划纲要》进行审议。同时，习近平总书记多次就推进粤港澳大湾区建设作出指示，“充分发挥市场在资源配置中的决定性作用”“建设好大湾区，关键在创新”。这些指示针对性强，具有重要指导意义，成为科学编制规划、精心组织实施的行动指南。2018年10月，习近平总书记再次考察广东，强调要把粤港澳大湾区建设作为广东改革开放的大机遇、大文章，抓紧抓实办好。2018年10月23日，习近平总书记来到珠海，宣布港珠澳大桥正式开通。这一“国之重器”打通了粤港澳大湾区的道路交通网，为粤港澳大湾区基础设施互联互通树立了典范。2018年11月，习近平总书记在会见香港澳门各界庆祝国家改革开放40周年访问团时强调，希望香港、澳门继续带头并带动资本、技术、人才等参与国家经济高质量发展和新一轮高水平开放。

表 粤港澳大湾区战略规划梳理

时间	文件或会议	主要内容
2005年8月	广东省政府《珠江三角洲城镇群协调发展规划（2004—2020年）》	划分粤港澳跨界合作发展地区。把发展“湾区”（环珠江口地区）列入重大行动计划
2008年12月	国家发改委《珠三角地区改革发展规划纲要（2008—2020年）》	到2020年，形成粤港澳三地分工合作、优势互补、全球最具核心竞争力的大都市圈之一。支持共同规划实施环珠江口地区的“湾区”重点行动计划
2009年10月	粤港澳三地政府《大珠江三角洲城镇群协调发展规划研究》	合力建设充满生机与活力、具有全球竞争力的协调可持续的世界级城镇群。提出“一湾三区”集聚、“三轴四层”拓展、“三域多中心”发展的整体空间结构，其中“一湾”指珠江口湾区
2010年4月	广东省政府与香港特区政府《粤港合作框架协议》	率先建设在全国乃至亚洲具有较强引领作用，更具活力、发展潜力和国际竞争力的世界级新经济区域。实施环珠江口宜居湾区建设重点行动计划
2015年3月	国家发改委、外交部、商务部《推动共建丝绸之路经济带和21世纪海上丝绸之路的愿景与行动》	充分发挥深圳前海、广州南沙、珠海横琴、福建平潭等开放合作区作用，深化与港澳台合作，打造粤港澳大湾区
2016年1月	广东省政府《政府工作报告》（2016）	开展珠三角城市升级行动，联手港澳打造粤港澳大湾区
2016年3月	国务院《国务院关于深化泛珠三角区域合作的指导意见》	充分发挥广州、深圳在管理创新、科技进步、产业升级、绿色发展等方面的辐射带动和示范作用，携手港澳共同打造粤港澳大湾区，建设世界级城市群
2016年3月	国务院《中华人民共和国国民经济和社会发展第十三个五年规划纲要》	支持港澳在泛珠三角区域合作中发挥重要作用，推动粤港澳大湾区和跨省区重大合作平台建设

（续上表）

时间	文件或会议	主要内容
2016年3月	广东省政府《广东省国民经济和社会发展第十三个五年规划纲要》	以建设大珠三角世界级城市群为重点，促进粤港澳跨境基础设施全面对接，营造宜居宜业环境，发展具有全球影响力和竞争力的粤港澳大湾区经济
2016年11月	国家发改委办公厅《关于加快城市群规划编制工作的通知》	2017年国家拟启动珠三角湾区城市群等跨省域城市群规划编制
2017年1月	广东省政府《政府工作报告》（2017）	携手港澳推进珠三角世界级城市群和粤港澳大湾区建设
2017年3月	国务院《政府工作报告》（2017）	要推动内地与港澳深化合作，研究制定粤港澳大湾区城市群发展规划，发挥港澳独特优势，提升在国家经济发展和对外开放中的地位与功能
2017年10月	中国共产党第十九次全国代表大会	要支持香港、澳门融入国家发展大局，以粤港澳大湾区建设、粤港澳合作、泛珠三角区域合作等为重点，全面推进内地同香港、澳门互利合作，制定完善便利香港、澳门居民在内地发展的政策措施
2018年1月	广东省政府《政府工作报告》（2018）	以推进粤港澳大湾区建设为契机，着力破解体制机制问题
2019年1月	广东省政府《政府工作报告》（2019）	举全省之力推进粤港澳大湾区建设，在更高水平上扩大开放
2019年2月	《粤港澳大湾区发展规划纲要》	对粤港澳大湾区的战略定位、发展目标、空间布局作出全面规划

（续上表）

时间	文件或会议	主要内容
2019年3月	《中共广东省委　广东省人民政府关于贯彻落实〈粤港澳大湾区发展规划纲要〉的实施意见》	对应中央规划纲要，对广东及广东省内九个城市的功能定位和职责提出要求，明确优化提升空间发展格局，强化大湾区辐射带动作用等九个方面的重点工作任务
2019年3月	《广东省推进粤港澳大湾区建设三年行动计划（2018—2020年）》	进一步明确广东省今后三年粤港澳大湾区建设重点任务和责任分工，确保到2020年为粤港澳大湾区建设打下坚实基础

资料来源：国务院、国家发改委、广东省政府等网站。

广东省、广州市及广东省相关市积极推进粤港澳大湾区建设。广东省成立由省委书记李希担任组长、省长马兴瑞担任常务副组长的广东省推进粤港澳大湾区建设领导小组，同时设立了六个专项小组，协调推进相关重点领域专项工作。广东省推进粤港澳大湾区建设领导小组召开多次会议，李希同志强调，要认真学习贯彻习近平总书记关于粤港澳大湾区建设重要论述和对广东重要讲话、重要指示批示精神，深刻领会和准确把握党中央战略意图，深刻认识我们肩负的粤港澳大湾区建设重要责任主体的职责，切实增强做好学习宣传贯彻落实工作的责任感、使命感、紧迫感，推动粤港澳大湾区建设取得扎实成效。广东省制定了贯彻落实《粤港澳大湾区发展规划纲要》系列配套文件，广东省委、省政府印发《中共广东省委　广东省人民政府关于贯彻落实〈粤港澳大湾区发展规划纲要〉的实施意见》（以下简称《实施意见》），推进粤港澳大湾区建设领导小组印发《广东省推进粤港澳大湾区建设三年行动计划

（2018—2020年）》，勾勒出了“三步走”安排及重点工作任务等，系统推进规划贯彻实施。广东省贯彻落实《规划纲要》，重点做好六方面工作：一是以连通、贯通、融通为重点，推动规则相互衔接；二是深化粤港澳科技创新合作，携手打造国际科技创新中心；三是强化跨境基础设施对接，推动粤港澳三地高水平互联互通；四是扩大高水平对外开放，携手打造“一带一路”建设重要支撑区；五是着力增进民生福祉，携手打造宜居宜业宜游的优质生活圈；六是加快推进合作发展平台建设，引领带动粤港澳全面合作。[①]

广州市成立了推进粤港澳大湾区建设领导小组，在市发展和改革委员会设立领导小组办公室。广州市推进粤港澳大湾区建设领导小组召开了多次会议，深入学习贯彻习近平总书记关于粤港澳大湾区建设的重要论述和对广东重要讲话、重要指示批示，以及《规划纲要》精神，贯彻落实省推进粤港澳大湾区建设领导小组有关精神要求，部署推进粤港澳大湾区建设工作。中共广州市委书记张硕辅强调，全市各级各部门要以习近平总书记对广东重要讲话、重要指示批示精神为引领，切实提高政治站位，增强责任感、使命感、紧迫感，全面贯彻中央和省的部署要求，把做好《规划纲要》学习宣传落实工作作为推动广州建设国际大都市，实现老城市新活力、“四个出新出彩”的总抓手，强化机遇意识，主动担当作为，发挥表率作用，举全市之力扎实推进粤港澳大湾区建设。当前，广州推进粤港澳大湾区建设实现良好开局，印发了《关于贯彻落实〈粤港澳大湾区发展规划纲要〉的实施意见》等系列配套文件，出台《发

① 昌道励：《广东“三步走”推进粤港澳大湾区建设》，《南方日报》，2019年3月3日。

挥广州国家中心城市优势作用支持港澳青年来穗发展行动计划》、《广州市协同构建粤港澳大湾区具有国际竞争力的现代产业体系行动计划》（以下简称《行动计划》）、《关于实施“广聚英才计划”的意见》等，形成了粤港澳大湾区建设的“施工图”“进度表”，构建远期、中期、近期相结合的贯彻实施体系。①

广东省各相关市也积极推动粤港澳大湾区建设。如深圳市印发了《深圳市贯彻落实〈粤港澳大湾区发展规划纲要〉实施意见》，市辖各区积极制定落实《规划纲要》行动方案等。

粤港澳大湾区建设作为国家战略提出后，进一步引发国内外学界、商界和社会各界的高度关注和热议。如在2017年、2018年全国“两会”期间，腾讯总裁马化腾连续两年以全国人大代表身份提交粤港澳大湾区建设相关建议，从呼吁建设“世界级科技湾区”到推进区域融合发展率先突破，希望更好发挥粤港澳在创新产业、市场贸易、对外开放等方面的优势，助力大湾区快速发展。2017年6月29日，国内首家专注于粤港澳大湾区研究的高端智库机构——粤港澳大湾区研究院在广州正式成立，研究院汇聚了各地近百位专家，通过“政府+媒体+金融+智库”的方式深化粤港澳合作，为粤港澳大湾区经济发展提供智力支持。学者们纷纷评论，“北雄安，南大湾，是中国战略双子座”，“粤港澳大湾区将成为中国湾区经济的实验者，为中国发展带来新契机”，显示出各界的高度关注和期待。牢记新时代新使命，不负党中央重托和社会各界期望，我们必须进一步提高政治站位，准确把握和坚决贯彻党中央战略意图，担

① 《广州加快推进粤港澳大湾区建设“施工图”“进度表”落地》，《广州日报》，2019年8月9日。

当好粤港澳大湾区建设的重要职责；必须进一步增强机遇意识，准确把握粤港澳大湾区建设对于全国发展的全局性、牵引性的重大作用；必须进一步强化协同意识，准确把握粤港澳在改革开放中的独特地位和优势，加强优势互补，注重错位发展，强强联合打造区域经济合作高质量发展典范。

目录 contents

第一章
粤港澳大湾区建设的国家战略

党的十九大报告提出，要以粤港澳大湾区建设、粤港澳合作、泛珠三角区域合作等为重点，全面推进内地同香港、澳门互利合作。2019年2月18日，中共中央、国务院印发《粤港澳大湾区发展规划纲要》。当前，粤港澳大湾区建设已上升为国家战略。粤港澳大湾区是“一带一路”的重要支撑点，是提升港澳在国家经济发展和对外开放中的地位与功能的重大举措，有利于进一步深化改革、扩大开放，建设高水平参与国际经济合作新平台。

第一节　粤港澳大湾区建设的背景

习近平总书记在党的十九大作出中国特色社会主义进入了新时代的重大战略判断，并指出中国经济已由高速增长阶段转向高质量发展阶段。在新时代，科学研判国际国内大势，以新的区域发展战略来引领中国经济高质量发展，是摆在我们面前的一项重大课题。《规划纲要》的出台和实施，正是顺应了这一战略需求。因此，《规划纲要》指出，当前，世界多极化、经济全球化、社会信息化、文化多样化深入发展，全球治理体系和国际秩序变革加速推进，各国相互联系和依存日益加深，和平发展大势不可逆转，新一轮科技革命和产业变革蓄势待发，“一带一路”建设深入推进，为提升粤港澳大湾区国际竞争力、以更高水平参与国际合作和竞争拓展了新空间。在新发展理念引领下，我国深入推进供给侧结构性改革，推动经济发展质量变革、效率变革、动力变革，为粤港澳大湾区转型发展、创新发展注入了新活力。全面深化改革取得重大突破，国家治理体系和治理能力现代化水平明显提高，为创新粤港澳大湾区合作发展体制机制、破解合作发展中的突出问题提供了新契机。

一、国际发展背景

习近平总书记在2018年6月中央外事工作会议上提出了一个重大论断：“当前，我国处于近代以来最好的发展时期，世界处于百年未有之大变局。”“百年未有之大变局”主要包括：科学技术之变，全球治理之变，全球化进程之变，世界经济重心之变，世界政治格局之变等。《规划纲要》的出台和实施正是应对大变局的战略举措。

随着中国日益走近世界舞台中央，各种抵制中国的措施逐渐增多、声音越来越强烈，中国需要从自身的区域空间来寻求新的战略纵深空间。世界经济社会格局正处于大变革的转折关键期，世界多极化、经济全球化、文化多样化、社会信息化深入发展。全球治理体系深刻变革，传统安全威胁和非传统安全威胁交织，国际关系复杂程度前所未有。综合来看，世界经济社会格局的变革在潜移默化中发生，经济增长的不确定性风险剧增。虽然创新已成为世界经济发展的核心动能，旧的发展结构、发展动力、发展方式正在走向衰落，但创新的有效实现仍存有较大未知空间，处于不平衡发展雁阵中的世界各国进入新的调整期。事实上，大国合作竞争关系更为复杂，主要国家和地区在政治、经济、文化、安全等方面全方位较量加强，大国关系在动态博弈中角力制衡，新干涉主义日渐抬头，地缘政治关系复杂多变，热点问题持续发酵。随着我国国际地位发生变化，我国发展面临的外部安全形势更趋复杂。建设粤港澳大湾区正是在国际秩序和国际体系进入深度调整关键时期、世界经济增长格局出现此消彼长的新变化、国际投资贸易领域出现竞争加剧的新趋势、全球能源版图出现重心转移的新调整的大格局下进行的。按照党中央要求，用10年左右的时间，“一带一路”建设实现重点突破、实质推进。“面向欧亚大市场的高标准自由贸易区网络初步形成，更大范围、更宽领域、更深层次的区域经济一体化深入推进”“海上战略支点建设取得突破性进展”“向西开放、海洋强国建设迈上一个大台阶”。可以说，建设粤港澳大湾区有利于为我国提供更为广阔的内部发展空间。

国际金融危机自身演化的逻辑还没有走完，隐含的深层次矛盾还没有根本解决，产生的深层次影响还在持续显现。国际金融危机严重损害了世界经济原有的增长格局和增长机制，其冲击和深层次影响在相当长时期内依然存在，世界经济在深度调整中曲折复苏、增长乏力，新的增长动力还没有形成，经济复苏仍主要依赖政策刺激和国际能源格局发生重大调整。发达经济体债务去杠杆等问题没有完全解决，政策刺激又产生和积累新风险。经济体受自身结构性问题和发达国家政策外溢影响，风险增多，处境艰难。世界经济贸易增长低迷，各国竞争加剧，保护主义抬头，外部需求不足的状况不会有明显起色。发达国家主导世界经贸新规则制定，提高知识产权、劳工、环境保护、政府采购等方面标准，并向服务贸易和跨境投资拓展，会对全球贸易投资发展格局产生深刻影响。国际货币和金融监管体系正在改革重构中，主导权争夺十分激烈。新兴经济体面临参与全球经济治理和规则制定的难得机遇，但由于自身能力总体偏弱，在全球经济治理中仍处于不利地位，短期内提升实质性话语权仍面临严峻挑战。因此，在经济新常态下，需要中国寻找新的发展引擎，在区域发展格局上实现新突破，促进粤港澳大湾区融合发展，带动全国实现新的开放，形成东中西联动发展局面，以期在世界发展格局中找到新的定位。由此可以说，粤港澳大湾区承担了更重大的国家使命。

新一轮科技革命和产业变革蓄势待发，未来5~10年内，信息、生物、新能源、智能制造等领域可能发生大范围技术进步和产业形态变化。金融危机和科技革命共同推动全球经济深刻调整，世界经济格局正在重新分化，全球科技创新进入活跃期。当今世界科技呈现多点突破、交叉会聚的态势，世界正在孕育着新一轮科技革命，世界各国更加重视利用科技创新培育新的经济增长点，一些重要的科学问题与关键技术发生革命性突破的先兆已显现。科技革命必将引发产业革命，进而重塑新的国际发展大格局，世界形势变得更加复杂多变。为应对全球新一轮的竞争，世界各国着力寻找产业新动力、更新增长“发动机”，推动经济增长由主要依靠资源要素转向主要依靠智力要素驱动转变；为占领科技创新制高点，世界各国正寻找创新的新业态、整合创新链条上的不同功能、提升创新培育与孵化能力，世界创新呈现出由泛创性走向精准性、由点状的碎片化创新向网状的系统集成创新转变。高端人才、技术水平等决定着这些新兴产业及其价值链分工布局，劳动力数量等传统要素地位下降。我国既面临迎头赶上的机遇，也不排除因发达国家技术优势强化，我国与其差距拉大、传统产业面临被技术性产业淘汰的风险。因此，我国迫切需要通过相关区域发展战略来大幅度提升在世界上的产业技术地位，这也是《规划纲要》出台的重要背景。

城市文明演化步入新阶段。以智慧化、生态化、人文化为主要特征的新型城市文明形态初见端倪，21世纪人类文明进入新的大飞跃，以建设智慧城市为引领的新型城市功能设计，必然引发城市产业的大发展。世界文明大变革必将引发重大的产业革命，带来难得的历史机遇，大湾区建设与文明大变革的有机融合蕴含无限生机。当前，粤港澳大湾区建设正处于这个历史机遇期，只有敏锐把握住科技产业革命的大势，适时调整区域发展战略重点，才能抓住技术国际转移、产业结构空间布局重新调整的机遇，实现大湾区跨越式发展。一是颠覆式技术创新给粤港澳大湾区发展带来新机遇。互联网、人工智能、机器人、新材料、生命科学、云计算、工业4.0、大数据浪潮、信息技术和制造业的融合等重大技术突破，将催生新的产业，引导产业发生革命性的变革。二是新一轮产业革命给粤港澳大湾区带来了抢占产业制高点的新机会。从目前技术革命端倪和世界产业变革总态势看，支撑第六长波周期新繁荣的动力主要是以智能化、智慧化为主要特征的IT技术革命的深化，以及新能源技术、新环保技术、生物工程技术、新材料技术等大汇流、大综合形成的新的科技产业革命。在全球产业结构呈现高科技化、高级化以及国际分工深化的大趋势下，以创新为动力的粤港澳大湾区建设，迎来了抢抓新科技革命和新产业革命的战略机遇和抢占产业制高点的历史机遇。三是新型城镇化与粤港澳大湾区的深度融合带来了城市产业大发展。从城市的发展规律看，生态化、人文化、智慧化是城市演变的重要趋势，技术革命和价值革命推动着现代城市的发展，世界城市化正在出现一系列新趋势和新特征，即传统工业文明城市向生态化可持续城市的转型，以创造物质财富为中心的现代城市向以人为中心的人本城市的嬗变，以智能技术开发利用为标志的智慧城市的兴起等。这既是粤港澳大湾区城市群建设的未来目标，也将带来规模巨大的新型城市产业项目，并将成为引导未来城市建设的重要标杆。①

二、国内发展背景

从国内看，建设粤港澳大湾区是在我国改革发展进入关键时期，全面建成小康社会进入决胜阶段，贯彻落实习近平新时代中国特色社会主义思想，统筹推进“五位一体”总体布局和协调推进“四个全面”战略布局的大背景下进行的。改革开放40多年来，我国发展取得了举世瞩目的巨大成就，未来发展前景持续光明，这是由我国发展的长期支撑条件决定的；但同时也要清醒认识到，经济发展新常态下出现了明显的趋势性变化，中期存在一些不容忽视的风险挑战，国民经济将经历调整转型的考验。我国面临资源和环境约束，特别是珠三角也率先遇到了空间资源约束问题，土地供需矛盾突出，给经济可持续发展带来新的挑战。新一轮科技革命和产业变革蓄势待发，高端人才、技术水平等决定着这些新兴产业及其价值链的分工布局，劳动力数量等传统要素地位下降。

---

① 王珺、袁俊：《粤港澳大湾区建设报告（2018）》，社会科学文献出版社，2018年版。

共建粤港澳大湾区世界级城市群，既是粤港澳区域经济社会文化自身发展的内在需要，也是国家区域发展战略的重要构成与动力支撑点，承载着辐射带动泛珠三角区域合作发展的战略功能。建设粤港澳大湾区，推动区域经济协同发展，为港澳发展注入新动能，为全国推进供给侧结构性改革、实施创新驱动发展战略、构建开放型经济新体制提供支撑，打造高质量发展的典范，这是党中央战略意图所在。提高发展平衡性和协调性，加快形成区域协调发展新格局，是习近平总书记赋予广东的重要使命，是补足广东高质量发展短板的一项重要任务。强化粤港澳大湾区的辐射引领作用，对打造区域共赢、开放互动、功能强大、产业协调的泛珠三角区域经济合作，推动泛珠三角区域合作向更高层次、更深领域、更广范围发展具有重要意义，也有利于泛珠三角区域在国家新一轮改革开放中探索新路径、提供新经验。

在过去的40多年，长三角、珠三角和京津冀是带动中国高速发展的三大增长极。在未来，保持经济中高速增长仍然需要发挥这些增长极的带动作用。珠三角发展仍处于可以大有作为的机遇期，具有独特的区位优势，综合经济要素融合优势，以及经济实力极强、极具活力等优势，完全有条件建成世界一流湾区，在引领中国经济社会发展方面发挥越来越重要的作用。京津冀、长三角和珠三角城市群，是我国经济最具活力、开放程度最高、创新能力最强、吸纳外来人口最多的地区。《国家新型城镇化规划（2014—2020年）》和国家“十三五”规划都明确要求上述三个区域建设世界级城市群。当前，我国区域发展以京津冀协同发展、长江经济带发展、长三角一体化等战略为引领，京津冀积极规划建设雄安新区，长三角大力打造长江经济带，而珠三角在政策规划方面有所缺位。建设粤港澳大湾区则可提高珠三角城市群的战略地位，带动泛珠三角区域发展，形成我国北中南区域经济协调发展新格局。

粤港澳大湾区位于华南地区，直接面向海洋、面向国际。京津冀协同发展、长江经济带发展及长三角一体化战略主要实施于华北和华东地区，侧重带动我国内陆与沿江发展。大湾区建设通过充分发挥粤港澳各自优势，构建连通内陆与国际的大通道、大平台、大通关体系，共同建设海上丝绸之路核心区。上述区域协调战略在地理布局与功能定位上具有明显互补性，共同构成我国推进区域协调发展总体战略。国家推动珠三角乃至国内体制机制改革，有利于构建粤港澳共同市场，实现区域要素有序自由流动，探索建立市场配置资源新机制、区域联动新模式、国际合作竞争新优势。

当前是坚持新发展理念、加快转变经济发展方式的关键时期。进一步创新资源利用方式、挖掘资源潜力、优化空间资源配置、保障经济发展的空间需求，是深化改革、创新驱动的内在要求，是加快产业转型升级、构建现代产业体系的迫切需要，是增强经济发展后劲、加快建设世界级城市圈的必然选择。建设粤港澳大湾区，继续发挥珠三角等沿海地区龙头的引领作用，实行更加积极主动的开放战略，同世界深度互动、向世界深度开放，培育一批具有国际竞争力的创新型企业和产业集群，大幅度提升我国在世界上的产业技术地位，有利于建立与国际接轨的开放型经济新体制，构筑更高发展水平的区域参与国际经济合作与竞争，全面提升开放型经济水平。

三、珠三角地区发展背景

从粤港澳地区发展来看，这是在落实习近平总书记视察广东重要讲话和重要指示批示精神，扎实推进“一带一路”倡议，建设世界级城市群的新形势下进行的。区域经济一体化的一个最直接的动机就是突破各区域各自面临的经济发展瓶颈。改革开放后，粤港澳经济合作大致经历了四个阶段：1979—1982年的试点合作阶段，港澳资本主要以家族企业方式投入特区的旅游、娱乐等领域；1984—1992年的工业合作阶段，形成“前店后厂”的珠三角经济发展模式；1993—1999年的深入合作阶段，香港、澳门的先后回归，以及亚洲金融风暴影响下珠江三角洲经济的软着陆，促使粤港澳的经济合作达到高峰，港澳资金大量涌入广东的金融和房地产等领域；2000年以来的全面合作阶段，广东对港澳的单向依赖减弱，开始承接香港部分服务业发展，粤港澳逐渐成为相互往来的区域经济整体。①2003年6月29日，中央政府与香港特别行政区政府在香港共同签署了《内地与香港关于建立更紧密经贸关系的安排》，该文件与《内地与澳门关于建立更紧密经贸关系的安排》确立的区域合作均有别于《跨太平洋伙伴关系协定》（TPP）当中的发达国家与发展中国家间的合作，粤港澳区域合作是基于“一国两制”的具有中国特色的发展模式，为经济多元化发展提供了宝贵的经验。

在粤港澳区域经济一体化发展过程中，香港与澳门作为国际大都市，在企业融资、公司管理以及信息技术等方面，与广东地区

---

① 周运源：《粤港澳经济非均衡发展趋向一体化研究（粤港澳区域合作研究丛书）》，中国社会科学出版社，2011年版。

相比，具有较为明显的优势，但要受地理空间与自然资源的限制，与广东地区丰富的自然资源、劳动力、土地等生产资料形成互补。对于广东地区而言，当前面临的主要问题在于生产要素成本上升，产业结构高度化动力不足，以及产业同质化严重。对香港而言，最大的问题在于有限的空间使得地价不断上涨，从而迫使制造业迁离，造成香港工业空洞化；同时，香港的房地产一业独大，有些中小企业难以拓展经营，使香港产业空洞化的现象进一步恶化。对澳门而言，博彩旅游为其主导产业，然而过于依赖博彩业所带来的产业结构单一化影响，也是不得不克服的一大难题。

为了适应新形势、新任务、新要求，建设粤港澳大湾区，推动内地与港澳更紧密合作，必将推动粤港澳融合向更高层次、更深领域、更广范围发展，对于打造陆海统筹、东西互济的全方位对外开放新格局，对于统筹东中西协调联动发展，促进香港、澳门长期繁荣稳定，优化全国区域发展格局，是一次重要实践。中国40多年的改革开放有港澳参与，新时代的改革开放深入发展仍然离不开港澳，也必将在深入发展中进一步成就港澳的辉煌。

第二节　粤港澳大湾区建设的发展基础

《规划纲要》指出，改革开放以来，特别是香港、澳门回归祖国后，粤港澳合作不断深化实化，粤港澳大湾区经济实力、区域竞争力显著增强，已具备建成国际一流湾区和世界级城市群的基础条件。

一、地理位置、交通运输等区位优势

《规划纲要》指出，粤港澳大湾区地处我国沿海开放前沿，以泛珠三角区域为广阔发展腹地，在“一带一路”建设中具有重要地位。其交通条件便利，拥有香港国际航运中心和吞吐量位居世界前列的广州、深圳等重要港口，以及香港、广州、深圳等具有国际影响力的航空枢纽，便捷高效的现代综合交通运输体系正在加速形成。

地理位置方面，粤港澳大湾区面向太平洋，靠近东南亚，拥有世界海港群、机场群和信息港群，是海上丝绸之路的桥头堡和出海大通道。粤港澳大湾区拥有三面环陆的内湾和直面大海的外湾，适于建设港口，粤港澳大湾区海岸线长、腹地广，有利于在较小空间孕育多个港口城市，依托的腹地珠三角地区是中国经济增长的重要引擎，是中国改革开放的发源地，也是创新发展的示范区。

海运方面，粤港澳大湾区拥有深圳港、香港港、广州港三个全球十大集装箱港口，香港、深圳、广州三大港口年集装箱吞吐量均居世界前八位，综合交通运输网络健全，是连接海陆、合纵连横的交通枢纽。粤港澳大湾区通过西江甚至可以直达广西、云贵，辐射力度空前。广东省港口与国外港口结为友好港口51对，共开通国际集装箱班轮航线286条。粤港澳大湾区主要涉及环大亚湾、环珠江口湾、大广海湾等湾区，深圳、珠海、惠州、江门等沿海城市直面海洋，有较长的海岸线，由若干大城市群组成。且大亚湾、大广海湾沿岸分布有众多优质深水港，为湾区航运带来了极大的便利。

陆运方面，粤港澳大湾区是广东乃至全国高速路网最密的地区之一，以“九纵五横两环”为主骨架，以加密线和联络线为补充，形成以粤港澳大湾区为核心，以沿海为扇面，以沿海港口（城市）为龙头，向山区和内陆省区辐射的路网。港珠澳大桥建成通车，有利于香港、珠海、澳门形成“一小时都市圈”，实现大珠三角发展3.0时代。

铁路和空港方面，黎湛、京广、沿海等横穿东西、纵贯南北的铁路大通道，为湾区发展提供了便利的铁运条件。粤港澳大湾区拥有香港机场、全国三大枢纽机场之一的广州白云机场和大型骨干机场之一的深圳机场，国际航线覆盖全球大部分国家。

多式联运方面，随着广东到湛江、南宁的铁路建设，珠三角核心地区与东盟直接的铁路运输能力得到增强，并通过国家铁路网，经中部地区、西南地区与西北地区、欧亚大陆桥的铁路相连接。电力、天然气等能源通道保证能力强，水利基础设施完备，基础设施支撑能力坚实。

二、经济水平、产业结构等经济实力优势

《规划纲要》指出，粤港澳大湾区经济发展水平全国领先，产业体系完备，集群优势明显，经济互补性强，香港、澳门服务业高度发达，珠三角九市已初步形成以战略性新兴产业为先导、先进制造业和现代服务业为主体的产业结构，2017年粤港澳大湾区经济总量约10万亿元。

粤港澳大湾区经济总量大。港深穗经济实力领跑湾区，珠三角中心城市集聚人口，粤港澳大湾区可持续发展的人口动力强劲。香港、深圳和广州是整个粤港澳大湾区的三大龙头城市。在2017年全年实现的城市地区生产总值排名中，香港以23049亿元位居榜首，深

圳以22438亿元位居第二，与香港的差距仅为611亿元，广州以21503亿元位居第三。这三个龙头城市体量基本相当，各具优势。从人均GDP水平来看，2017年，全国人均GDP达5.9万元，粤港澳大湾区城市人均地区生产总值达15万元，为全国水平的2.5倍；同时，澳门、香港、深圳、广州、珠海等城市的人均地区生产总值领跑整个粤港澳大湾区。

粤港澳大湾区拥有广州、深圳、香港、佛山、东莞、澳门等重要经济城市，这些城市拥有粤港澳大湾区63%的人口、82%的经济总量。香港和深圳证券市场总市值之和达5.06万亿美元，股票交易量达4.77万亿美元，超过了东京；地区生产总值集中度（即占GDP的比重）也达到12.5%，超过纽约和旧金山；拥有10家世界500强企业和18家全球市值500亿的企业，与其他三大湾区基本处于同一水平；港口年吞吐量达6100万TEU（即标准集装箱），高于其他三大湾区总和的一倍以上。粤港澳大湾区经济规模庞大，行业、产业体系完备，创新驱动能力突出，区域之间大量的人流和其他商业要素的紧密互动，产生了巨大的经济体量和市场需求。

粤港澳大湾区产业体系发达。粤港澳大湾区现代产业体系完备，是全球重要的制造业基地，被誉为“世界工厂”。粤港澳大湾区已经形成以战略新兴产业、先进制造业、现代服务业为主体的产业体系，工业化和信息化融合度提高，产业逐步迈向中高端水平，新产业、新业态不断成长，是海上丝绸之路沿线国家工业制成品的重要供应地。粤港澳大湾区已形成具有国际竞争力的现代产业体系，如战略性新兴产业，新一代信息技术、生物技术、高端装备制造、新材料、文化创意等新兴产业发展壮大，经济发展新动力不断增强。粤港澳大湾区制造业核心竞争力增强，制造业转型升级和优化发展不断推进。通过创新驱动和城市转型发展，粤港澳大湾区有望建造成中国的硅谷和全国性区域经济增长极，互联网+、人工智能、云计算等未来产业将蓬勃发展，规模有望达到万亿元级别。粤港澳大湾区具备了打造高端先进制造业的深厚基础，应全面深化粤港澳地区开放合作，加快服务贸易自由化，增强粤港澳大湾区金融、贸易、产业等资源配置能力，同时加强粤港澳科技、教育、人才资源合作，推进科技、产业、金融跨境跨界融合，促进海上丝绸之路国际科技合作，打造粤港澳大湾区国际总部基地，使之成为具有全球影响力的先进制造中心、国际科技创新中心和国际经济中心。

以广东省为例，截至2016年，广东省共有高新技术企业19857家，规模居全国第一，全省区域创新能力综合排名连续7年位居全国第二，技术自给率达70%，有效发明专利量和《专利合作条约》（PCT）国际专利申请量蝉联全国第一，其中，PCT国际专利申请量占全国的56%。另外，粤港澳大湾区拥有2个国家级自主创新示范区、3个国家创新型城市、超过200所普通高校和200万在校大学生，拥有30名中国科学院院士、工程院院士，12个国家重点实验室，以及华为、比亚迪、腾讯等一大批全球知名的创新型企业。

粤港澳大湾区服务业完善。粤港澳大湾区拥有香港、深圳等重要金融中心城市，有70多家世界排名前100位的银行，港交所、深交所首次公开募股（IPO）总数和交易总额均居全球前列。香港作为发达经济体，服务业种类多、水平高，是重要的国际金融、航运和贸易中心，其拥有全球最大的离岸人民币市场，在会计、法律、咨询、旅游、基建工程与建设等领域提供的全方位服务享有世界声誉。

广州是华南的政治、文化教育、商贸服务中心和交通枢纽；深圳的科技创新能力在全国名列前茅，又是区域金融中心；香港是自由港和国际金融、贸易、航运中心，法律制度和营销商务环境与国际接轨，不乏大批熟悉国际经贸规则的人才；澳门是世界旅游休闲中心、中国与葡语国家商贸合作服务平台，可以成为内地“走出去”的重要窗口。将香港的专业服务和国际化的营商环境的优势与珠三角的人才、产业和科技相配合，形成体制和生产要素的协同组合。国际投资者可以在香港进行企业注册，依靠珠三角的科技实力和人力资源进行经济活动。依托香港、澳门的专业服务和珠三角的制造业，内地的企业可以通过港澳这个平台走出去，与粤港澳联手到“一带一路”国家建设产业园区，带动泛珠三角地区，包括中国—东盟自由贸易区的发展。

三、科技创新、人才资源等创新要素集聚优势

《规划纲要》指出，创新驱动发展战略深入实施，广东全面创新改革试验稳步推进，国家自主创新示范区加快建设。粤港澳三地科技研发、转化能力突出，拥有一批在全国乃至全球具有重要影响力的高校、科研院所、高新技术企业和国家大科学工程，创新要素吸引力强，具备建设国际科技创新中心的良好基础。

粤港澳大湾区科技创新力强。粤港澳大湾区拥有若干所世界百强大学和众多一流研发机构，有华为、腾讯、比亚迪等一批知名科技创新企业，涌现出一大批创新成果，科技创新技术、创新产业、创新业态蓬勃发展。粤港澳大湾区已基本形成国际科技创新引领性策源地、科技体制改革先行试验区、高新技术产业集聚区、“一带

一路”创新合作重要枢纽、战略科技人才集聚地和战略科技力量重要承载地。例如：以深圳为代表的国家创新型城市瞄准有质量的稳定增长和可持续的全面发展，为粤港澳大湾区的发展起到了很好的示范引领和辐射带动作用。目前深圳已超前布局梯次型现代产业体系，已开始着力布局生命健康、海洋经济、航空航天、智能装备、机器人、可穿戴设备等未来产业，战略性新兴产业总规模达2.3万亿元，已成为国内战略性新兴产业规模最大、集聚性最强的城市。

在人口数量方面，珠三角地区的常住人口呈现持续增长趋势。2017年末，广东常住人口总量比上一年增加170万人，达11169万人，占全国人口的8.03%，继续位居全国之首；人口密度每平方千米622人，为全国的4.29倍。同时，常住人口进一步向珠三角中心城市集聚。数据显示，2017年，珠三角人口数量比上一年增加152.05万人，比同期全省常住人口增幅高出0.98个百分点；广州、深圳两个超级大城市的人口分别比上一年净增61.99万人和45.49万人，位居全国第一、二位，两市常住人口增幅占同期全省以及珠三角常住人口增量的63%和71%。2018年5月，广东省社会科学院发布的《粤港澳大湾区建设报告（2018）》指出，2016年，粤港澳大湾区15~64周岁的人口规模为5181.23万人，占总人口的76.22%，比全国平均水平高了3.72个百分点。从年龄结构上看，粤港澳大湾区人口年龄结构较轻，劳动力人口比重高，使得粤港澳大湾区发展充满活力，可持续发展的人口动力强劲。

四、营商环境、开放型经济等国际化水平领先优势

《规划纲要》指出，香港作为国际金融、航运、贸易中心和国

际航空枢纽，拥有高度国际化、法治化的营商环境，以及遍布全球的商业网络，是全球最自由经济体之一。澳门作为世界旅游休闲中心和中国与葡语国家商贸合作服务平台的作用不断强化，促进多元文化交流的功能日益彰显。珠三角九市是内地外向度最高的经济区域和对外开放的重要窗口，在全国加快构建开放型经济新体制中具有重要的地位和作用。

粤港澳大湾区开放度高。粤港澳大湾区是中国改革开放的发源地和先行区，改革开放起步早、程度高、成效大，始终站在改革开放的前沿，担当改革开放的排头兵。开放型经济水平稳步提升，中国（广东）自由贸易试验区稳步推进，建立了与国际接轨的投资贸易体系，率先实现粤港澳服务贸易自由化，外贸进出口总额连续30年居全国首位，是我国高水平参与国际合作的重要区域。

粤港澳大湾区地处两种制度交汇的最前沿，在体制机制创新方面扮演领头羊角色。港澳在体制资源和社会管理模式上具备领先优势，具有与国际接轨的法律体系和市场规则。广东是改革开放的先行地，是全国市场化程度最高、市场体系最完备的地区，率先形成一套与国际接轨的体制机制和营商环境。粤港澳大湾区在促进区域合作方面，探索创新了粤港澳合作机制，突出了“两制”的互补性，促进了区域合作共赢。粤港澳大湾区通过融合发展，加强环境的共治、共建、共享，形成了珠三角的世界级城市群，形成了更大范围的优质生活工作圈。

五、全方位合作、多层次交流等良好合作基础优势

《规划纲要》指出，香港、澳门与珠三角九市文化同源、人缘

相亲、民俗相近、优势互补。近年来，粤港澳合作不断深化，在基础设施、投资贸易、金融服务、科技教育、休闲旅游、生态环保、社会服务等领域的合作成效显著，已经形成了多层次、全方位的合作格局。

粤港澳大湾区文化厚重。粤港澳大湾区历史悠久，文化积淀深厚，广府文化、潮汕文化、客家文化融合发展、源远流长，人文遗产星罗棋布，形成了独特的大湾区文化品牌，已成为中西文化交汇地，多种文化思潮交错，为中国革命、改革发展作出了重要贡献。粤港澳大湾区还具有侨乡、英语、葡语三大文化纽带，是东西文化的荟萃地，是弘扬和传承海上丝绸之路友好合作精神的文化桥梁。粤港澳大湾区已成为东西方文化交流的重要窗口，多种文明在此交汇，人文积淀特色鲜明。这些都奠定了大湾区发展的人文基础。

粤港澳大湾区是岭南文化的核心区域，也是中国最大的侨乡，具有开放包容的优良传统。港澳同胞大部分祖籍在广东省，港澳同胞的亲属大部分也在广东省。粤港澳关系尽管在不同时期有不同表现，有过波折，但相似的地理条件、血浓于水的亲情人缘、独特的岭南文化和海洋文化的熏陶与中西文化交流碰撞，使它们之间始终保持密切联系，形成一股永不消减的巨大力量。随着文化交汇融合的步伐不断加快，文化的优势也使得粤港澳的交流更加紧密。

“一国两制”优势突出。粤港澳大湾区涵盖两种制度，连接两个市场，利用两种资源，具有与国际接轨的市场规则和法律体系，体制优势和制度优势十分突出。香港和澳门作为特别行政区，司法体制独立，拥有自由港和独立关税区地位，香港被誉为全球最开放、最具活力、最具竞争力的经济体之一。澳门被誉为世界旅游休闲中心、中国与葡语国家商贸合作服务平台，是拓展延伸与欧盟和拉丁语国家合作的重要载体。“一国两制”的突出优势为大湾区建设提供了可持续发展的多元保障。

在“一国两制”制度优势的基础上，粤港澳关系得到全面、深入的发展。粤港澳三地充分利用“一国两制”制度优势，就经贸合作、社会管理、民生服务、区域规划等事务进行沟通、交流，谋划制定推进区域经济社会发展的重要措施，协调推动相关跨境重点合作项目，着力搞好重大合作平台建设，指导推动粤港澳合作持续健康发展。随着《关于建立更紧密经贸关系的安排》的深入实施，广东的前海、南沙、横琴等三大平台建设全面加速，有力促进了粤港澳更紧密合作。随着粤港澳经济社会的发展，区域融合发展的趋势日益明显，“一国两制”的强大生命力在广东与港澳的合作中得到了充分展现，成为构建粤港澳大湾区的政策基石。

第三节 粤港澳大湾区建设的战略定位

《规划纲要》提出，粤港澳大湾区建设要深入贯彻习近平新时代中国特色社会主义思想和党的十九大精神，统筹推进“五位一体”总体布局和协调推进“四个全面”战略布局，全面准确贯彻“一国两制”“港人治港”“澳人治澳”、高度自治的方针，严格依照宪法和基本法办事，坚持新发展理念，充分认识和利用“一国两制”制度优势、港澳独特优势和广东改革开放先行先试优势，解放思想、大胆探索，不断深化粤港澳互利合作，进一步建立互利共赢的区域合作关系，推动区域经济协同发展，为港澳发展注入新动能，为全国推进供给侧结构性改革、实施创新驱动发展战略、构建开放型经济新体制提供支撑，建设富有活力和国际竞争力的一流湾区和世界级城市群，打造高质量发展的典范。

一、充满活力的世界级城市群

建设充满活力的世界级城市群是推动粤港澳大湾区战略落地的首要任务。《规划纲要》提出，粤港澳大湾区要依托香港、澳门作为自由开放经济体和广东作为改革开放排头兵的优势，继续深化改革、扩大开放，在构建经济高质量发展的体制机制方面走在全国前列、发挥示范引领作用，加快制度创新和先行先试，建设现代化经济体系，更好融入全球市场体系，建成世界新兴产业、先进制造业和现代服务业基地，建设世界级城市群。

从发展经济学的研究角度看，一个国家或地区的经济实力和竞争力，实际上是由城市群的实力决定的。湾区经济凭借开放的经济体系、高效的资源配置能力、强大的对外凝结效应和发达的国际网络，成为牵引全球经济引擎运转的重要增长极和推动技术革命的先锋。当前世界三大著名湾区中，纽约湾区打造出了世界金融中心华尔街，旧金山湾区诞生了世界科技创新中心硅谷，东京湾区的临港经济为日本贡献了约1/3的经济总量。2015年的统计数据显示，粤港澳大湾区所囊括的11个城市的地区生产总值是旧金山湾区的2倍，接近纽约湾区的水准；进出口贸易约为1.5万亿美元，是东京湾区的3倍以上；区域港口的集装箱吞吐量达到7200万TEU，是三大湾区总和的5.5倍。[①]

---

① 颜彭莉：《粤港澳大湾区：全方位对外开放新坐标》，《环境经济》，2017年第2期。

从纽约湾区、旧金山湾区以及东京湾区的发展经验来看，打造粤港澳大湾区与打造全球其他区域经济体一样，其目的在于提升该区域国际竞争力。迈克尔·波特认为，影响一个国家或地区竞争优势的因素包括生产要素、需求条件、相关产业和支持产业的表现、企业的战略、结构和竞争对手。政府在当中应起到催化剂的作用，鼓励甚至推动企业朝竞争优势方面努力，为优势产业创造环境而不是直接创造优势产业。同时，优势产业的建立与企业竞争力的源泉是创新，而创新则是由各种技术上的突破累积而成的。由此可见，粤港澳大湾区建设的一个核心部分是引导企业向高新技术制造业发展，以领先的技术优势而不是传统的比较优势在全球经济中扮演创新领导者的角色，将科研成果与高新技术产业转化为区域经济体在全球当中的竞争优势。

粤港澳大湾区经济总量大、带动能力强，是泛珠三角地区的龙头，带动内陆腹地加快发展，在全国创新发展方面发挥重要示范作用。

二、具有全球影响力的国际科技创新中心

《规划纲要》提出，粤港澳大湾区要瞄准世界科技和产业发展前沿，加强创新平台建设，大力发展新技术、新产业、新业态、新模式，加快形成以创新为主要动力和支撑的经济体系；扎实推进全面创新改革试验，充分发挥粤港澳科技研发与产业创新优势，破除影响创新要素自由流动的瓶颈和制约，进一步激发各类创新主体活力，建成全球科技创新高地和新兴产业重要策源地。

创新是粤港澳大湾区建设的动力源泉。粤港澳大湾区建设要依

托国际自主创新示范区建设，充分发挥粤港澳科技优势，积极吸引和对接全球创新资源，加快区域创新体系建设，推动内地和港澳科技合作体制机制创新，深化粤港澳科技创新交流，支持共建国际化创新平台。建设粤港澳大湾区还要联合实验室和研发中心，加快创新成果转化，支持粤港澳在创新孵化、科技金融、国际成果转让等领域开展深度合作，打造国际科技创新中心；同时推进广深港澳科技走廊、中新知识城等重要平台建设，加快推动重大科学基础设施建设与应用，力争在基础研究和应用基础研究领域取得一批并跑、领跑核心关键技术突破，建立广深港澳科技走廊各段协同发展的合作机制和产业功能布局的衔接机制，联手共建国际级科技成果孵化基地和转化平台。

粤港澳大湾区建设要强化粤港澳大湾区辐射带动作用，带动中南、西南地区以及长江经济带等地区加快发展，大力发展金融贸易、高端科技研发、高端价值服务等高端产业新形态，构建有全球影响力的国际金融贸易中心、科技创新中心、交通航运中心、文化交流中心，成为促进全国区域发展的火车头。建设粤港澳大湾区还要积极推进跨境金融创新，逐步开展广东省境内金融机构与港澳地区之间的跨境人民币业务，同时充分利用“一带一路”倡议中支持沿线国家基础设施建设的相关项目，以人民币为基础设立相关的海外基金；并通过集聚全球生产要素，培育若干产业集群，建设全球智慧制造业基地，使其成为世界经济版图新亮点，成为我国未来经济社会发展新的重点区域。

三、“一带一路”倡议的重要支撑

《规划纲要》提出，要更好发挥港澳在国家对外开放中的功能和作用，提高珠三角九市开放型经济发展水平，促进国内国际两个市场、两种资源有效对接，在更高层次参与国际经济合作和竞争，建设具有重要影响力的国际交通物流枢纽和国际文化交往中心。

“一带一路”倡议的实施离不开与沿线各国相互之间的交流与合作。粤港澳大湾区作为全球化与国家战略互动的引领性平台，也是未来具有举足轻重影响力的全球治理空间载体和经济增长极群落，可以通过粤港澳大湾区生产网络群推动或者拉动“一带一路”沿线国家和地区生产网络的形成与生产能力的提升。粤港澳大湾区城市群要在“一带一路”倡议的实施过程中建立与沿线国家和地区多层次、多领域的合作机制，畅通海陆空立体人流、物流通道，支持开通更多海运与空运航线，拓展友好港建设，扩大铁路国际货运班列，促进沿线城市间投资、贸易、科技、金融、旅游、文化、教育、体育和医疗卫生等领域交流。粤港澳大湾区企业也可以合作、“并船出海”，共同拓展国际市场。比如：粤港澳大湾区可以充分发挥深水岸线优势，依托现有广深港交通枢纽，积极推进港口、航空和轨道交通资源整合，加强与亚欧大陆通道的对接，打造“一带一路”交通枢纽。又如：香港是全球自由金融市场，而“一带一路”合作发展项目的所有融资都要与海外产生关系，香港在建设粤港澳大湾区这一国家战略中，应发挥其国际金融中心和全球离岸人民币业务枢纽的优势，提升粤港澳大湾区在国家经济发展和对外开放中的引领作用。

推进粤港澳大湾区建设有利于推进国内国际市场和资源有效对接。内地很多民营企业以前往往专注于国内市场，国际化意识并不强烈，但在加入“一带一路”建设过程中就会发现，沿线国家在会计制度、法律制度、社会责任等方面都有所差异，这无形之中增加了其在国外运营的风险。与之相对的，港澳许多机构由于在处理国际企业事务方面具有丰富经验，业务资质和审计手段能够获得国际社会普遍的认可。粤港澳大湾区要充分利用港澳积淀的国际贸易中心历史地位和面对英语国家与葡语国家的平台窗口作用，在商品和服务贸易、检验检疫和质量标准、国际会展、跨境电子商务、人民币跨境业务创新等领域内，有效对接国家“一带一路”建设，共同打造成为21世纪海上丝绸之路的重要战略节点和先行先试示范区，推动粤港澳企业一同扎扎实实地“走出去”，以市场运作为主导，实现合作共赢。届时，中国南部、中部和西部等广大腹地将会以粤港澳大湾区为中国经济增长极；粤港澳大湾区得以以点带面辐射到珠三角的发展，进一步带动整个中西部地区的经济建设。

助力“一带一路”倡议，推动形成全面开放新格局。粤港澳大湾区是“一带一路”建设中国家对粤港澳深度合作提出的新概念，其目的在于突破当前粤港澳合作中存在的制度障碍和发展瓶颈，更好地发挥粤港澳地区在“一带一路”，特别是21世纪海上丝绸之路建设中的功能与作用。粤港澳大湾区是海上丝绸之路的起点之一，是连接沿线国家的重要桥梁。建设粤港澳大湾区，有利于将粤港澳大湾区内各城市在金融、科技、贸易、港口等方面的优势整合起来促进“一带一路”倡议的实施，加快形成以核心城市和其他中心城市为支撑的开放型经济新体制。粤港澳大湾区建设应推进“一带一路”建设重要支撑区，国家重点加强对21世纪海上丝绸之路沿线国家的互联互通和便利往来，强化国家战略性通道和国家门户枢纽功能，打造“一带一路”建设核心支撑区。

四、内地与港澳深度合作示范区

《规划纲要》提出，依托粤港澳良好合作基础，充分发挥深圳前海、广州南沙、珠海横琴等重大合作平台作用，探索协调协同发展新模式，深化珠三角九市与港澳全面务实合作，促进人员、物资、资金、信息便捷有序流动，为粤港澳发展提供新动能，为内地与港澳更紧密合作提供示范。

目前粤港澳大湾区在深度合作上与其他三个世界级著名湾区相比还存在不足：一是城市群深度合作发展程度还不够。目前世界三大湾区发展主要是依靠湾区内中心城市带动周边城市共同发展。纽约湾区中，纽约人口和地区生产总值的比重均超过85%；东京湾区中，东京云集了7个世界著名的港口；旧金山湾区中，旧金山市是商业和文化中心，圣何塞市是科技和创新中心。而粤港澳大湾区各城市没有明确的分工，呈现多极的均衡化态势，聚合力不强。二是城市融合程度差距较大。粤港澳大湾区如何实现规则、法律、人文交流的一体化，以及社会领域信息的便利化，是落实中最大的挑战。这既需要粤港澳之间常态化的协调机制，也需要中央的统一协调布局。三是生态环境深度合作也是一个突出短板。作为"一带一路"的战略支点和珠三角制造业的核心区域，粤港澳大湾区在发展过程中迫切需要推广普及清洁能源、开展清洁计划等保护生态环境的产业措施。

粤港澳大湾区建设要全面准确贯彻"一国两制"方针，牢牢掌握宪法和基本法赋予的中央对香港、澳门全面管制权，深化内地与港澳交流合作，保持香港、澳门繁荣稳定。同时，要在自由港区、对接国际高标准投资和贸易规则、完善社会主义市场经济体制、推进国家治理体系和治理能力现代化等方面先行先试，增强粤港澳大湾区聚合力、落实区域协同发展战略，实现粤港澳大湾区规则、法律、人文交流融合，提升粤港澳大湾区生态环境质量、出台保护生态环境的产业措施，构建汇集国际金融资本和人才的体制机制，推动内地与港澳之间建立互补互利、共同发展的经贸合作关系，为加快跨境企业的集聚和投融资创造良好的营商环境，为全国深化改革和扩大开放积累经验、提供示范。

粤港澳大湾区建设要发挥其庞大城市群的合作合力。香港、澳门、广州、深圳是粤港澳大湾区的中心城市，要发挥辐射带动周边地区的引擎作用。同时，它们在功能定位上又各有分工、各有侧重。香港要巩固和提升作为国际金融、航运、贸易中心和国际航空枢纽的地位，推动金融、商贸、物流、专业服务等向高端高增值方向发展，大力发展创新及科技产业，建设亚太区国际法律及争议解决服务中心。澳门要大力建设世界旅游休闲中心、中国与葡语国家商贸合作服务平台，促进经济适度多元发展。广州要充分发挥国家中心城市引领作用，全面增强国际商贸中心、综合交通枢纽和科技教育文化中心功能。深圳则应发挥作为经济特区、全国性经济中心城市和国家创新型城市的引领作用，努力建成具有世界影响力的创新创意之都。通过发挥经济特区、国家级新区、自由贸易试验区等体制机制优势，以及港澳在全国改革开放和现代化建设中的特殊作用，探索粤港澳深度融合发展新路径，寻找融合发展模式的创新途径和突破口，扩大港澳发展空间，凸显“一国”共同利益，增强“一国”凝聚力，减少“两制”的摩擦力，加快深度融合发展的进程。

习近平总书记指出：“一国两制”是国家的一项基本国策，

牢牢坚持这项基本国策，是实现香港、澳门长期繁荣稳定的必然要求，也是实现中华民族伟大复兴中国梦的重要组成部分，符合国家和民族根本利益，符合香港、澳门整体和长远利益，符合外来投资者利益。粤港澳大湾区的建设，最大的特色在于“一国两制”，在粤港澳大湾区内部城市还需进一步协同发展，完全实现要素和资源的自由流动和公平配置。粤港澳大湾区建设要以市场化运作为路径，通过体制改革突破制度障碍，实现粤港澳大湾区城市群错位、互补和协调发展，实现要素、资源的自由流动，加快制度创新和先行先试，打造粤港澳区域深度合作的示范区，推动粤港澳大湾区的融合发展，创新“一国两制”合作模式，为祖国统一大业贡献力量。

五、宜居宜业宜游的优质生活圈

《规划纲要》提出，要坚持以人民为中心的发展思想，践行生态文明发展理念，充分利用现代信息技术实现城市群智能管理，优先发展民生工程，提高粤港澳大湾区民众生活便利水平，提高居民生活质量，为港澳居民在内地学习、就业、创业、生活提供更加便利的条件，加强多元文化交流融合，建设生态安全、环境优美、社会安定、文化繁荣的美丽湾区。

粤港澳大湾区优质生活圈建设，关系粤港澳三地人民的根本利益和福祉，集中体现了新发展理念，能够有效提升粤港澳三地人民的获得感、幸福感和安全感，生动诠释了中国共产党的根本立场和新时代中国特色社会主义的根本追求。要完成这一目标，就要着眼于城市群可持续发展，重点聚焦社会管理、生态保护、人文教育、城市建设管理等方面，加强粤港澳大湾区城市群在空气和水治理、林业重点生态工程、医疗卫生、食品安全、旅游等方面的合力共建，深化粤港澳大湾区建设的具体内容，推动形成绿色低碳的生产生活方式和城市建设运营模式，有效提升城市群品质。努力将粤港澳大湾区建设成为更具活力的经济区、宜居宜业宜游的优质生活圈和内地与港澳深度融合的示范区。

全面打造宜居宜业宜游的优质生活圈。打造教育优质生活圈，要立足粤港澳三地实际，构建更加开放的政策体系，深挖三地教育合作潜力，推动优质教育资源合作共享，深化高校合作办学机制，加强基础教育、职业教育交流合作，推动粤港澳大湾区青少年文化交流，强化爱国主义教育。打造人文优质生活圈，要推进中华优秀传统文化的创造性转化和创新性发展，健全、完善粤港澳大湾区公共文化服务体系和文化创意产业体系，发挥粤港澳大湾区中西文化长期交汇共存的历史优势，尤其是港澳中西文化交流平台和多元文化交流合作基地作用，扩大中华文化的国际影响力和辐射力。打造人才聚集生活圈，要实施更积极、更开放、更有效的人才引进政策，加快优质人才资源的战略性集聚，探索采用法定机构或聘任制等形式引进高层次、国际化人才参与粤港澳大湾区建设和管理，完善人才激励机制，健全人才双向流动机制。打造就业创业生活圈，要建立港澳创业就业试验区，完善区域公共就业服务体系，支持港澳中小微企业在内地发展，深化粤港澳青年创新创业合作。打造健康安全生活圈，要深化粤港澳三地医疗卫生合作和食品、食用农产品安全合作，筑起粤港澳大湾区健康安全堤坝。

建设粤港澳大湾区要发挥粤港澳底蕴深厚、多元开放的文化优势，传承和弘扬古代海上丝绸之路的友好合作精神，传播好中国声音，广泛开展教育、科技、文化、卫生、医疗等多领域国际交流合作，大力推动粤港澳文化融合，强化国民教育、培育爱国情操，实现不同文明互学互鉴，将粤港澳大湾区建设成为东南亚文化交流的重要联系纽带。

第四节　粤港澳大湾区建设的重大意义

《规划纲要》指出，打造粤港澳大湾区、建设世界级城市群，有利于丰富“一国两制”实践内涵，进一步密切内地与港澳交流合作，为港澳经济社会发展，以及港澳同胞到内地发展提供更多机会，保持港澳长期繁荣稳定；有利于贯彻落实新发展理念，深入推进供给侧结构性改革，加快培育发展新动能、实现创新驱动发展，为我国经济创新力和竞争力不断增强提供支撑；有利于进一步深化改革、扩大开放，建立与国际接轨的开放型经济新体制，建设高水平参与国际经济合作新平台；有利于推进“一带一路”建设，通过区域双向开放，构建丝绸之路经济带和21世纪海上丝绸之路对接融汇的重要支撑区。基于“一带一路”倡议和新时代国家发展全局建设粤港澳大湾区，不仅能解决粤港澳深化合作问题，还能推进全面深化改革、创新开放合作局面，提高国家参与全球合作、全球治理的能力。

一、有利于丰富“一国两制”实践内涵，进一步密切内地与港澳交流合作，保持港澳长期繁荣稳定

进一步深化粤港澳合作亟须创新制度协调机制，制度差异使得

城市间存在明显的行政边界与屏蔽效应。“一国两制”背景下粤港澳大湾区的区域合作，有助于支持港澳全面融入国家发展大局，是国家战略的重要组成部分。粤港澳大湾区的建设可以通过粤港澳大湾区间经济合作实现社会整合，甚至建立粤港澳大湾区城市之间的“新体制”，例如使内地劳动力市场、服务业市场、社会服务等在湾区城市间实现内部流动和开放。在经济整合的过程中，进一步实现社会整合，从而促使港澳与内地间的制度调整，使港澳能够全方位融入国家发展之中。[①]

这是以经济为主导、打破区域行政壁垒的一次创新。作为自由贸易港和国际大都市的香港由于地域狭小、制造业空心化、产业结构失衡等因素，这些年国际金融中心地位、国际竞争力呈下降态势，进而出现内部政治经济社会关系失衡引发的波动。以第二、三产业为主的澳门经济规模虽然不大，但外向度高，具有单独关税区地位，货物、资金、外汇、人员进出自由，是中国两个国际贸易自由港之一和粤港澳大湾区内税率最低的地区之一，与国际经济联系密切。珠江三角洲是南方对外开放的门户，辐射带动华南、华中和西南发展的龙头，全国科技创新与技术研发基地，中国人口集聚最多、创新能力最强、综合实力最强的三大城市群之一，全国经济发展的重要引擎和参与经济全球化的主体区域，具有全球影响力的先进制造业和现代服务业基地。工业与基础产业相对完善，科研体系较为完整，可以支持大量科技人才进行高新技术研发。港澳回归以来，粤港澳依托“一国两制”制度优势，初步实现生产要素和生活

---

① 郑永年、莫道明：《建议创设“环珠江口湾区”，用经济社会方式解决香港和台湾问题》，《高端智库政策报告2016》（6月增刊）。

要素的自由流动，不仅使三地经济得到较快发展，而且进一步巩固了香港国际金融、航运、商贸中心，澳门世界旅游休闲中心，广东全球制造业中心的地位。在广东制造业转型升级、港澳拓展发展与创新空间需求迫切的背景下，粤港澳产业合作，特别是服务业合作潜力大，互补性明显增强。

通过打造粤港澳大湾区，能有效地将这三地的各自优势发挥出来，从而建设世界级城市群。同时，我国城乡居民内需潜力巨大，消费结构正由物质型消费为主向服务型消费为主升级，这不仅是我国应对外部环境变化、保持经济增长的最大底气，也是新阶段内地与港澳交流合作的最大机遇。在港澳消费市场基本饱和的情况下，依托广东作为港澳的重要经济腹地和进入内地的重要桥梁，通过与粤港澳大湾区的市场融合，拓宽港澳服务业发展空间，稳固提升香港国际金融、贸易、航运中心地位，解决澳门博彩业一业独大问题。在此基础上，推进粤港澳服务贸易一体化，率先形成对外开放新高地，为三地携手打造国际一流湾区和世界级城市群提供重要动力。由此可见，粤港澳大湾区将会引领政策为经济与创新服务的战略局面，为将来的其他区域经济体与创新企业的发展带来更多的机遇，开创中国经济发展历程中的新篇章。

粤港澳大湾区建设还是深化“一国两制”基本国策的创新举措。粤港澳大湾区建设是加强港澳同内地紧密合作、夯实“一国两制”经济基础的需要。保持香港、澳门长期繁荣稳定，必须在与内地的紧密合作中实现港澳经济持续发展，这是成功实现“一国两制”的经济基础。粤港澳地区文化相近，血脉相连，打造粤港澳大湾区，加强三地经贸合作，以及科教文卫等社会服务业领域的交流合作，对促进地区间民众的交流、加强理解与互信，形成文化互通、政治互信、民心相通的文化交流格局，夯实“一国两制”的民意基础和社会根基具有重要作用。通过经贸往来，构建内地与港澳地区的合作桥梁，推动区域协调发展，对于构建政治稳定、区域繁荣、民心团结的“一国两制”良好局面具有重要意义。

二、有利于贯彻落实新发展理念，为我国经济创新力和竞争力不断增强提供支撑

新发展理念是发展行动的先导，是管全局、管根本、管方向、管长远的指导思想，是发展思路、发展方向、发展着力点的集中体现。党的十九大报告指出，必须坚定不移贯彻创新、协调、绿色、开放、共享的发展理念。在新发展理念的引领下，党中央提出以供给侧结构性改革推动经济高质量发展的总体思路。供给侧结构性改革就是用增量改革促存量调整，在增加投资过程中优化投资结构，使产业结构开源疏流，在经济可持续高速增长的基础上实现经济可持续发展与人民生活水平不断提高。推进粤港澳大湾区建设，有利于在实践中贯彻落实新发展理念，为深入推进供给侧结构性改革提供试验载体和有效空间。

当前，新产业革命和新经济发展正在改变2008年金融危机以来的全球经济格局。随着全球价值链分工的不断深化，全球竞争已经从过去注重海关货物流量的竞争转变为吸引全球创新要素集聚的竞争。德国的“工业4.0”、美国的工业互联网、日本的“互联工厂”，以及美国的“全面减税计划”，都旨在谋求全球经济竞争重构中的新优势。以粤港澳大湾区为代表的中国加工制造模式正在面临互联网、大数据和3D打印为特征的智能制造模式的挑战。同时，

人工智能也正在改变各个产业领域和各个价值环节的创新与增值模式。应对全球科技产业革命的挑战，粤港澳大湾区应发挥香港国际化创新资源、金融市场和珠三角高科技制造业体系的优势，在生物医药、智能制造、智慧城市等新经济领域推动创新，占领全球制高点，从而引领“中国制造2025”和助推中国经济增长由数量规模向质量效益的转变，实现创新、协调、绿色、开放、共享的发展。

三、有利于进一步深化改革、扩大开放，建设高水平参与国际经济合作新平台

随着改革开放步入深水区，各方利益与矛盾交织凸显。当前，世界经济面临深刻的调整，不确定性因素显著增加，中国对外开放面临着前所未有的新形势和新挑战。中国经济发展的战略机遇期的内涵和条件发生着深刻变化，必须深入分析、准确研判时代特征和变化趋势，才能把握机遇、趋利避害。实施以“出口创汇”为核心目标的对外开放战略，关键在于将中国劳动力的比较优势转化为在国际市场上的竞争优势，其中一个政策重点是吸引出口型外商直接投资；另一个政策重点是大力发展加工贸易，实行进口替代与出口导向相结合的战略。

中国经济进入高质量发展新阶段，对外开放也提出了新要求。特别是在中美贸易摩擦和全球贸易保护主义抬头的大背景下，粤港澳大湾区建设相对于改革开放以来的转口贸易和“前店后厂”模式而言，具有更加深远的时代意义。在供给侧，通过充分利用全球的高端生产要素，包括人才、技术、管理等，促进国内企业的创新，

提升我国产品的质量、技术、品牌，不断提升我国在全球价值链中的分工地位。在需求侧，不断提升我国高附加值产品与服务的国际市场份额，充分利用国际市场，支撑我国的企业创新，加速出口结构升级，促进国内产业结构升级。同时，通过以开放促改革，推进体制机制创新，激发创新活力，释放发展潜力，促进资本技术密集型产业发展，提升国际竞争力。

顺应国内外形势变化，与时俱进地调整开放重点与策略。涉外经济体制从早期“摸着石头过河”发展到对标高水平国际经贸规则构建开放型经济新体制，从学习、引进、适应国际经贸规则过渡到主动参与全球经济治理、引领国际规则制定。因此，《规划纲要》明确提出，“充分发挥港澳对外贸易联系广泛的作用，探索粤港澳共同拓展国际发展空间新模式”。可见，粤港澳大湾区在探索对外开放新路子、建设高水平参与国际经济合作新平台领域有重要作用。

建设粤港澳大湾区是我国坚定支持经济全球化发展的具体行动。粤港澳大湾区建设以开放合作为鲜明导向，促进我国内地向港澳进一步开放，推动我国形成更自由、开放、包容、便利的政策制度环境。粤港澳大湾区将成为以开放为驱动力的区域经济一体化典型。与“以邻为壑”“保护主义”的经贸主张形成强烈反差，粤港澳大湾区建设是我国推动全球化发展的积极行动。建设粤港澳大湾区可成为我国引领全球经济治理和规则构建的重要尝试。中国倡导构建更具活力、包容和可持续的全球经济治理新模式。粤港澳大湾区建设涉及一系列国际标准、政策对接与经贸市场一体化内容，是推动我国经贸规则国际化、面向世界、辐射周边、参与全球经济治理和引领国际规则制度的试验田。而且，通过推动粤港澳大湾区建设，本着互信、包容、合作、共赢的精神，着力打造创新发展、联动增长、利益融合的区域性命运共同体，这与我国倡导的构建人类命运共同体的理念一脉相承，充分彰显了我国构建人类命运共同体的大国责任与担当。

四、有利于推进“一带一路”建设，构筑丝绸之路经济带和21世纪海上丝绸之路对接融汇的重要支撑区

2013年9月和10月，习近平主席在出访中亚和东南亚国家期间，先后提出共建“丝绸之路经济带”和“21世纪海上丝绸之路”的重要倡议，得到国际社会高度关注。加快“一带一路”建设，有利于促进沿线各国经济繁荣与区域经济合作，加强不同文明交流互鉴，促进世界和平发展，是一项造福世界各国人民的伟大事业。2015年3月，国务院发布的《推动共建丝绸之路经济带和21世纪海上丝绸之路的愿景与行动》中明确提出，充分发挥深圳前海、广州南沙、珠海横琴、福建平潭等开放合作区作用，深化与港澳台合作，打造粤港澳大湾区。与此同时，强调要强化上海、广州等国际枢纽机场功能，以扩大开放倒逼深层次改革，创新开放型经济体制机制，加大科技创新力度，形成参与和引领国际合作竞争新优势，成为“一带一路”特别是21世纪海上丝绸之路建设的排头兵和主力军。发挥海外侨胞，以及香港、澳门特别行政区的独特优势作用，积极参与和助力“一带一路”建设。这凸显了粤港澳大湾区在国家发展大战略中的特殊地位。

如今中国已经成为世界第二大经济体，是世界经济不可或缺的重要组成部分。粤港澳大湾区是我国与海上丝绸之路沿线国家海上

往来距离最近的发达经济区域，同时又通过现代化的铁路物流中心与丝绸之路经济带沿线经济体的市场相连接。随着中国—东盟自贸区的深化发展，粤港澳的区位优势更加凸显。随着改革开放政策进入新的阶段，中国作为一个大国，有责任也有能力为后进国家展示一条基于自身发展历程客观可行的和平发展道路。粤港澳大湾区拥有全球最为密集的港口群。按吞吐量计算，深圳港、香港港、广州港在2016年总吞吐量已突破6500万TEU，超过纽约、东京和旧金山全球三大湾区之和。粤港澳大湾区还拥有全球最为繁忙的空港群，整个湾区五大国际机场的年旅客吞吐量超过1.6亿人次，远超纽约湾区三大国际机场的吞吐量。此外，香港是亚太地区重要的全球物流控制中心、全球国际金融中心，也是最大的全球离岸人民币中心；珠三角地区产业经济发达。因此，建设粤港澳大湾区，发挥广东作为“一带一路”的战略枢纽、经贸合作中心、重要引擎，以及香港、澳门作为“一带一路”的重要节点的“双重功效”，不断增强粤港澳大湾区在金融、贸易、航运等优势领域的国际影响力，提升该区域对全球资源的配置能力，推动粤港澳大湾区成为支撑国家“一带一路”倡议的重要运营服务体系。这也意味着党的十一届三中全会以来实施的改革开放政策将进入新的阶段。粤港澳大湾区作为“一带一路”倡议的重要枢纽，粤港澳三地的角色也将从改革开放初期引入外部资金与技术的“引水渠”，转型为对外阐述中国经济发展经验的“导师”。

第二章
世界三大湾区发展概况

随着世界经济活动和城市人口逐步向沿海地区聚集，世界顶级城市群大多集中在湾区，形成了若干个以湾区为核心的经济集群。据世界银行的统计，全球60%的经济总量集中在湾区，湾区汇聚了75%的大城市、70%的工业资本和人口，世界排名前50的特大城市中，港口城市占90%以上。世界著名的经济湾区有纽约湾区、东京湾区、旧金山湾区、伦敦港、悉尼湾区。其中纽约湾区、旧金山湾区和东京湾区是公认的具有国际影响力的世界一流湾区。这些世界级大湾区凭借开放的经济结构、强大的要素集聚功能和发达的国际交往网络，成为带动全球经济发展的重要引擎和引领科技创新的领头羊，由此衍生出的经济效应，正在重塑全球经济新格局。

第一节 纽约湾区

纽约湾区位于美国东部、大西洋西岸，崛起于18世纪末到19世纪20年代，也称为纽约大都会区。纽约湾区是全球金融中心，囊括了2900多家世界金融、证券、期货、保险等机构，拥有纽约证券交易所和纳斯达克证券交易所，因此它也被称为“金融湾区”。纽约湾区还是国际旅游文化中心和国际会议中心，有58所高校汇集在这里，联合国总部也坐落于此。截至2017年，纽约湾区内有世界500强企业28家，全美最大的500家公司有1/3以上都在这里设立总部；纽约湾区制造业产值占全美1/3，纽约湾区的地区生产总值规模达1.72万亿美元。

一、纽约湾区的基本概况

（一）纽约湾区面积

纽约湾区位于美国的东北部，大西洋沿岸的中心位置，是连接大西洋和美国五大湖区贸易的中转站，具有其他湾区无可比拟的区位优势。美国管理和预算办公室（The U.S. Office of Management and Budget）对纽约湾区有两个定义：大都会统计区（MSA）和联合统计区（CSA）。狭义上纽约湾区指的是大都会统计区，大都会区由25个县组成，包括纽约州的12个县（即纽约市的5个行政区，长岛2个县和哈德逊河下游的5个县）、新泽西州北部和中部的12个县和宾夕法尼亚州东北部的1个县，重要城市包括纽约市、纽瓦克市和新泽西市，占地面积达21481平方千米。广义上的纽约湾区指联合统计区，即在大都会统计区的基础上新增7个大都会区，共35个县，管辖面积较前扩大将近六成，约34493平方千米。这片地区俗称三州地区，但不包括宾夕法尼亚州的一些城市，比实际的三州地区要小。[①]湾区主要城市有纽约、波士顿、费城、巴尔的摩、华盛顿等。

① 杨长青、殷姿：《环杭州湾大湾区系列专题报告（三）——纽约湾区经济案例分析》，南华基金网，2017年8月18日。

（二）纽约湾区人口

根据2016年7月美国人口普查局数据，大都会区总人口约为2015.4万人，人口密度达到1158人/平方千米。联合统计区总人口将近2368.9万人，人口密度约为687人/平方千米。从统计数据来看，纽约湾区人口增长速度正逐步趋缓，大都会区的年增长率相比联合统计区稍有优势，大都会区占联合统计区人口的比重从基准年（2010年）的84.79%上升至2016年的85.08%，增加了0.29个百分点，这说明纽约大都会区相比联合统计区对人口更有吸引力，也凸显出纽约湾核心区的人口聚集效应。[①]

二、纽约湾区的发展历程

（一）纽约市的建立（1492—1668年）

在欧洲人到达美洲之前，纽约是印第安人的居住地。1492年，哥伦布发现美洲新大陆后，欧洲各国殖民者纷纷涌来建立殖民贸易点，逐渐形成自由港，这就是纽约的前身。1624年，荷兰知事彼得·朱纽特以锄头、斧头、脸盆、布匹和一些玻璃珠子同印第安人达成交易，取得曼哈顿岛的所有权，将其开辟为贸易站，并命名为“新阿姆斯特丹”。1644年，英国舰队开到新阿姆斯特丹，获得了这片地方的所有权，英国国王查理二世将其交给他的弟弟约克公爵管辖，约克公爵随后将自己的领地从英国的约克郡迁到新阿姆斯特丹，并以自己的爵位名将新领地命名为New York（纽约）。1668年，纽约建市，作为欧洲

① 杨长青、殷姿：《环杭州湾大湾区系列专题报告（三）——纽约湾区经济案例分析》，南华基金网，2017年8月18日。

到北美和加勒比海地区的唯一港口，大量的资本和殖民者涌入纽约，使它快速发展成为美国东北部最重要的港口城市之一。

（二）纽约金融中心初步形成（1668—1820年）

1775年，美国独立战争爆发，纽约经济遭到重创。1789年，纽约成为新独立的美国首都，同时也是美国最大的城市，华盛顿总统在这里宣誓就职。随着美国东北部逐渐成为新兴城市的经济主导地区，居于其中心的纽约也成为东北部经济发展的主要受益者。第二次英美战争（1812—1815年）后，跨国贸易日益兴盛，推动了保险业和金融业的出现和发展，纽约金融中心开始初现雏形。

（三）纽约成为全国交通枢纽、最大城市、工商业中心和金融中心（1820—1870年）

18世纪末到19世纪初，纽约掀起了公路、港口建设热潮，共修建了长达4000多千米的公路，将州内不同地区连接起来；伊利运河于1817年开始修筑并于1825年投入使用，运河贯通了五大湖水路，降低了运输成本，纽约成为美国东部最重要的口岸，到1840年，美国二分之一的进口货物和三分之一的出口货物经由纽约。1851年，与伊利运河水陆互补的伊利铁路全线通车。交通运输网的改善极大地便利了经济往来，把纽约和广大中西部地区连在一起，使纽约成为中西部进出口的门户和全国交通枢纽的中心。1840—1870年是纽约发展的黄金时期，纽约的工业、商业和金融业在这一时期发生了跳跃式发展。1841年，商业交易所竣工，华尔街成为美国财富的集聚地。1848年，加利福尼亚金矿的发现吸引世界各地移民涌入纽约。到1850年，纽约成为仅次于伦敦和巴黎的世界第三大城市，是全美最大的商业中心和出口棉花的贸易中心。到1870年，纽约人口达到100多万，成为全美最大城市和工商业、金融中心；美国东北部以纽约为中心形成了一个经济核心区。

（四）受益于两次世界大战，纽约世界城市地位确立（1870—1945年）

1914年，第一次世界大战爆发，欧洲老牌资本主义国家英、法、德、奥、意、俄、保等国都卷入了战争中。战争给这些国家带了重大损失，除了人、财、物等直接损失，各国的海外贸易也因疏于管理而受到不同程度的打击。美国在第一次世界大战爆发的最初阶段就宣布了自己的中立态度，顺利接手这些国家的海外贸易，开始在拉美、远东一带积极发展贸易。美国不仅占领了海外市场，还向参战各国卖资源。一战后，作为主战场的欧洲的经济被打得支离破碎，被迫向美国借钱，欧洲老牌资本主义国家经济都出现了衰退，而美国经济却得到了长足发展，取代英国成为头号经济强国。在这一时期，纽约的城市化进程迅速，财政金融体系进一步完善，工业和商业统治地位确立，国家经济中心地位进一步巩固，取代伦敦成为世界金融中心。

1939年，第二次世界大战爆发。1945年结束时，全世界有61个国家和地区，20亿以上的人口被卷入战争，许多参战国在战争中受到重创，只有美国比战前更强大。战争期间美国向英法等国高价出售大量武器装备，使得英法等国的黄金储备源源不断流向美国。到了战后，美国生产水平大幅提高，经济高速发展，已拥有资本主义世界一半以上的黄金储备，经济实力世界第一，军事实力也增强了几倍。纽约也进入前所未有的鼎盛时期。此外，随着布雷顿森林体系的成立与联合国将总部设在纽约，美元成为与黄金等同的世界硬通货，这使得纽约外汇市场的运作影响着全球外汇市场，纽约成为世界级城市。

（五）世界级湾区地位的确立（1945年—20世纪末）

二战后，由于美国经济发生了结构性调整，纽约产业结构和人口结构也发生了变化，纽约传统制造业受到较大冲击，这些传统行业中的大批人员失业，而金融、服务业等第三产业就业人数迅猛增长。纽约在发展中也曾陷入低迷，分别于20世纪的60年代和70年代经历了城市衰退和财政危机，但最终在80年代完成了以信息服务为主导的产业结构转型，重新焕发了生机与活力，迎来了经济繁荣的90年代。20世纪末，纽约及其周边城市逐渐成为跨国银行和金融机构的集中地，越来越多的金融机构在这里设立总部，纽约成为全球金融中心，众多跨国公司总部聚集在这里，以纽约为中心的世界级湾区也逐渐形成。

三、纽约湾区的规划发展

作为当今世界三大湾区之首，纽约湾区是美国唯一一个跨州建设的大都市区，在纽约湾区漫长的发展过程中，区域规划发挥了重要作用。

1811年的委员计划（Commissioners' Plan of 1811）被称为纽约城市发展最重要的规划文件，开启了曼哈顿地区乃至纽约大都市区规划建设历程。这项规划产生的初衷是解决移民潮的问题，规划包含了街道和公共空间建设，包括12条南北主干道、155条正交十字路和若干公园、广场。尽管因未妥善考虑曼哈顿岛的自然地形、美观等，这项规划受到了一些诟病，但它的延伸和调整仍在一定程度上解决了人口过度集中的问题，使得纽约湾区呈现出今日的面貌，其独特的网格状规划，也成为日后很多城市的效仿对象。

纽约湾区的规划由区域委员会和大都市圈规划组织（MPO）完成，它们分别负责经济发展和交通建设的协调规划工作。纽约都市圈规划组织下属机构——纽约大都市交通委员会（NYMTC）负责评估区域内整体的交通建设方案，建立统一的规划项目，作出长期交通规划，发展交通改善项目等。作为独立的统一规划组织，MPO等机构以长远的目光看待整个区域的协调发展。此外，MPO等机构同样善于利用外部力量，如纽约区域规划协会（Regional Plan Association，简称RPA）。1921年，罗素·塞奇基金会资助建立了纽约区域规划委员会，后发展成纽约区域规划协会，该机构由纽约杰出的商人和专业人士组成，旨在为纽约大都市圈的发展提供调查、分析和规划建议。成立至今，RPA已就纽约大都市圈提出了四次规划方案，其中有许多重点建设策略都得到了实施或成为规划依据，这成为纽约湾区近百年良好发展的最重要因素之一。

第一次区域规划始于1929年。纽约湾区是一个跨州建设的大都市区。如何平衡区域内庞大的人口、建设和管辖之间的关系便成为纽约规划的重中之重。19世纪初期，由于港口优势、技术创新、政策扶持等，纽约湾区的经济、人口、文化快速发展，城市呈现爆炸式的增长，物质空间建设落后于经济增长速度。为重构纽约湾区的区域秩序，使之成为更具活力、更加丰富多样的大都市区，1929年，RPA推出第一版《纽约及其周边的区域规划》，规划的核心是“再中心化”，规划范围包括22个县，总计14312平方千米。这次规划将城市和周边区域纳入整体考虑，对高速公路、铁路网络建设，公共空间、居住建设，商业和工业中心建设，基础设施建设和人文发展等提出建议，制定了建立开放空间、缓解交通拥堵、集中与疏散、放弃高层建筑、预留机场用地、细化设计、减少财产税、建设卫星城等十项政策，旨在缓解中心城区压力。在这次规划中，韦拉札诺海峡大桥的建设、乔治华盛顿大桥的选址，以及主要港口迁出曼哈顿等措施在日后被证实非常成功。这次规划也开启了纽约大都市圈的第一次整体规划，成为世界上第一次关于大都市区的全面规划，是一次前所未有的规划创新和改革。规划不但对纽约地区的交通、管理、社区系统产生了超过70年的影响，同时提出了一种全新的发展和管治思路，大力倡导政府与企业的合作，跨越行政边界来建设有活力、宜居、可持续发展的城市社区，促使纽约在20世纪中期成为全球领先城市。

20世纪60年代，RPA推出了第二次区域规划。二战之后，在技术革新、产业升级的推动下，纽约湾区进入了工业化后期发展阶段，城市向郊区蔓延，带来环境恶化和老城区中心空心化等问题。1968年，RPA完成了纽约湾区第二次区域规划，规划的核心是“再集中”，通过建设统一的交通体系来促进城市中心再繁荣。规划建议“将就业集中于卫星城，恢复区域公共交通体系”，并提出了建立新的城市中心、塑造多样化住宅、改善老城区服务设施、保护城市未开发地区生态景观和实施公共交通运输规划五项原则[①]。其后十年，区域内交通网络逐步开始更新和改善。这次规划推动了布鲁克林、纽瓦克等城市的经济发展，奠定了80年代纽约湾区的再发展；同时也促进了不同部门、机构之间的合作发展。

1996年，RPA策划了第三次区域规划。1990年，纽约大都市圈经

① 吴越：《大湾区建设如何提升区域品质》，《解放日报》，2019年9月3日。

济增长缓慢，区域发展面临技术创新和全球化竞争日益激烈的挑战，同时也产生了一系列社会、环境恶化等问题，区域财富增长的可持续性和世界领导地位受到威胁。RPA重新审视财富的内涵，提出应注重经济、社会、人文和自然的综合发展，兼顾不同群体间的利益平衡。1996年，RPA发布第三版区域规划——《危机挑战区域发展》（A Region at Risk），规划的核心是凭借投资与政策来重建经济、公平和环境。通过整合经济、公平和环境推动区域发展，从而增强区域的全球竞争力。[①]第三次规划试图提高纽约湾区的宜居性，在基础建设网络基本完善的条件下，如何进一步提高居民的生活质量成了新重心。规划提出从社区建设、环境保护和劳动力保护上来促进地区经济的可持续发展。通过投资和政策吸引重新建立3E（three E's）——经济（economy）、环境（environment）、公平（equity），并提出五项措施——植被、中心、机动性、劳动力和管理（Greensward，Centers，Mobility，Workforce and Governance），同时强调形成高效的交通网络的重要性，以期重塑区域的经济和活力。

2017年，RPA发布了第四次规划《共同区域建设》。2013年4月，RPA宣布启动纽约大都市圈第四次规划（Fourth Regional Plan），为接下来25年的地区增长和管理提供策略。第四次规划围绕最紧迫的气候变化、财政不确定性和经济机会下降等挑战展开。规划进一步体现了以人为本的发展需要，提出了“经济、包容性和宜居性”目标，确定了经济机会、宜居性、可持续性、治理与财政四方面议题，旨在创造就业、改善商业环境、促进经济增长、减少家庭的住

① 《多部门四次规划 跨区域协作打造 百年纽约湾区的光荣与梦想》，《21世纪经济报道》，2017年5月6日。

房开支、解决贫穷，为居民提供更加富裕的生活，更多、更便利的社会服务设施（交通、教育）。[①]其中重点涉及如何通过住房、商业用地和基建上的改善来促进就业，改善区域内发展不平等，让更多人享受经济增长带来的积极改变。这次规划结合前一次规划，揭示了纽约湾区从贸易港到金融中心，未来朝向宜居湾区发展的规划目标。

RPA作为多方协调中的一个重要角色，为纽约湾区的发展作出了不可磨灭的贡献，也正是在这种多方积极配合和开放包容的背景下，纽约湾区发展成为世界第一大湾区。

四、纽约湾区经济

纽约湾区是全球的金融中心、商贸中心和制造业中心，其金融业、奢侈品、都市文化等都具有世界性的影响力。纽约曼哈顿是中央商务区（CBD）的发源地，华尔街是世界金融的心脏，拥有纽约证券交易所和纳斯达克证券交易所。纽约湾区的对外贸易周转额占全美的20%，制造业产值占全美的1/3。全美最大的500家公司有三分之一以上将总部设在纽约湾区。

（一）纽约湾区经济总量

2017年，纽约湾大都会区的地区生产总值总量为1.72万亿美元，占全美经济总量约10%，人均地区生产总值达8.46万美元。

---

① 吴越：《大湾区建设如何提升区域品质》，《解放日报》，2019年9月3日。

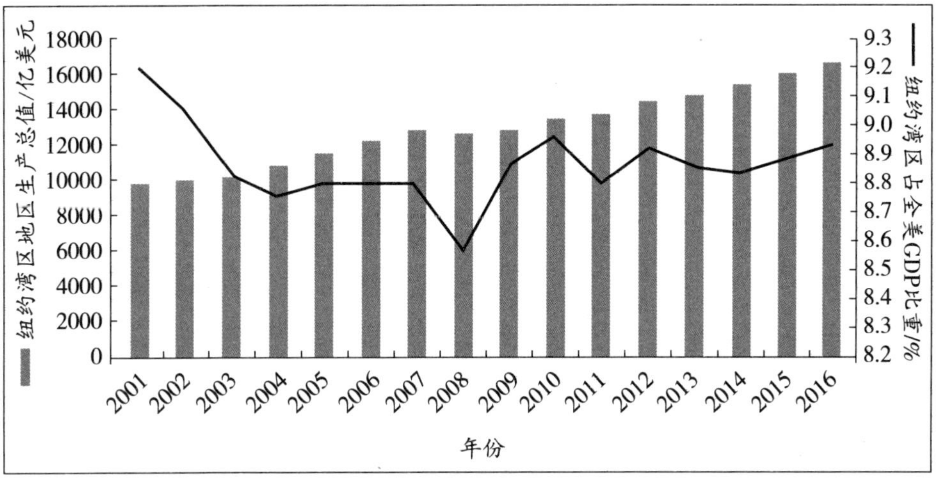

图 2-1 纽约湾区经济总量[①]

（二）纽约湾区的产业布局

纽约湾区是美国工业化最早、城市化程度最高、经济最为发达的地区，纽约湾区内的核心城市纽约、波士顿、费城、华盛顿在产业布局和功能上呈现多元化和互补的格局。纽约是世界最重要的金融中心、商业中心和文化中心，也是国际金融创新中心。波士顿依托哈佛大学、麻省理工学院、波士顿大学等诸多高校，主要发展高科技产业和教育，为纽约湾区提供了高素质人力资源和高新科技。费城重点发展重工业和港口运输，华盛顿是美国的政治中心。

纽约湾区经历了几次产业结构调整，已经走过了以制造业为主要增长动力的工业发展阶段，房地产、金融保险、批发零售、专业与科技服务、医疗保健业等成为新的主要增长动力。2018年，纽约湾区的服务业占GDP比重接近90%，第一、二产业只占10%。纽约湾区

① 何诚颖：《国际成熟湾区系列研究报告（一）：纽约湾区的基本情况》，http://hechengying.blog.caixin.com/archives/182164，2018年6月12日。

的产业结构是一个集群系统，第一个集群是以金融业为引领的高端生产性服务业，带动各种实体经济的发展；第二个集群是以高端人才为支撑的创意产业，包括广告业、娱乐业、传媒业、文化产业、艺术品收藏等[①]；第三个集群是以高科技为核心的科技产业，包括生物医药、纳米技术等。纽约湾区有58所世界级的大学和人才，就近为纽约湾区的科技创新提供了源源不断的人才和科技，激发大中小企业的活力。硅巷位于纽约曼哈顿地区，是一个无边界的高科技园区，拥有众多高科技企业群，已成为纽约湾区经济增长的主要引擎，被誉为“东部硅谷”“创业之都”，是继硅谷之后美国发展最快的信息技术中心地带。2007—2015年，纽约硅巷互联网及应用技术工作岗位增长率达28.7%。在这三个引领性产业集群之外，是为大规模高端人才聚集提供各种各样服务的产业集群，包括旅游、餐饮、商贸等。

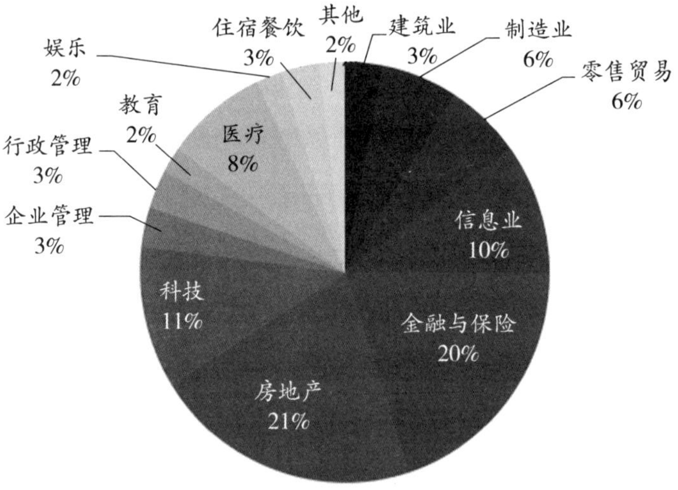

图 2-2　纽约湾区的产业结构[②]

① 陶白丁：《世界三大大湾区产业集群发展》，搜狐网，2019年8月16日。

② 何诚颖：《国际成熟湾区系列研究报告（一）：纽约湾区的基本情况》，何诚颖的博客（财新网），2018年6月12日。

自1970年以来，纽约湾区产业结构的空间布局发生变化，制造业不断从城市向郊区转移。而周边地区受到中心城市的经济辐射，产业结构也发生了巨大的变化：原来一些以农、牧、渔业为主的小城镇承接了从中心城市转移出来的制造业和人口，产业结构从原来以第一产业为主转变为以第二、三产业为主。如地处纽约近郊的长岛，原本以种植业和捕捞业为主，受纽约产业转移和人口向郊区扩散的影响，大片的农田改成居住区和工业园区，现代工业和服务业成为长岛经济的主体。而纽约湾区的核心城市逐渐成为以金融、房地产、专业技术服务、教育、批发零售等第三产业为主导的集聚地。

表 2-1　2001—2015 年纽约—纽瓦克—泽西城服务业构成①

年份		2001年	2005年	2010年	2015年
服务业占地区生产总值比重/%		89.8	90.9	91.8	92.4
服务业内部构成/%	批发零售	N	N	N	11.3
	运输仓储	3.9	4.0	4.1	4.0
	信息服务	8.1	8.4	8.6	8.1
	金融保险	19.8	18.0	16.8	17.5
	房地产与租赁服务	N	17.5	18.1	18.1
	专业与技术服务	9.3	9.3	9.3	10.0
	公司与企业管理	N	2.5	2.8	2.6
	行政管理与支持	2.7	2.9	2.7	3.0
	废旧处理与环境修复	N	N	0.3	0.2

① 魏作磊、王锋波：《国际化大湾区核心产业结构特征对广州的启示》，《城市观察》，2018年第4期。

（续上表）

年份		2001年	2005年	2010年	2015年
服务业内部构成/%	教育服务	1.2	1.3	1.5	1.7
	健康与社会救助	6.5	6.9	7.5	7.2
	文化娱乐	1.2	1.3	1.4	1.4
	住宿餐饮	2.2	2.3	2.3	2.5
	政府服务	10.8	11.0	11.3	10.2
	其他服务	2.3	2.3	2.1	2.2
	合计	100	100	100	100

数据来源：美国商务部下属的美国经济分析局（U.S.Bureau of Economic Analysis）。N代表数据缺失。

（三）国际金融中心

金融业是纽约湾区产业结构中的最顶层。第二次世界大战后，纽约湾区逐渐发展成为全球金融中心，纽约湾区内全球银行、保险公司、证券交易所、大公司总部云集，全球最大的100家银行中，90%以上在纽约湾区设有分支机构。财富中文网发布的2019年《财富》世界500强榜单中，有73家企业分布在纽约湾区，其中有14家属于金融保险类，包括摩根大通、花旗、高盛、摩根士丹利等世界知名公司。证券业是纽约湾区金融业中最大的部分，提供了超过50%的金融服务就业岗位。位于纽约的纽约证券交易所成立于1817年，是世界上最大的证券交易所，有45个国家的2400多家公司在此挂牌上市。2018年，纽约证券交易所的总市值达20.7万亿美元，位列全球股市第一名。纽约的另一家知名证券交易所纳斯达克始建于1971年，是为了规范场外交易和为小企业提供融资平台而创建的，是第一个采用电子交易并面向全球的股市，是全美也是世界最大的股票电子交易市场，现有挂牌上市公司5400多家。截至2018年11月，纳斯达克总市值为10.8万亿美元。在纳斯达克挂牌上市的公司以高科技公司为主，如微软、英特尔、戴尔、思科等，中国的几大著名互联网公司——新浪、搜狐、网易、百度、阿里巴巴也都在纳斯达克上市。2016年，纽约湾区来自金融、保险、地产和租赁产业的产值达5473.71亿美元，占湾区地区生产总值总量的33%左右。①纽约金融业主要集中在曼哈顿区，曼哈顿区是纽约五个区里面积最小的一个区，辖区总面积为57.91平方千米，居住人口达150万，区内全球银行、保险公司、交易所及大公司总部云集。纽约有金融从业人员约80万人，其中50万人在曼哈顿，纽约证券交易所、纽约交易所市场、美国证券交易所、纽约贸易委员会、纽约商品交易所、纳斯达克都位于曼哈顿下城。行走在纽约街头，随处可见的摩天大楼里，聚集了超过1/3的全美500强公司。曼哈顿的地标华尔街，不足一平方千米的区域内聚集了3000多家银行、保险、交易所等金融机构，被称为全球金融心脏。

表 2-2 2017 年财富 500 强纽约湾区企业名单

序号	排名	企业	所在地	行业
1	32	威瑞森电信	纽约市	电信
2	48	摩根大通	纽约市	银行、商业储蓄
3	74	花旗集团	纽约市	银行、商业储蓄
4	82	IBM	阿蒙克市	信息技术服务

① 汤艺甜：《世界湾区养成记》，《北京商报》，2019年2月19日。

（续上表）

序号	排名	企业	所在地	行业
5	97	强生	新布朗斯维克市	制药
6	128	大都会人寿	纽约市	人寿与健康保险
7	131	百事公司	纽约市	食品消费品
8	148	保德信金融集团	纽瓦克市	人寿与健康保险
9	173	辉瑞制药	纽约市	制药
10	175	美国国际集团	纽约市	财产与意外保险
11	229	邦吉公司	白原市	食品生产
12	243	美国纽约人寿保险公司	纽约市	人寿与健康保险
13	255	默克	凯尼尔沃思市	制药
14	260	霍尼韦尔国际	莫里斯平原	电子、电气设备
15	267	摩根士丹利	纽约市	银行、商业储蓄
16	271	高盛	纽约市	银行、商业储蓄
17	278	美国教师退休基金会	纽约市	人寿与健康保险
18	315	美国运通公司	纽约市	多元化金融
19	371	时代华纳	纽约市	娱乐
20	376	查特通信	斯坦福市	电信
21	394	旅行者集团	纽约市	财产与意外保险
22	396	二十一世纪福克斯	纽约市	娱乐
23	406	菲利普·莫里斯国际公司	纽约市	烟草

数据来源：2017年《财富》杂志。

纽约成为世界金融湾区，与纽约已建立起完整的、立体化的金融产业链分不开。一个多世纪以来，纽约已建造起一个包括货币市场、资本市场、信贷市场、投资及融资市场（交易前、交易中、交易后各个环节），金融机构（证券、商业银行、保险、资产管理），金融咨询公司、律所、会计师事务所、评级机构的市场体系。各个行业都可以在这边找到需要的服务，因此金融机构愿意落户这里，各类企业也会到纽约来寻找金融服务。[①]完善的金融产业链，保证了纽约金融业运行的高效，是纽约长久保持世界金融中心地位的关键。

较强的风险控制和处置能力，也是纽约近百年来几经兴衰起伏仍保持世界金融中心地位不变的重要原因。2008年的次贷危机对纽约的金融业造成了巨大冲击，当时市场流动性基本为零，股票市场大跌40%，华尔街大批人员失业，并引发连锁反应，形成了全球性经济危机。有专业人士分析，这次金融危机对于经济的影响远远大于以往的金融危机，甚至超过1930年的大萧条。

透过这次危机，美国政府也发现了美国监管体系与全球化、高度融合的金融业发展严重不适应。2008年次贷危机爆发后，美国政府特别是华尔街将金融风险防控放在了前所未有的重要位置。2010年7月，美国总统奥巴马总统签署了《多德—弗兰克法案》，这是大萧条以来最全面、最严厉的金融改革法案，法案加强对系统性金融风险的防范，重塑金融监管架构，突出中央银行系统性风险管理的主体地位，强化金融稳定体制框架。[②]其中包括设立金融稳定监督委员会（FSOC）、扩大美联储的监管范围、成立消费者金融保护机构等。

---

① 陈颖：《纽约湾区“不夜城”的秘密：让所有金融服务汇聚于此》，《南方都市报》，2018年6月5日。

② 高通盛融：《干货！美国式金融监管》，环时金融网，2018年2月28日。

美联储也牵头制定了一系列更加严格的监管标准和要求，包括资本、杠杆率、流动性、风险管理等。同时，严控银行高风险业务。

2013年，美联储等五家监管机构联合发布“沃尔克”最终条款，限制银行业机构开展证券、衍生品、商品期货等高风险自营业务，限制其发起银行或投资对冲基金和私募股权基金。此外，要求系统重要性金融机构定期向美联储和联邦存款保险公司提交事前清盘计划（即“生前遗嘱”），如不符合要求，将强化监管标准，并限制业务规模等。[①]

然而2008年次贷危机后美国政府对华尔街严格的监管也有矫枉过正之嫌。2018年，美国总统特朗普签署改革2010年《多德—弗兰克法案》的议案，旨在给中小型银行减轻监管压力、提升大型银行的盈利水平，但改革仍然保留了对13家最大型美国银行的约束。

（四）纽约湾区的制造业

制造业在纽约湾区经济中所占份额虽少但仍然存在，有些行业近几年还呈现快速上升势头。在工业时代，纽约凭借其优越的地理位置，成为世界重要的贸易城市。19世纪末，纽约已成为美国第一大制造业中心，集中了全美制造业11%的工人。这一时期，纽约制造业以劳动密集型和资本密集型的轻工业为主，主要产业有食品加工、机械制造、服装、出版印刷等。二战后，随着信息技术的发展，纽约湾区的产业结构进行了调整，服务业快速发展起来，加之土地、租金、税收、环境等因素的制约和影响，传统工业部门开始大规模外迁，此外还有许多制造业由于设备老化、管理落后、生产成本高昂而失去竞争

① 高通盛融：《干货！美国式金融监管》，看准网，2018年5月15日。

力，导致破产和倒闭。据统计，1960年到1980年，纽约市有一半的工厂倒闭，有超过50%的产业工人失去了工作，制造业进入了衰退期。进入21世纪之后，为了重振制造业，纽约推出了三项政策：一是“圈定工业企业区”，通过保障用地来实现工业部门增长；二是保证并激励向工业企业提供收费合理的运行空间，降低企业成本；三是创造更具竞争力的工业友好环境。2012年，为响应美国政府国家制造业创新网络（NNMI）计划，通过产业界、学术界、非营利组织、政府合作，促进高新制造业的发展。目前纽约湾区的制造业更强调个性化和品质化，制造业企业的规模更小型、更灵活，以满足本地需求为主，并且与戏剧、建筑、设计、时尚、广告等行业共同打造纽约制造。

五、纽约湾区文化

纽约湾区的文化产业高度发达。纽约湾区不但是世界金融中心，文化、商贸、旅游、科技创新、时尚产业也都十分发达。根据城市影响力指数（BACII）测评，纽约湾区的文旅影响力居世界三大湾区之首。纽约湾区国际组织数量、国际会议举行数量、文化产业数量都居三大湾区之首。湾区的重要城市纽约拥有131座大型博物馆，其中著名的大都会艺术博物馆、所罗门·R.古根海姆博物馆、惠特妮美国艺术博物馆、新画廊、犹太博物馆就坐落在纽约第五大道，这些博物馆连同美国自然历史博物馆、纽约历史社会博物馆、现代艺术博物馆、修道院艺术博物馆收藏和展出了众多世界级艺术和历史展品。纽约有220座公共图书馆，420家剧院，每年上演2.2万场音乐剧，6000多场舞蹈，剧院入场人数达2800多万人次。24小时运营的地铁和不间断的人流，使得纽约成为一座不夜城。纽约经常举办国际性会议和大型文化活动、文化赛事，极大提升了纽约的文化旅游吸引力。

文化创意产业是纽约经济发展的引擎之一。2012年，纽约市时尚产业共有18万名从业者，占全市就业者的6%，占全美时尚设计师总人数的42%。纽约拥有900家时尚产业总部，以及13800家时尚企业。这些企业每年带来1090亿美元的工资收益，以及20亿美元的税收。同时，纽约的传媒产业极具全球影响力，拥有众多的权威新闻机构和覆盖世界的广播及有线电视网。纽约市人口约占全美人口的2.7%，而纽约杂志出版商的就业比例达到20.4%，图书出版商的就业比例为15.4%，电影行业的就业比例为11.5%。[①]目前，纽约的艺术、娱乐及其他服务行业占总就业人口的比重超过了10%，与科技从业人员共同构成了纽约就业结构中的重要组成部分。发展文化创意产业给纽约湾区带来了更高的生活质量，吸引了大量人才，同时文化产业也给纽约湾区带来了活力。

民族包容性是纽约湾区成为全球性大都市圈的重要基础。纽约湾区能取得今天的成就，与其开放、多元、包容的文化是密不可分的。纽约湾区汇聚了150多个国家和地区的外籍居民，占纽约总人口的40%，纽约居民使用的语言有800多种，是世界上语言最为多样化、最复杂的地区。纽约湾区是欧洲人较早殖民的地区，由此带来的大量移民不但缓解了纽约湾区发展建设中的劳动力问题，而且为其带来了庞大的资本和先进的技术，大大加快了纽约湾区的城市化进程。以纽约为例，1986年，纽约外来移民占全部人口的48%。2000年，美国人口

---

① 王兰、刘刚等：《纽约的全球城市发展战略与规划》，《国际城市规划》，2015年第4期。

普查数据显示，纽约总人口中，有35.9%出生于国外。纽约还是民族的熔炉。纽约居民中，除白人外，西班牙裔、拉丁裔、黑人、亚裔都是重要组成部分。不同国籍、不同文化背景和不同的风土人情、生活习俗，都在纽约的城市建设、城市景观、城市文化、宗教艺术等方面反映出来。世界不同文化、不同文明在这里碰撞和融合，形成了五彩缤纷的多元文化风貌，促进了民族文化交流和科学技术发展，使纽约长期成为文化交流中心和科学技术中心，这也是纽约能成为国际文化中心和国际时装中心的重要原因。

六、纽约湾区科技创新

2008年次贷危机后，纽约以华尔街为代表的资本驱动型经济遭受重创。以此为拐点，纽约的城市发展出现了一个较为明显的战略转向，即实现城市发展动力从单一的资本驱动向依靠金融资本和科技创新的双轮驱动转型，大力发展科技创新产业成为纽约城市转型发展的核心战略。2009年，纽约市政府发布研究报告《多元化城市：纽约经济多样化项目》，并在2015年发布的新十年发展规划《一个新的纽约市：2014—2025》中正式明确了“全球创新之都”的城市发展定位。

（一）纽约打造“全球创新之都”的五大法宝

纽约着手发展创新产业时，面临四大挑战：缺人才、缺资金、缺场地和缺氛围。为此纽约政府也提出了相应的解决方案。

1. 对创新公司给予大幅度税收优惠和政策支持

一是制定系统、科学、透明的税收优惠政策。为了促进“9·11”

之后的纽约下城与其他经济较不发达地区的发展，坐落在这些特定区域的许多创新公司，不仅可以申请税收减免，还能享受公共基金的投资优惠政策等；能提供新岗位的公司也有相应的税务优惠。二是公开城市部门的公共数据，让科技创新人士可通过挖掘大数据，找准社会需求进行创新；举办应用程序开发竞赛，为获奖项目投资。三是为通过“纽约制造”认证项目的公司提供统一的宣传服务，凡是在纽约创立的公司，或75%的公司运营团队在纽约的，都可以申请“纽约制造”这个认证。

2. 更新基础设施，增加城市便利性和包容性

一是率先推行管线改造计划，利用曼哈顿第三十四大街南面和布鲁克林商业区地下总长280千米的旧管道，安装光纤线路，进行高速数据传送，让纽约成为全美国宽带光纤铺设最为密集的城市之一。二是通过“连通纽约”（LinkNYC）项目，将路边的传统电话亭改造为Wi-Fi服务站，使纽约实现全域Wi-Fi覆盖。三是2014年纽约市政府与国际商业机器公司（IBM）合作发起“数字纽约”计划。“数字纽约”能为初创企业汇集整个地区的相关创业信息，包括纽约所有的科技公司、初创企业、投资者、创业孵化器、工作间、活动及招聘信息，是纽约的在线创业服务中心。四是推出了史上最大规模的“经适房”计划。2014年纽约政府投资410亿美元建设20万套小户型公寓，并要求开发商将至少20%的新建公寓低价租给青年创业者和科技人员，以鼓励科技创新。

3. 人才更新，打造人才引擎

一是发起“高科技人才输送管道”项目，致力于人才的短期培

养，把纽约居民培养为高科技公司的理想员工。这个项目的范例之一是熨斗学校。二是实行“纽约市应用科学”计划，培养长期人才。其核心是旨在吸引全球顶尖的理工科院校来纽约创办“与21世纪的经济和商业模式相适应的新型大学园”，弥补纽约应用科学上的短板，为纽约培养高科技人才。

4. 城市空间更新，打造新经济新容器

纽约着力改造正在衰退的城市空间，以匹配正在蓬勃发展的科技产业。城市空间更新不仅能为科技创新企业提供良好的办公环境，还能打造充满活力与创意的公共场所，激发创新人群的灵感。同时，纽约也鼓励将科技革命反映到街道上，使科技更加显而易见。如《布鲁克林科技三角区战略规划》明确提出将室内进行的科技创新体现在城市的公共空间上，以形带神，最终促使创新枢纽的真正形成。纽约政府还通过规划、财税等政策调控工具，引导科创企业设施向曼哈顿中心城区以外的几个行政区扩散，使其空间布局趋于均衡。

5. 培育良好的投资环境和更加畅通的融资渠道

纽约通过设立各种类型的种子基金以及贷款基金，为纽约科创企业提供资金扶持。如纽约针对小企业实施小微企业融资补充计划。首先，政府联合风投公司“头标资本”（FC）分别出资300万和1900万美元，在2010年共同设立“纽约创业投资基金”（NYCEF），由FC负责管理，专为处在早期阶段的纽约本土新创企业提供2万~20万美元不等的投资额。其次，实施“小微企业贷款担保计划”（CALGP）和设立“小型企业循环贷款基金”。此外，纽约政府还设立“纽约战略投资集团”（NYCSIC），为纽约企业及非营利组织提供个性化的

金融解决方案。同时，纽约国际金融中心的地位还为企业家寻求多种渠道的创业投资资金提供了便利。

（二）创新经济让纽约成为全球领先的科技创新中心

纽约的上述政策和举措很快取得了显著成效，在短短不到十年内，纽约从一个科技创新领域的二线城市，一跃成为全球领先的科技创新中心。第一太平戴维斯（Savills PLC）发布的最新数据显示，“2018年，纽约第一次在全球30个最大城市的科技排名中，超过旧金山硅谷，成为世界第一大科技中心。”[①]根据戴尔公司发布的2017年女性创业者城市指数（WE Cities），在鼓励高潜力女性创业者（HPWE）的全球前50座城市中，纽约市在运营环境和支持环境方面均排名第一。[②]如今，纽约市的科技行业已经成了就业的源泉，行业平均年薪超过15万美元，成为当地经济的一个重要支柱，创新让纽约焕发出新活力。

目前，在整个纽约市域范围内，已初步形成了全覆盖、广辐射的科创空间网络。通过科创空间与不同城市空间节点之间的混合布局和综合建设，推动城市空间的再利用及城市的有机更新。工业时代的仓库厂房经过改造重获生机，保留工业元素，融入时尚气息，呈现出现代建筑无法拥有的历史风情和文化底蕴，成为新一代科技企业的新宠。在小街区中，旧货栈被改造成创意书店、咖啡馆、设计室、古董店、小酒馆，成为人流交汇之地。在改造后的公共绿地上，时尚雕塑

① 《纽约湾区：大金融搅动科技新产业》，《深圳特区报》，2019年4月24日。

② 《跨越障碍，走向成功：戴尔发布2017年度全球50座城市女性创业者指数排行榜》，中青在线，2017年7月31日。

与百年建筑相互辉映，成为创意工作者沟通交流、激发灵感的活力场所。城市空间自此焕然一新。

通过人才更新计划的实施，2017年，纽约与华盛顿都市区的技术人才储量分别高达32万和26万，远超洛杉矶、旧金山等美国西海岸城市，再度成为人才的聚集之地。目前纽约科技生态环境正进入良性循环。高等院校、科技巨头和初创企业集群互相支持，形成合力，创造越来越多的机会来吸引和留住人才。2009年到2013年，纽约高科技产业的就业增长率为33%，高于纽约全行业平均8%的水平。高科技产业也从曼哈顿下城扩散到布鲁克林区中城、皇后区的长岛市，全市共有7000多家高科技公司。

2012—2013年间，纽约市新增127家创业公司，与旧金山和帕罗奥多（旧金山湾区城市）的总数（131家）相当。之后纽约的创业公司数量一直在快速增加，数字纽约（Digital.NYC）网站数据库显示，截至2018年1月7日，纽约市共有10080家创业企业、234家投资者或投资机构、105家办公空间（包括联合办公）、122家孵化器和加速器。根据普华永道发布的行业投资统计报告，2017年第三季度，风投机构对纽约地区初创企业的总投资额达到了42.27亿美元，首次超越旧金山地区企业同期41.77亿美元的总融资额。纽约市由此建立起一个真正的创业生态系统。

纽约已成为一些大型科技公司的第二基地。如亚马逊在纽约租下约40万平方英尺（1平方英尺约合0.0929平方米）的办公空间，雇佣了5000名员工。2018年12月，谷歌公司宣布了一项重大扩建计划，将在未来10年内把纽约员工数量提升一倍至1.4万人。像优步（Uber）和推特（Twitter）这样的巨头也在纽约设有办事处。

纽约市通过将科技嫁接到所有行业，使得各行业繁荣发展。

现在，科技行业是纽约经济的第三大组成部分，也是增长最快的部分。纽约创新经济的特点是注重把技术与时尚、传媒、商业、服务业结合在一起，几乎将科技嫁接到了所有行业，如金融科技、教育科技、广告科技、健康科技等。在新科技发展全面带动这些产业发展升级之际，科技产业的溢出效应也得到充分发挥，创造更多非科技类的就业，拉动纽约市房产、消费等周边行业。劳工市场研究公司Emsi的数据显示，在纽约，非科技行业的科技岗位数量是科技公司的两倍。[①]

科技创新让传统金融业焕发出新活力，纽约成为全美金融科技中心。华尔街的各类传统金融机构正是纽约金融科技繁荣的动力源泉。华尔街巨头们追求技术创新以保持自身竞争力。摩根大通专门设立技术中心，聘用约4万名技术工作者研究大数据、机器人和云基础设施，技术预算达96亿美元，占其总收入9%。他们开发的金融合同解析软件COIN，几秒内就能将原先律师和贷款人员每年花费36万小时做完的工作完成。金融巨头的需求同时带动了初创企业的生长，纽约还有不少针对金融科技初创企业的育成中心与加速器，如金融科技创新实验室等，纽约已经成为金融科技独角兽的最佳孕育场。

人口密度与多元化给纽约创新产业带来了巨大市场。纽约的人口密度与多元化为创新创业提供了人口和商业的市场样本，使之成为科技创新的最佳试验场。纽约的优势在于它把其他行业的人聚集在一起，这些人关注的问题需要技术来解决。创业者之所以选择纽约，

---

① 箫雨：《纽约，一座被互联网产业“吞噬”的科技城》，搜狐网，2019年2月25日。

是因为它具备其他地方无法替代的优势，无论是在消费类、电商、广告、媒体领域还是在时装等领域，纽约都能提供广泛的市场空间和客户群，尤其是愿意付费的客户。此外，纽约繁华的老城中心不断滋生出的城市问题为创新创业提供了新的机遇——很多大公司也看到了城市问题带来的商业机会，比如微软、谷歌等科技巨头，都将目光投向城市领域。纽约硅巷中，后街依托了主街的客流和商业氛围，以“产业就近联动”的思路，逐步集聚了诸多媒体、科创类企业。隐藏在纽约曼哈顿边边角角的老宅中的企业群已经成为纽约经济的主要增长引擎，曼哈顿岛上的“楼上孵化器，楼下普拉达”，成为很多学者口中纽约科创产业存在的典型形态。

七、纽约湾区基础设施和公共服务

纽约湾区高度重视轨道交通和港口建设，18世纪末到19世纪初，纽约湾区开始规划建设港口、开凿运河、修建铁路，形成了以纽约为枢纽的对外交通网络，使得纽约经济圈与广阔的内陆腹地连成一体。纽约—新泽西港（Port of New York and New Jersey，简称“纽约港”）港阔水深，终年不冻，海岸线长达1000千米，全港有16个主要港区，纽约市一侧10个，新泽西州一侧6个，有水深9.14米和12.80米的远洋船泊位400多个。纽约港拥有4个集装箱码头，该港在2015年的集装箱吞吐总量达到了6371720TEU，成为东海岸第一和全美第三，并在当年的世界港口排名中位列第二十三。

20世纪40年代美国开始大力发展基础设施建设，以纽约为中心的大都市区是美国的政治、经济和文化中心，因而获得了充足的基础设施建设资金，纽约湾区以此为契机，建成了贯穿整个区域核心都市的高速公路、高速铁路和民用航空等基础设施。纽约湾区拥有北美最大的交通运输网络，服务于纽约州的东南部和康涅狄格州大约5000平方千米内的1530万人口。纽约湾区有200条水运航线、14条铁路线、404千米长的地下铁道、3个现代化航空港，以及稠密的公路网。[①]纽约的地铁、公交、列车每年为纽约提供27.3亿人次运力。长岛铁路系统（LIRR）是美国最繁忙的通勤铁路。新泽西运输系统（NJT）的通勤铁路的运能仅次于长岛铁路。便利的交通网络大大便利了纽约湾区内各城市间的联系，使得各种生产要素能够在区域内较为高效地流动和配置，这有利于纽约湾区内各地的社会经济相对均衡发展，并为纽约湾区发展成为世界级湾区奠定了坚实的物质基础。

教育终身化、普及化和国际化为纽约湾区提供了高质量的人才资源。1965年纽约就开始实行教育“开端计划”，致力于培养和开发孩子的各种潜能，为儿童提供早期教育和各种综合性服务。纽约政府拨出专款资助贫困学生，改善师资，为移民提供语言培训。纽约州政府用于学生助学金的拨款在全美国50个州中位列第一。

纽约湾区汇聚了诸多名声显赫的高等学府，根据2019泰晤士高等教育（THE）大学排名，在世界排名前100的大学中，纽约湾区有12个，主要有马萨诸塞州波士顿都市区的哈佛大学和麻省理工学院、新泽西州的普林斯顿大学、康涅狄格州的耶鲁大学、曼哈顿的哥伦比亚大学、纽约州伊萨卡的康奈尔大学等。哈佛大学、耶鲁大学、哥伦比亚大学、普林斯顿大学和康奈尔大学都是常春藤联盟成员。哈佛大学共培养了158位诺贝尔奖得主、8位美国总统。哈佛商学院是美国和世

① 何诚颖：《国际成熟湾区系列研究报告（一）：纽约湾区发展成为世界湾区的原因及经验启示》，何诚颖的博客（财新网）。

界上最负盛名的管理学院，被称作商人、主管、总经理的西点军校，美国500家最大公司的高层管理人员中，有1/5毕业于该校。位于曼哈顿的纽约大学和洛克菲勒大学同样不可忽视，前者在十个国家设有学术研究中心，是当之无愧的全球性大学。后者是在世界范围内享有盛名的科学研究机构，专注于生物和医药领域的研究，该校96名任职教师中有38位是国家科学院院士，18位是国家医学院的成员，并有8位拉斯克奖（美国最具声望的生物医学奖项）获得者和5名诺贝尔奖获得者。此外，纽约湾区内还有波士顿大学、罗格斯大学（Rutgers University）、纽约理工学院（New York Institute of Technology）和福特汉姆大学（Fordham University）等共计58所知名学府。完善的交通设施、高度发达的城市和相对更多的工作机会为留住这些高校培育出的人才提供了良好条件。根据美国人口普查局统计，2015年纽约大都会区约有37.54%的25岁以上居民拥有本科及以上学历，其中拥有硕士及以上学历的约有212.28万人。纽约湾区整体受教育程度居全美大都会区前十。同时，发达的校友网络进一步加强了纽约湾区内企业和高校的联系，形成人才储备上的良性循环，这也是纽约湾区长盛不衰的深层次原因。

表 2-3　2019 年纽约湾区世界排名前 100 的大学

大学	所在市、县、区	排名
麻省理工学院	波士顿	4
哈佛大学	波士顿	6
普林斯顿大学	普林斯顿	7
耶鲁大学	纽黑文	8

（续上表）

大学	所在市、县、区	排名
宾夕法尼亚大学	费城	12
哥伦比亚大学	纽约	16
杜克大学	达勤姆	18
康奈尔大学	伊萨卡	19
纽约大学	纽约	27
华盛顿大学	华盛顿	28
威斯康星大学麦迪逊分校	麦迪逊	43
布朗大学	普罗维登斯	53
北卡罗来纳大学教堂山分校	教堂山	56
波士顿大学	波士顿	74
宾州大学	大学公园	81

数据来源：2019泰晤士（THE）大学排名100强名单。

发达的公共社会服务体系是纽约湾区现代服务业体系的重要支撑。吸引高素质人才的因素有很多，其中完善的公共社会服务业是不可或缺的关键因素。公共社会服务业不仅为专业化人才提供良好的生活软环境，同时还是实现人力资本积累和社会起点公平的重要保障。以教育、健康、文化娱乐、社会救助等为主体的公共社会服务业占纽约湾区地区生产总值的比重已超过10%。

八、纽约湾区成功经验

在纽约湾区的发展过程中，有不少经验值得借鉴。

（一）移民文化造就了纽约包容、竞争、创新的城市精神

纽约是一个国际移民城市。在纽约，几乎可以找到来自世界上所有国家和地区的移民，这是纽约最为显著的特色。19世纪的欧洲，社会等级森严，宗教歧视严重，而北美大陆相对宽松的政治和宗教环境为那些具有冒险精神、对专制制度具有强烈反抗意识的欧洲人提供了新的机会。很多来自英国、法国、德国社会底层的移民通过自己的劳动获得了比原来优越的生活条件，成为农场主或企业主。“美国梦”的口号就是这时喊出的，其核心思想是一个人的成功取决于自己的才能和努力，而不是家世和背景。在纽约800个社区中，很多都保留着明显的民族特色，在纽约的公立学校中，可以听到120多种语言。不同民族、不同国家、不同文化背景的移民进入纽约，在长期的共存和竞争过程中，形成了相互包容、互利互惠、公平竞争、勇于创新的城市精神。

（二）人才和资本的聚集是纽约湾区成为世界级大湾区的重要因素

纽约湾区有着得天独厚的自然地理条件，这是其成为世界级大湾区的基础。但使纽约湾区保持长盛不衰的关键是人才和资本的集聚。纽约湾区是名副其实的世界级大湾区，纽约在艺术、美食、夜生活、文化宽容度、城市基础设施等方面的优越条件吸引了来自世界各地的高素质人才到此工作、创业。纽约湾区有高等院校58所，其中多所是

世界级的大学，就近为纽约湾区的发展提供了源源不断的高级人才。从2005年到2015年，纽约科技劳动力的增幅超出同期全市劳动力增幅10倍多。高素质人才的聚集，极大激活了大中小企业的活力，也使得纽约湾区保持了创新能力和竞争力。

国际资金的大量流入为纽约湾区的发展建设提供了强大支撑。在纽约湾区发展的三个关键时期——19世纪初、19世纪30年代和19世纪60年代，都出现过国际资本大规模流入的情况。这些国际资本主要来自欧洲资本市场，并被投资在经济增长的关键领域中，如运河和铁路系统的修建项目上。19世纪30年代，美国所接受的外国资本净流入量不少于1.89亿美元，外国资本的比重达到净资本的20%。在19世纪60年代，资本净流入累计达到7.61亿美元，外国资本的比重达到净资本的15%。[①]第二次世界大战后，纽约湾区成为全球金融中心，来自全世界的3000多家证券、期货、保险和外贸机构均汇聚于此，深刻影响着全球的资本配置。纽约湾区的产业集群发展为这些金融业发展提供了投资的土壤，而发达的金融业反过来又支撑了纽约湾区产业集群的进一步优化升级。

（三）多元文化造就繁荣的经济生态环境

纽约湾区的生活成本比美国其他地区要高昂，但仍具有不可取代的吸引力。纽约湾区的经济引擎是由媒体、艺术、时尚、高科技和金融等一系列产业驱动的，这也形成了湾区多元文化的基础。多种文化可以产生新的模式和新的商业，更易于从单纯的技术创新转为商业集

① 何诚颖：《国际成熟湾区系列研究报告（一）：纽约湾区发展成为世界级湾区的原因及经验启示》，何诚颖的博客（财新网），2018年6月12日。

成，从而产生新的引擎企业。目前，纽约的艺术、娱乐及其他服务行业就业人口占总就业人口的比重超过了10%，与科技从业人员共同构成了纽约就业结构中的重要组成部分，相对于硅谷的单一文化，纽约的多元文化有着更大的吸引力。这里的文化艺术资源丰富，艺术馆、大剧院、音乐厅、餐厅、酒吧、咖啡馆随处可见。纽约不仅有教育、人才、资本、客户等诸多优质资源，还有人们追求的现代化的宜居环境，这些要素都吸引更多企业和人才到这里发展。

（四）政府创造利于创新发展的制度环境

在纽约湾区的发展过程中，城市发展规划起到了重要作用，纽约湾经历了五次比较重要的规划建设，从19世纪以来，官方的纽约都市区发展委员会、纽约新泽西港务局等机构加强与民间组织合作，制定大都市区域规划制度，协调各相关地方政策。通过区域规划，纽约湾区政府的事务走向跨区域合作，创新合作体制和机制，合理地统筹资源配置，促进纽约湾区的整体发展。作为一个跨州的大湾区，政府和规划机构始终把纽约湾区当作全球性中心来配置。

此外，纽约政府还有针对性地出台政策，促进产业升级转型。在纽约湾区历次的产业结构调整和经济转型升级过程中，纽约政府的政策引导和支持起了很大的作用。如：在产业布局上，不断强化纽约的现代服务业职能，鼓励金融、商贸等服务业集聚在纽约，而将制造业等传统产业迁到郊区和周边城市发展——波士顿、费城等城市重点发展制造业和运输业。20世纪80年代，纽约政府实施城市工业园区战略。通过建立“袖珍工业园区”和“高科技产业研究园区”，使纽约的生产性服务业、知识密集型产业等新兴产业得以加速发展。2008年次贷危机后，纽约政府大力推动高科技产业的发展，位于纽约曼哈顿地区的硅巷已成为纽约经济增长的主要引擎。硅巷，是一个无边界的高科技园区，拥有众多高科技企业群，被誉为“东部硅谷”“创业之都”等，是继硅谷之后美国发展最快的信息技术中心地带。如今的纽约湾区不仅仅是世界金融中心，也是世界科技创新中心，制造业和港口业、金融和保险、生物医药和纳米技术是纽约湾区的重要产业。

第二节　旧金山湾区

旧金山湾区位于太平洋东岸、美国西海岸、加利福尼亚州北部及圣巴勃罗河口人口稠密的海湾地区。旧金山湾区山海相依，有全球最好的自然气候，环境优美、科技发达，是典型的科技湾区，著名的硅谷就坐落于此。以硅谷为中心，聚集了为数众多的计算机、电子信息技术、通信、多媒体、生物科技、环境技术等高科技企业，谷歌、苹果、脸谱网（Facebook）、惠普、英特尔、IBM、思科、甲骨文、特斯拉等世界闻名的高科技企业研发总部都落户于此。旧金山湾区还汇聚了斯坦福、加州伯克利等20多所著名大学，以及多家国家重点实验室和研究机构，是世界上最重要的高科技研发中心。

一、旧金山湾区基本概况

旧金山湾区在狭义上包括阿拉米达、康特拉科斯塔、马林、索诺玛、纳帕、索拉诺、圣克拉拉、圣马特奥和旧金山九个县市，占地面积约达17811平方千米；广义上，圣华金、圣克鲁兹、圣贝尼托三个县市也被纳入湾区范围，总面积增至约26250平方千米。狭义上，旧金山湾区分为北湾、东湾、南湾、旧金山和半岛。旧金山县与市是旧金山湾区的经济、文化和都市生活中心，也是旧金山湾区人口最多的地区。位于旧金山和南湾之间的地区是旧金山半岛（简称“半岛”），半岛是旧金山湾区科技企业最为集中的地区。

狭义上的旧金山湾区的人口将近768.4万，人口密度约为431人/平方千米。广义上的旧金山湾区人口约875.1万。旧金山湾区中，圣克拉拉县的人口最多，阿拉米达县的人口增幅最大，旧金山市的人口聚集效应最强。根据2015年美国人口普查局统计，旧金山湾区约有41.73%的25岁以上居民具有本科及以上学历，其中拥有硕士及以上学历的约98.9万人。①

二、旧金山湾区的发展历程

19世纪中期，淘金热潮推动了旧金山湾区的早期发展。但黄金并未给旧金山湾区带来持久的光芒，最终让其闪亮的还是新技术革命。20世纪中后期，硅谷崛起，科技创新成为旧金山湾区发展的最大助推力。旧金山湾区的发展经历了三个阶段。

（一）淘金热带动制造业发展时期（1848年至20世纪40年代初）

1848年，美国西部兴起一波淘金移民热潮，人口快速增长，旧金山成为移民和货物的集散中心，商业在这里发展起来。这一时期旧金

① 杨长青、殷姿：《环杭州湾大湾区系列专题报告（二）旧金山湾区经济案例分析》，南华基金网。

山的工业也开始起步，为满足移民的生活需求，旧金山采用轻、重工业并举的发展模式。随着淘金热的兴起，商贸也发展起来，金融机构随之出现。19世纪初，旧金山湾区开始兴建铁路、公路、河道交通网络。19世纪初，大量劳动力和货物通过火车和轮船从美国东部运到西部。19世纪20年代，高速公路网修建完成，到30年代，旧金山共建成了7座跨海大桥。交通网络的建成，促进了旧金山湾区城市网络的形成和协同发展。1894年，斯坦福大学在旧金山湾区南部帕罗奥多市创建，斯坦福大学与加州大学伯克利分校共同构成了美国西部的学术中心，培养了众多高科技公司的领导者，为硅谷的形成打下坚实的基础。

（二）国防工业带动高科技产业发展（20世纪40年代至20世纪80年代）

旧金山湾区一直是美国海军的基地，这里的机械制造、船舶制造与修理、电子工业等都比较发达，这就为后来的硅谷高科技发展提供了产业基础。第二次世界大战时期，军队对精密电子产品的需求不断增加，圣何塞聚集了一批重要的军工企业，国防产业和电子产业迅速发展起来。1951年，在加利福尼亚州的中部诞生了世界第一个大学科技园——斯坦福研究院，硅谷的发展就是起源于斯坦福大学，以及与之密切相关的斯坦福研究院。硅谷第一批创业公司的诞生，奠定了其发展高技术产业的基础，硅谷也吸引了众多老牌公司如西屋、瑞森、IBM等在该地区建立研究中心。20世纪60年代，硅谷借助国防部采购基金的支持，逐步成立了极富创新精神的微电子公司。旧金山湾区的微电子业是全美乃至全球微电子业的先导，而硅谷所在的圣克拉拉县是旧金山湾区微电子行业最具代表性的集聚地区。20世纪60年代后期，硅谷成为航天工业和电子工业中心。1970年起，半导体工业成为硅谷经济中最大且最具活力的一部分。1980年起，计算机工业超过半导体业成为该地区最重要的基础产业，产业的国际化进程和高新技术企业的发展步伐都不断加快。

硅谷创业者的最初经费来源是军费。20世纪50年代末，风险投资出现并逐步取代军费成为创业者的主要经费来源，硅谷有了自我支持的金融系统。

（三）高科技湾区和全球创新中心地位的确立（20世纪90年代以后）

进入20世纪90年代，软件产业又进一步取代硬件制造，成为促进硅谷发展的主要推动力。信息产业的繁荣进一步确立了旧金山湾区的科技湾区地位，良好的创业条件、完善的金融支持体系吸引了世界各地的高科技人才到此创业。人才、技术、资金在硅谷的集聚也带动了金融、旅游、房地产、零售、会展业的发展。旧金山湾区是全美经济增长最有活力的地区。2016年，旧金山湾区（12个县）的地区生产总值增长达5.4%，实际地区生产总值的驱动力量从工业制造业转向服务业，主要贡献来自金融、保险、房地产和租赁业的大幅增长。[①]硅谷是市场主导型高科技产业集群的典范，通过人才、技术、资金在本地的互动，形成独具特色的区域创新网络，使得该地区能够协调、迅猛地发展，成为世界上最成功的高技术产业开发区，也成为全球知识经济的发源地。

---

① 《细数全球三大湾区（1）：浅谈旧金山湾区走过的路》，南储商务网，2019年2月19日。

三、旧金山湾区经济

（一）经济总量

2017年，旧金山湾区的地区生产总值总量是0.83万亿美元，占全美GDP的5%。其人均地区生产总值为10.78万美元，居世界三大湾区之首。在2017年《财富》世界500强榜单中，旧金山湾区有13家企业名列其中，居全美第二位。

（二）产业结构和产业布局

旧金山湾区的第三产业占比为82.8%，主要包括房地产业、科技服务业、制造业、金融保险业、批发零售业、信息产业和医疗保健业。旧金山湾区曾经是军事电子产品的生产基地，随着半导体、微处理器和基因技术的出现，现在旧金山湾区高技术企业主要是信息技术和生物技术，包括计算机和电子产品、通信、多媒体、生物科技、环境技术，以及银行金融和服务业。

19世纪末20世纪初，旧金山的一部分制造业企业在高昂的地价压力下开始外迁至湾区东岸的奥克兰地区。1910年，西太平洋铁路公司的铁路线通至奥克兰，使其成为三条横贯美国大陆的铁路线的终点，奥克兰周围形成了一片基础雄厚的工业地带。在旧金山湾区东部的工业快速发展过程中，旧金山作为这些企业的总部所在地和融资中心也获得了同步发展。20世纪中期以后，随着移民的不断涌入和新兴高技术产业的蓬勃发展，距离旧金山市约70千米的湾区南部——硅谷地区获得了巨大发展。这样就形成了旧金山湾区内支柱产业功能分区成熟、差异化定位明显、多样化齐头发展的产业布局。旧金山市以旅游业、商业和金融业发展见长；东湾以重工业、金属加工和船运业为核心；北湾葡萄酒业发展良好；南湾是硅谷的所在地；连接旧金山市和南湾的半岛拥有发达的地产业。[①]旧金山湾区内的企业也呈现出分散分布的状态。从旧金山湾区前150强企业总部的分布情况来看，除了圣克拉拉和旧金山，圣马奥特县和阿拉米达县、森尼维尔市、米尔皮塔斯市也拥有大量的企业总部。

（三）旧金山湾区的科技金融

旧金山湾区金融与科技高度融合，以自己的社会网络造就了自我支持的金融系统。硅谷的风险投资起始于二战后，20世纪50年代末，风险投资取代军费成为硅谷创业者的主要经费来源，从20世纪70年代开始，硅谷作为美国风险投资中心的地位便不曾动摇。1980—2000年，硅谷的科技企业融资到的风投金额从1.09亿美元提高到323亿美元，占美国同期风投总额的32%。2009年，这一比重上升到40%。[②]在风险投资的助力下，仙童半导体公司、英特尔、施乐、苹果和微软等世界著名科技公司先后诞生。2017年，旧金山有236家企业接受了美国天使基金，292家企业得到风险投资，64家企业走出初创阶段。[③]硅谷占美国风险资本投资的比重在过去10年间增加了一倍。旧金山湾区内部的风投机构在数量和资本规模上均占全美的一半左右。旧金山湾区还有以科技企业为投资对象的科技银行，硅谷银行是典型代表。科技银行与科技企业直接对接，主要服务于创新型企业，促进了企业和

① 陶白丁：《世界三大大湾区产业集群发展》，搜狐网，2019-7-8。

② 《旧金山：以风险投资为特色的财富管理中心》，《青岛财经日报》，2014年3月17日。

③ 《亿欧湾区观察：伯克利的那些事》，网易，2018年7月24日。

科技银行的快速发展。

四、旧金山湾区文化

（一）开放包容的多元文化

旧金山最早是西班牙的殖民地，后来成为墨西哥的领土，再后来又为美国所占领，因此，拉丁文化在这个城市根底颇深。19世纪中期，金矿的发现吸引了各地人口涌入，包括亚裔、非裔等。20世纪中期以后，旧金山湾区作为世界的硅谷，吸引了来自世界各地的科技精英。旧金山湾区接近1/3的人口出生于海外，现在旧金山湾区的人口结构中，白人占40%多，亚裔占33%，拉丁裔占15%。这样一种多元化的人口结构，使旧金山湾区成为不同民族文化荟萃的窗口，各文化的交流融合创造了旧金山湾区开放包容的多元文化。而多种文化的不断交织、交融，形成了特有的创新理念，这些新理念有力地推动了制度创新和环境创新。

（二）鼓励创新、宽容失败的文化

旧金山湾区三分之一的人口是新增移民，而湾区移民的最大特点是素质高、年轻、富有创业精神。新移民积极进取、敢于冒险的精神，以及同业间、社会上的竞争都在不断激励人们勇于创新，这一点在硅谷体现得尤为突出；而日臻完善的风险投资机制更是激发了硅谷人的冒险精神。硅谷对失败极为宽容，失败对人的发展是一种财富的观念在硅谷深入人心。硅谷的投资者有一个流行的看法：失败三次以上的创业者最值得投资。每一次失败都被视为一次成功的试错，不但使失败者本身越来越有经验、越来越接近成功，而且也为其他创业者提供了经验和教训。硅谷的创业失败率超过60%，许多公司会主动奖赏甘冒风险、积极创新的员工，对失败者也不会惩罚。这种宽容失败的文化极大激发了人们大胆尝试、勇于探索的创新热情。

（三）世界最重要的科教文化中心之一

旧金山湾区聚集着斯坦福大学、加州大学伯克利分校、加利福尼亚大学戴维斯校区和旧金山校区等20多所大学，5所国家实验室——美国航空航天局艾姆斯研究中心、农业部西部地区研究中心、斯坦福直线加速器中心、能源部劳伦斯·利弗莫尔国家实验室、能源部劳伦斯·伯克利国家实验室，以及20所州级科学实验室。旧金山湾区科技人才近200万人，其中30%是来自全球各地的科技移民。180多名诺贝尔奖获得者、20名菲尔兹奖得主和52位图灵奖得主在这里求学和工作过，近1000名美国科学院院士在此处供职，250多位奥运会冠军从这里走出。旧金山湾区经济研究院2018年发布的报告称，湾区拥有本科以上学历人口占总人口的46%，高于全美31%的平均水平；16%以上的常住人口拥有博士学位，而美国全国的水平是9.5%。旧金山湾区专利申请数量占全美总数的17%，远超其他地区。

（四）崇尚创新、开放、合作

旧金山湾区从20世纪起一直是美国嬉皮士文化、近代自由主义和进步主义的中心之一。这种自由平等的精神在旧金山湾区得以发扬光大。自由与创新的含义是等同的。人才自由流动，才能找到适合自己的位置。思想自由活跃，才能产生新的理念、概念和思路。充分闲暇自由，才可能参与不同的交流和构思崭新的方案。在旧金山湾区，人才是自由流动的，跳槽是一种再正常不过的行为，人才的流动不断为旧金山湾区的发展注入新鲜血液和活力。这里对新思想、新事物抱有一种开放的心态，人们可以毫无顾忌地充分发表个人的意见和观点。在硅谷，阶层观念淡漠，每一个个体都能得到尊重，很多公司中普通工程师可以直接与最高领导层对话，提出意见和建议。硅谷不仅具有强烈的个体创新精神和竞争精神，同时也十分看重团队精神，公司内部、不同公司之间既有竞争，也有合作和分享。《财富》杂志的一位记者参观硅谷后指出："那里的公司之间有一种让人惊诧的合作精神，其紧密程度不亚于日本人，这种合作精神源于个人间的交流。"硅谷的企业，大多为私营企业，尤其是中小企业，管理方式灵活，相互之间既是竞争对手，又是合作伙伴，彼此共生，形成一个具有生命力的生态系统。作为科技湾区，每个公司、每个人无时无刻不在感受着激烈的竞争，人们能够在竞争中不断提高自己，又注重在竞争中向对手学习，崇尚尊重对手，在交流中产生创意。在硅谷发展过程中，斯坦福大学等知名学府不仅源源不断地为之输入了各类人才，也把大学良好的学风和学术传统带到了硅谷，孕育了硅谷浓厚的学术研究、探索风气，而民主、宽松、自由的学术环境也使人们在思想交流、碰撞过程中产生火花，进而转化为高新技术的萌芽和新产业的起点。

五、科技创新

旧金山湾区的科技创新，每隔20年都有革命性成果。20世纪五六十年代的明星产业是军工电子产业，七八十年代半导体、计算机硬件引领时代潮流，90年代的宠儿是电脑软件、互联网产业。进入21世纪后，云计算、新能源、生物科技、人工智能引领风骚。旧金山湾区的硅谷在科研领域有很多个世界第一：集成电路、微处理器、心脏移植、基因重组。英特尔、超威半导体公司（AMD）、IBM、惠普、苹果、雅虎、阳升、甲骨文、思科（Cisco）、谷歌等一大批全球新星企业在这里诞生。

旧金山湾区主打科技创新。谷歌、苹果、脸谱网等互联网巨头和企业的全球总部均选址旧金山湾区中的硅谷。美国劳工部的数据显示，在硅谷，每1000个在私营企业工作的人中，有285.9人从事高科技行业，硅谷高新技术从业人员的密度居美国之首。[①]旧金山湾区聚集了众多世界一流的高校与科研院所，包括4所世界级研究性大学，36所多层次高校，5个国家级实验室和众多世界500强企业研发机构。在2014年世界大学学术研究能力排名中，旧金山湾区有5所大学进入前100名中，普林斯顿大学、加州大学在旧金山湾区的4所分校全部进入前100。

由斯坦福大学首创的“大学—政府—产业”合作模式，倡导学生走出高校创业，使产学研无缝对接，对硅谷成为创新创业中心起到了重要推动作用。1959年，斯坦福大学工程学院院长特曼作出一个重大决定，把校园中的空地租给工商界和毕业校友设立公司，唯一的要求就是要给学校提供一些研究项目和学生的实习机会。这一决定造就了“硅谷”的形成，高科技公司与大学研究院所的合作，促进了双方的良性互动和发展，使科研成果快速转化为产品或产业化，并推动了新一代产品的研发。

高新技术与金融资本的良性结合为硅谷的科技创新提供了充足

① 柳礼泉：《硅谷：美国高新技术的摇篮》，柳礼泉的博客（新浪），2013年8月28日。

的资金支持。硅谷风投资本的投资对象集中于高科技行业，计算机软硬件、生物医药和信息产业等占比一直在90%以上。投资阶段中，创新企业的导入期和成长期是大多数风险投资集中关注的阶段，充足的资金来源满足了处于这两个阶段的创新型中小企业的融资需求。而纳斯达克的建立又为风险投资提供了畅通的退出机制，为资本的顺利退出保驾护航。在中小科技企业成长过程中，孵化器公司的作用不可低估。旧金山湾区有大量的孵化公司，不仅在办公场地、资金、技术方面为初创公司提供帮助，而且在经营管理、融资、政策、法律、市场等方面给予指导和建议，帮助创业者成功创业和完成成果转化。

在旧金山湾区的发展过程中，政府在城市规划、功能定位、产业选择方面发挥着不可或缺的作用。政府的作用主要表现在：一是加强知识产权保护；二是营造公平竞争的环境，坚持严格的反垄断监督与执法；三是从基金上支持高校和科研机构开展各类研究；四是政府提供部分订单和委托开展一些项目研究；五是地方政府提供优惠的投资政策，如硅谷的核心城市圣何塞在土地供应和税收方面提供优惠，以吸引各类投资者到硅谷来经营；六是保护优良的生态环境。

六、基础设施和公共服务

（一）建设便利发达的公路铁路网络

旧金山湾区的发展定位及硅谷的发展，政府都较少干预，主要依靠旧金山湾区内建立的区域治理机制，如旧金山湾区政府协会、大都市交通委员会等。其基建网络由多部门统一协作完成，是包含公路、铁路、桥梁、高速公路、隧道、机场、非机动车及人行通道的整体基建系统。旧金山湾区内有共计七个海港、三个国际机场、两个联邦非民用机场及数个国内机场，区域内跨县公交、地铁和铁路系统完善，有四条主要高速公路连接旧金山湾区内外。

（二）提供丰富优质的教育资源

在《美国新闻和世界报道》（*U.S. News & Word Report*）公布的2013年全美公立高中的榜单中，获得金奖和银奖的高中有三分之一来自加州；加州排名前20的最佳高中，来自旧金山湾区的约有10所。旧金山湾区不仅聚集了高科技人群，还吸引了来自世界各国的一级歌唱家、音乐家、运动健将、画家、舞蹈家，在此开办各种学校，使旧金山湾区的青少年儿童能够受到高质量的艺术教育。

（三）居住功能郊区化

城郊化发展是旧金山湾区的一个特别之处。旧金山湾区是由9个县101个城市组成的大型湾区。一般的湾区城市圈大多像纽约和东京一样，城市化高度发展再逐步转向城郊化发展，但旧金山湾区的城郊化进程已经非常成熟，高度发达的产业功能区带动了周边地产，中心区域带高昂的租金和房屋价格又推动人们向中心区域外围寻找合适的居住区域，便利发达的公路铁路交通网络能及时满足人们区域内中长距离的通勤需求。区域内各城镇基建设施和气候并无明显差异，普遍宜居的条件使得居住区域朝向郊区化发展。

（四）大力推行绿色生态环保

旧金山湾区一直践行严格的绿色低碳城市发展理念。2008年，旧金山市启用了最严格的美国绿色建筑标准。所有新建筑必须符合由市长带领的绿色建筑工作队制定的绿色建筑标准。此外，旧金山拥有全美最大的替代燃料市政车队，是回收率最高的美国城市之一，转移垃圾填埋场近70%的垃圾。大气治理上，在二十世纪六七十年代，旧金山地区也曾经历过严重的臭氧和颗粒物污染。但是经过40多年的不懈努力，通过出台1970年《清洁空气法案》、编制《污染物减排实施计划》、实施固定源污染物排放控制技术、提高机动车污染物排放标准、鼓励拼车及乘坐公共交通工具等措施，对污染源采取综合控制措施，旧金山的大气恢复了往日的清洁。

（五）打造宜居宜业的生活环境

旧金山湾区是美国西岸仅次于洛杉矶的大都会区，也是美国人均收入最高的的地区，旧金山市被誉为“美国人最喜欢的城市”。旧金山湾区有全球最好的自然气候，全年温差不大，冬天有细雨，夏天不热，空气质量非常好，这里还有碧蓝的海湾，大面积的国家森林公园。宜人的气候、优美的自然环境、绿色的产业结构，形成了宜居宜业的环境，吸引了大批高科技人才聚集。优良的生态环境不一定能够产生硅谷；但没有优良的生态环境，就不可能有硅谷。旧金山湾区有数十个各具特色的州立公园，优越的地理环境和宜人的气候可以让人们享受丰富的户外运动，为健康生活提供了最佳环境，为高科技人才的集聚创造了良好条件。

七、成功经验

（一）高度市场化是旧金山活力创新之源

纵观整个硅谷的发展历程，可以看出其依靠的主要是私人企业和科研机构等民间力量，政府除间接参与风险投资运作外，主要负责制定有利的政策，出台各种法律、法规，以及给风险投资以优惠，同时对参与风险投资的高科技企业进行监管。

（二）鼓励创新的政策法规是旧金山湾区发展的制度保障

美国建立了一套完善的鼓励创新、保护创新的法律体系，包括《专利法》《商标法》《版权法》《反不正当竞争法》等，《拜杜法案》使私营企业享有联邦自主科研成果的专利权成为可能，从而产生了促进科研成果转化的强大动力。除联邦政府层面的法律外，加州政府还专门出台政策，推动硅谷的创新发展，如制定人才储备的相关政策，实施学徒制度，发展多个领域的职业培训等。

（三）风投等商业模式是硅谷不断壮大的资金基础

硅谷中后期的发展壮大主要靠风险资本的支撑。硅谷是美国风险投资活动的中心，硅谷吸引的风投资金占美国风投资金总量的三分之一。通过风投，初创企业可以迈出从技术到市场的关键一步。对于高科技企业而言，风投是绝佳的孵化器，为他们带来资金和技术发展意见，推动了技术的快速更新换代。

（四）浓郁的创新文化是硅谷持续发展的基本保证

旧金山湾区是一个移民湾区，是一个人口、文化多元化的社会，多元文化的碰撞促进了创新思想的产生，个人才能和特长才是决定其位置的关键。硅谷文化的精髓就是它的创业文化和创新精神，主要表现为硅谷公司生产结构的开放性、人才流动的频繁、对失败的高度宽容。硅谷文化中把失败看作宝贵的财富，激发了人们大胆尝试、勇于探索的创新热情。

（五）以人为本的理念是根本

硅谷高新技术产业得以蓬勃发展，根本上得益于人才的凝聚，而人才的凝聚则依靠以人为本的理念。人才受到普遍尊重，人的价值得到全面体现，员工有更多更公平的机会靠自己的才能实现自我价值、创造财富，这些是硅谷成功的最大秘诀所在。

第三节　东京湾区

一、东京湾区的基本概况

东京湾位于日本本州岛中部、关东平原南端、太平洋西岸，为东西两侧的房总半岛和三浦半岛所环抱，纵深80余千米，通过两个半岛之间狭窄的浦贺水道与西邻的相模湾会合后，与太平洋相连。东京湾区陆地面积达3.68万平方千米，占全国总面积的9.37%，由东京都、神奈川县、千叶县和埼玉县“一都三县”组成。2017年，东京湾区常住人口达4347万人，约占日本总人口的27%，人口密度约为1191人/平方千米，在世界三大湾区中居首位。2017年东京湾区的地区生产总值规模达1.86万亿美元，占全国地区生产总值总量的30%，人均地区生产总值为4.1万美元。东京湾区主要有东京、横滨、川崎、千叶、君津等大城市。

表 2-4 2017 年东京湾区的基本概况

湾区名称	东京湾区
包含的城镇	由东京都、神奈川县、埼玉县、千叶县等组成
人口	4347万人，约占日本总人口的27%
面积	陆地面积为3.68万平方千米，占日本陆地面积9.73%
城市化水平	80%以上
地区生产总值产出	1.8万亿美元，占全日本GDP总量的30%

数据来源：世界银行、彭博资讯。

东京湾区拥有横滨港、东京港、千叶港、川崎港、横须贺港和木更津港等六大港口，其中横须贺港为驻日美军及日本海上自卫队的基地。有羽田、成田两大国际机场，港口集装箱吞吐量和机场旅客吞吐量均位列全球五大湾区第三。六大港口与羽田、成田国际机场和东海道等新干线构成了东京湾区与日本其他地区和全球主要城市之间的海陆空立体交通网。

东京湾区是世界上第一个依靠人工规划形成的湾区。二战以后，日本利用来自全球的资源与市场，依托东京湾区布局能源生产基地，兴建了大工业带。经过100多年发展，东京湾区已形成包括钢铁、有色冶金、石化、机械、电子、汽车等产业在内的工业产业带。东京湾区聚集了佳能、三菱重工、索尼、东芝、富士通等大型企业及研究所，这些机构为东京湾区发展提供了较强的科技研发能力，也是东京湾区能够创造经济奇迹的重要因素。

如今的东京湾区已发展成为日本最大的工业城市群和国际金融中心、交通中心、商贸中心、重要的能源基地、国际贸易和物流中心。

二、东京湾区的发展历程

东京湾区从初步形成至今，大致经历了“港口经济—工业经济—服务经济—创新经济”四个发展阶段。

（一）港口经济和初期工业化阶段（1603—1945年）

东京湾区在镰仓时代就是重要的水上交通要道。17世纪初，随着日本政治中心从关西地区向关东转移，江户也就是东京逐渐成为日本的经济中心。到18世纪，江户已成为全国最大的消费市场。19世纪60年代明治维新后开始加速发展。1928年，东京湾区开始大规模填海造地，川崎、子安、生麦等地的海边滩涂都被填成陆地。二战后，东京湾逐步形成大规模物流港及人工岛屿。

（二）工业经济高速发展阶段与分散阶段（1945—1960年）

日本充分发挥临海优势，沿着海岸线兴建一系列海港，围绕港口填海造地，将其作为工业用地，建设现代化的工厂。生产原料从国外通过港口运进，就地加工后就近装船运出，以贸易出口为日本创造财富。第二次世界大战结束后，东京湾区逐渐形成了京滨、京叶两大工业带，这两大工业带是日本重化工业基础，集中了钢铁、有色冶金、石油化工、机械、电子、汽车、造船、现代物流等产业，成为世界最大工业产业带。

（三）服务经济发展阶段（20世纪60年代至20世纪80年代）

随着工业经济的快速发展，日益增长的资金和物流需求，也给货运代理、港口物流、金融保险等服务业带来极大发展机遇，从而推动工业经济向服务业转变。从20世纪60年代开始，日本对东京湾区实施“工业分散”战略，对中心城区进行产业结构转型升级，着重发展第三产业，将机械、电器等一般制造业逐渐从东京中心城区迁移至横滨市、川崎市等外围地区。实施工业分散战略后，东京湾区中心城区重点布局高附加值、高成长性的服务行业、奢侈品生产行业和出版印刷行业。

（四）知识技术密集型的创新经济阶段（1990年以后）

20世纪90年代以来，信息产业兴起并快速发展，制造业出现了不同程度的衰落，东京湾区以制造业为驱动的经济发展模式已难以适应新世纪的潮流。为适应新经济发展模式，东京湾区的制造业开始大规模向海外转移，工业产值逐年下降。东京中心城区进一步重点布局对外贸易、金融服务、精密机械、游戏动漫和高新技术等高端产业及现代服务业。东京湾大桥建成后，东京新城迅速崛起，带动了科技园区发展，东京湾区进入以知识技术密集型为主的创新经济发展阶段。

三、东京湾区的规划发展

在东京湾区的发展过程中，政府推动和规划的作用相当明显，其影响也是长远的。作为人工规划型湾区的典范，东京湾区依靠规划、坚守规划，保持了湾区建设的长期性和协同性，这是东京湾区开发建设的一条成功经验。面对分属不同行政区划的城市竞争，日本通过立法、制定区域规划，成立城市群协调机构，将对内竞争转向抱团对外竞争，最终使东京湾区发展成为港城协调的世界级大湾区。

1951年，日本政府颁布《港湾法》，对整个国家港口发展的数量、规模和政策进行统一规划部署。从20世纪50年代后期开始，日本政府开始谋划构建东京首都圈，将东京都与周边的埼玉县、千叶县和神奈川县统筹规划。1956年，日本政府制定了《首都圈整备法》，为东京都市圈的规划与建设提供了法律依据。1958年，日本政府制定《首都圈市街地开发区域整备法》，对首都圈土地利用、产业结构调整、工业布局、城市再开发、地方经济振兴、人口与劳动力的调整等方面进行了全面的规划。规划每10年修订一次，前后共进行了5次规划修订，同时，日本政府还出台了与规划相配套的一系列政策。随后，日本政府又颁布了《首都圈建成区限制工业等的相关法律》（1959年）、《首都圈近郊绿地保护法》（1966年）、《多极分散型国土形成促进法》（1986年）等多部法律法规，并在东京都市圈建设的不同阶段，对相应的法律法规进行修改和完善。

1984年，东京公布了《首都改造基本设想》，其核心内容是改变城市机能过度集中于东京中心部的单极依存结构，形成有多个核心和城圈的多核多圈的地区结构，将东京大都市圈建成由东京都城区和几个自立的都市圈组成的联合大都市圈，并在此后建设了一系列以多摩为代表的功能完善、具有独立性的新型卫星城镇。[①]

1986年，日本政府制定“第四次大东京都市圈”建设规划，进一步对周边城市的职能定位和发展布局进行了调整，同时提出了要强化中心区的国际金融职能和高层次中枢管理职能的设想。

① 张明睿：《外国卫星城模式》，《21世纪经济报道》，2013年9月16日。

1999年，日本政府推出“第五次首都圈”基本计划，再次强调了建立区域多中心城市“分散型网络结构”空间模式的设想。

2006年、2011年、2014年，日本政府相继推出《东京规划1960——东京结构改革的方案》《10年后的东京——东京将改变》《2020年的东京——跨越大震灾，引导日本的再生》《创造未来——东京都长期愿景》等专项湾区规划，通过这些统一规划实现湾区经济的深度融合。

由于每一次基本规划的制定都充分考虑了当时的政治、经济、地理因素和文化背景，以及人口规模等诸多因素，从而实现了东京湾区城市发展的多核心化的目标，形成了“区域多中心城市复合体”，缓解了工业、人口过度集中带来的一系列问题。

四、东京湾区的经济

东京湾区聚集了日本27%的人口、30%的经济总量、75%的工业产值，是日本最大的工业城市群和国际金融中心、交通中心、商贸中心和消费中心。东京湾沿岸的6个港口，年吞吐量超5亿吨，形成了京滨、京叶两大工业地带，东京湾区的钢铁、石油化工、现代物流、装备制造和游戏动漫、高新技术等产业十分发达。同时，东京湾区也是三菱、丰田、索尼等一大批世界500强企业的总部所在地。2016年，东京湾区有世界500强企业38家。

（一）经济总量居世界三大湾区之首

2017年，东京湾区的地区生产总值规模达1.8万亿美元，占全国GDP总量的37%，人均地区生产总值为4.1万美元，第三产业比重达82%。

东京湾区经济带以东京为中心，以关东平原为腹地，包括东京、横滨、川崎、千叶、横须贺等几个大中城市，是日本最大的工业区，也是以钢铁、石油冶炼、石油化工、精密机械、商业服务为主的综合性工业区。东京湾区从20世纪60年代的经济高速发展时期开始实施工业分散战略，将一般制造业外迁，临港制造业逐步从东京的中心城区迁移至横滨市、川崎市，进而形成和发展为京滨、京叶两大工业带。东京从传统工业化时期的一般制造业、重化工业为主的产业格局，逐渐形成了以对外贸易、金融服务、精密机械、高新技术等高端产业为主的新产业格局。京滨、京叶两大工业地带宽仅6千米左右，长100千米左右，而工业产值却占全国的40%，形成了以钢铁、有色冶金、炼油、石化、机械、电子、汽车、造船、现代物流、印刷出版等产业为主的综合性工业区，成为全球最大的工业产业地带。[①]工业地带与首都圈在功能上紧密互动，使东京湾沿岸成为日本经济最发达、工业最密集的区域。随着京滨工业区的兴起，以及住宅、现代农业的发展，商业服务业也随之在东京都以外的地区发展起来。在东京都市圈第三产业发展过程中，服务业产值呈现出逐渐增加的趋势。

作为东京湾区的核心城市，东京市的经济以服务业为主，服务业占比80%以上，具备强大的综合性商贸服务功能，核心区聚集了金融服务、商贸物流、生活服务、出版印刷等相关商业服务机构，涵盖了生产性和生活性服务业，成为都市核心区发挥引领辐射带动效应的

① 《东京湾区内城市群：专业分工，错位发展》，每日财经网，2017年3月20日。

重要产业。东京聚集了最多的世界城市人口，拥有世界第二多的世界500强企业总部。据日本官方统计，东京约有26万家公司，资本在10亿日元以上的大企业有50.1%集中在东京，营业额超100亿日元的公司总部都设立在东京。[①]2018年《财富》世界500强榜单显示，日本有52家企业上榜，其中有38家位于东京。根据科尔尼发布的2019年营商环境报告，东京稳居世界最佳营商环境城市第一梯队。日本30%以上的银行总部设在东京，东京因此成为日本最大的金融、商业、管理、政治和文化中心。

东京的制造业主要集中于出版印刷、电气机械制造、运输机械制造、食品加工和一般机械五大行业，且其比重不断增加。其中出版印刷业和电气机械制造业的产值自1990年以来就一直占据行业销售总产值的50%以上。东京的产业结构、产业分工也呈圈层构造，即分为核心区、内环、外环三部分。核心区产值排名前五位的制造业主要为出版印刷业、食品制造业、纤维工业、造纸业、机械制造。内环地区制造业的产值占东京的42%，主要包括出版印刷业、金属制品、纤维工业、造纸业、机械制造等。东京外环制造业中的第一产业是电气机械制造业，其次是运输机械制造业、一般机械、食品、精密仪器制造业等。其中，电气机械制造业不仅是外环的主导产业，而且是东京地区的核心产业。[②]

---

① 《东京湾区的发展及启示》，搜狐网，2019年2月19日。

② 关忠：《东京、伦敦制造业发展模式及对上海的启示》，《科学发展》，2018年第11期。

表 2-5　东京核心区从业人数、产值排名前五位的制造业[①]

行业	从业人数比重/ %	行业	产值比重/%
出版印刷业	72.44	出版印刷业	73.84
食品制造业	11.75	食品制造业	10.74
纤维工业	2.48	窑业及土石制品	7.12
造纸业	1.71	纤维工业	1.69
机械制造	1.42	造纸业	1.41

数据来源: http: / /www.toukei.metro.tokyo.jp。

（二）世界金融中心地位面临挑战

20世纪70年代以来，日本经济在制造业飞速发展的推动下一路攀升，东京金融市场作为亚洲第一大金融中心，成为日本最为重要的资本输出地。20世纪80年代末期，凭借发达的金融体系，东京与纽约、伦敦一起成为全球三大金融中心。

东京成为金融中心，得益于日本的产业政策。早期东京的核心产业是出口型产业，服务于出口型产业的行业如银行、证券、保险等金融业因此得到迅速发展。东京湾区产业与金融存在密切的依存关系，20世纪80年代，日本银行利用巨额的个人储蓄给企业提供大量资金，投资国内各种项目，帮助日本实现了经济的高速发展，由此产生了许多具有国际竞争力的全球性制造业企业，同时也造就了东京金融中心的地位。东京湾区是包括粤港澳大湾区在内的四大湾区中，拥有银行类金

① 关忠：《东京、伦敦制造业发展模式及对上海的启示》，《科学发展》，2018年第11期。

融机构数量最多的湾区，银行机构数量占其所有金融机构总量的比重超过三成。

20世纪90年代后期，随着国际分工进一步细化及经济全球化的快速发展，新兴国家参与到国际分工与竞争当中，这些国家以低廉的人工成本抢占了国际制造业市场，日本制造业受到巨大冲击，不得不把制造业向海外转移，经济进入长期滞胀阶段，金融业也在“泡沫经济”崩溃后一蹶不振，国际竞争力急转直下。根据英国智库（Z/Yen Group）发表的全球金融中心指数（GFCI），东京近年来逐步落后于香港和新加坡等亚洲城市，继伦敦、纽约、香港、新加坡之后，排在了第五位，但是其和前四位的（指数）差距是很大的。

为了改变这种局面，日本启动了“金融再生项目”和“金融大爆炸”两大金融改革措施。前者旨在解决日本国内金融机构不良率居高不下的局面，后者试图通过学习英国伦敦的金融政策变革提升日本的国际影响力。根据日本“金融大爆炸”规划，2020年，东京将重返全球金融中心指数前三名。但从20世纪90年代始，在东京落户的外资企业逐步减少，到目前为止，日本还没有完全实现这个目标。

（三）制造业和港口经济

发展临港工业是东京湾区经济带崛起的一个重要原因。20世纪60年代，东京湾区经济带大规模建设港口、大力发展临港工业，由横须贺港、横滨港、东京港、千叶港、川崎港、木更津港六大港口组成的东京湾区将国际物流、贸易中心的优势发挥到极致。在东京湾区5亿吨吞吐量的带动下，日本政府通过产业引导，兴建了一批联系密切的钢铁、石油化工、机械制造、汽车、造船等工业基地，使得东京湾区内的产业集中度较高。临港工业使东京湾区能够充分利用国内国际两种资源、两个市场，凭借沿海地区的大开发、大开放优势加速融入全球经济大循环，为日本最终超过美国成为世界上最大的重化工产品生产国和出口国奠定了基础，推动了日本经济的发展和综合国力的增强。

为解决东京湾区的港口无序竞争问题，将各港口的竞争转换成整体合力，日本运输省港湾局在1967年提出了《东京湾港湾计划的基本构想》提案，“建议把该地区包括东京港、千叶港、川崎港、横滨港、横须贺港、木更津港、船桥港在内的7个港口整合为一个分工不同的有机群体，形成一个‘广域港湾’”。[①]这一构想的实施，很好地解决了东京湾区的港口竞争问题，将各港口的竞争转换成整体合力。经过多年发展，东京湾区港口群已形成了鲜明的职能分工体系：东京港的定位是输入型港口、商品进出口港、内贸港、集装箱港，横滨港的定位是国际贸易港、工业品输出港、集装箱货物集散港，千叶港的角色为能源输入港和工业港，川崎港、木更津港和横须贺港分别承担着原料进口与成品输出、地方商港和旅游港、军港兼贸易的重任。各港口虽然保持独立经营，但在对外竞争中则成为一个整体，从而提升了东京湾区港口群的整体竞争力。

五、东京湾区的文化

东京湾区是日本最大的工业城市群和国际金融中心、交通中心、商贸中心和消费中心。作为东京湾区核心城市的东京是日本的政治、

① 周鑫、沙梅：《东京湾发展历程》，中国港口网，2019年6月2日。

经济、文化中心，海陆空交通枢纽，传统文化与现代创意文化在这里交相辉映。

东京较好地保留了传统文化。著名的浅草寺是东京都内最古老的寺庙，保留了江户时代的风格。进入浅草寺后，长约200米的道路两侧，排列着一家家自江户时代延续下来的大小店铺，出售最具日本特色的小礼物和各式旅游纪念品、民间工艺品、和服、小吃等。无论是百年老店的名点心，还是现烤现卖的“人形烧”，都很好吃。[①]

2002年，美国政治分析家道格拉斯·麦克格雷在《外交》杂志上发表了《日本的国民酷总值》一文，肯定了日本在动漫、流行音乐、电子游戏、家电产品、时装和美食等流行文化领域的旺盛创造力，指出这将给日本带来巨大的“国民经济酷值”。该文章被译为日文传到日本后，引起了巨大反响，激起了日本业内人士对创意经济和文化产业的广泛热情。文化积淀深厚的东京正是“酷日本”战略的中心。2008年，“东京文化创造工程”全面启动。同年，东京艺术大学首次开设了动画专业，它标志着日本学术界主流认可了动画学术研究，对动漫、流行音乐、电子游戏、家电产品、时装和美食等流行文化给予了积极的关注。东京成为“酷日本”的领头羊，“酷日本”的领军人物如小津安二郎、宫崎骏、黑泽明、三宅一生、安藤忠雄等，大多起步于东京。2004年，东京建成了80万平方米的六本木新城（Roppongi Hills）。六本木新城把金融、工商、休闲、健身与世界级的艺术博物馆、创意设计中心、国际电视台、高雅艺术中心、企业文化馆等进行高端融合，提供居住、办公、娱乐、休憩等多种服务，形成了一个文化产业集群。

---

① 花建：《东方大都会的文化“酷值”》，《解放日报》，2014年4月14日。

六、东京湾区的科技创新

东京湾区聚集着高度发达、门类齐全的产业，围绕产业扩张的需求，设立了培养高端人才的世界知名高校、跨国高新技术产业公司的研发中心、各类组织形式的国家级创新研发机构，以及大小各异的资本孵化组织。政府通过创设各种产业协作运行平台，促进了产学研的互动与对接，形成了以企业为核心的产研合作创新体系。

日本政府将科研主要力量放在了企业上，企业的研发经费每年约占日本R&D经费（研究与试验发展经费）的80%。东京湾区集聚了许多具有技术研发功能的大企业和研究所，包括日本电气、佳能、三菱电机、三菱重工、三菱化学、丰田研究所、索尼、东芝、富士通等。这些大企业都具有较强的研发能力，是科技创新的重要载体。东京湾区还有260多所高等院校，为了促进产学研融合发展，日本政府推出相关政策将最初属于许多部委的大学和研究所独立法人化，赋予了大学和科研机构更大的行政自主权力。通过促进各高校与企业间的科技合作和协同发展，推进高校科研成果产业化的转变和实践。为了建立一个更具竞争力的创新体系，日本作出了多方面的努力。

（一）产学研互动机制提升科技创新活力

日本的产学研一体化从2004年正式开始实施，形成了在政府部门、科技服务机构及金融机构等共同支持下的以企业为主导、大学和科研机构协同发展的产学研有机互动体制，有效提升科技创新效率。日本国会通过修改《国立大学法人法》将所有的国立大学法人化，提出大学的使命在于教育、研究和将研究成果社会还原（即将大学创造的科研新成果应用到社会，在产生经济价值和社会价值的同时创造社会活力，形成对下一项创新活动投资的良性循环）。日本的共同研究中心向全社会开放，企业技术人员可进入中心与大学教授和研究人员共同从事某一技术和科研项目的研究。不同大学的研究人员可组建共同的研究小组，共同使用大学的科研设备。如丰田汽车公司、日本电气公司将新能源的各种设备供给千叶大学实验室的研究人员共同使用。

（二）产学研合作创新推动产业转型

东京产学研科技创新合作以企业为主体，产学合作与产研合作都紧密围绕企业需求展开。大学与科研机构从研究阶段开始，就与企业紧密协作，使得众多的科研工作都是有目的地实施，并能够迅速转换为实际成果。东京的产学合作途径和机制主要包括企业与大学、企业与研究所的产学合作机制。在日本，最常规的合作模式是合作研究，大学接受来自民间企业等外部机构的研究人员和经费，大学教师和民间研究者根据契约关系共同进行课题研究。经费的负担根据约定来决定，通常大学负担设备和设施的维护、管理费用，民间企业负担直接研究经费。有时日本政府的文部科学省也会给予适当补助。取得的研究成果、发明专利等通常由政府和民间共有。在日本，“让教授与科研人员安心搞研究”是产学研机制中的一项重要原则。日本绝大多数的大学对于教授们的科研成果不进行一年一度的定期考核，更不会与其个人的评级、待遇挂钩，因为基础科学研究是一项长期性的工作，往往需要花费5年甚至10年时间，要在一年中拿出有质量的研究成果或发表核心论文，容易造成科研的浮躁。

（三）以完善的知识产权保护推动创新成果产业化

创新是经济发展的动力，创新成果只有真正转化为现实生产力才能够有效促进经济增长，而创新成果的产业化实际上是以知识产权形式所保护的创新成果的产业化。在东京，产学合作的机制除了企业与大学、企业与研究所的产学合作机制，大学专利技术转移组织作为产与学的中介组织，也是重要的产学合作途径。通过科研补助、设置奖学金、共同研究、受托研究等形式的产学合作都会产生知识产权的归属问题。东京的知识产权制度完善，大学往往会成立知识财产本部，作为开展产学研合作研究的对外合作窗口。该组织从2003年开始，根据日本政府的要求设置，一般由各校的副校长担任本部长。其主要业务内容包括知识财产、政策等各种规程的建设，以及确保从事知识财产活动人才的组织体制的建设，目的是构建和强化产学研合作体系，将大学的研究成果更好地转换成应用技术与产品。

（四）创新人才培养激励机制

能否便捷、高效、低成本地获得所需人才是世界级企业投资经营所考虑的重要因素之一。在科尔尼2019年全球城市营商环境评比中，东京在高等学历人口指标上处于全球领先位置。东京集中了日本约30%的高等院校和40%的大学生，拥有全日本三分之一的研究和文化机构。日本“超级国际化大学”A、B两类大学共37所，其中有16所位于东京。日本“牵引国际化人才大学”42所，其中，有26所位于东京。在以应用技术为导向的产研合作中，东京活用产研合作所积累的各类知识营造创新环境氛围，以及培育从研究阶段到面向市场产业化阶段所需的本土人才。此外，东京放宽外籍人才创业限制，提高外籍人员在东京投资创业的便捷性，如特许外籍人才在入境管理局审查之前，可由东京都政府对其创业项目先行开展评估，并给予6个月的在留资格。外籍创业人才可充分利用这6个月时间在日本进行准备工作。

（五）把中小企业发展纳入产学研一体化发展

中小企业是产业转型中不可忽视的部分。在东京城市发展中，中小企业在都市型制造业中一直发挥着重要作用。2016年，东京成立“中小企业协作促进基金”，基金总额约155亿日元，由东京都政府、金融机构、民间企业等多方主体出资成立。该基金的宗旨是让这些中小企业和东京的大企业、大学，以及日本全国的企业实现协作，以激励更多的中小企业进入一些高风险的领域开展业务。这是第一个以推动中小企业与大企业、大学协作为目的的基金。该基金对于中小企业的扶持不仅体现为提供资金支持，还体现为对中小企业开拓市场等经营方面的帮助。整个基金的运作期间为10年，对于被投资的企业而言，有足够长的时间壮大自己的企业。基金最终通过被投资企业的上市或者合并收购等方式回收资金，向基金出资方分配利益。东京之所以支持中小企业，不仅是因为中小企业受自身条件限制需要政府支持，更是因为中小企业生产污染少、占地少、附加值高，能够广泛地吸收就业，符合现代城市发展需求，同时中小企业对信息、交流及创新服务的要求能够带动更多行业发展。

七、东京湾区的基础设施和公共服务

便利的交通和庞大的人口为东京湾的发展奠定了良好的基础。发达的交通网络设施是东京湾区经济带快速发展的重要支撑，在日本，找不到比东京湾更加便利的交通设施。

东京湾是世界最大的港湾之一。在这里，可以为各家企业运来所需的原料和零部件，又能将成品运往世界各地。成田机场和羽田机场镶嵌在湾口，2018年，东京羽田机场全球旅客流量达8750.27万人次，位列世界第四。东京湾区还有发达的铁路交通。东芝、日立、索尼、日本电气等数十家世界著名企业正是因其便利的交通而落户于此。东京湾区是日本铁路、公路、管道和通信最为密集的区域。东京市内拥有6条新干线、12条日本国铁（JR）线、13条地铁、27条私铁，以及4条其他轨道交通线，共计62条交通线路。轨道交通承担东京湾区城市交通客运的比重超过80%，远远高于世界其他大城市。在推进东京湾区交通网络化体系建设过程中，政府遵循“优先公共交通”原则，对城市公共交通建设的投入给予高额补贴（建设费的36%）。网络化的基础设施促进了区域间、城市间的协同与合作，促进了各种生产要素的自由流通，对东京湾区的产业空间布局具有重大的影响。

东京湾区致力于建设宜居、宜业、宜游的生态环境。在发展过程中，东京湾区也走过先污染再治理的道路。20世纪60年代，东京湾区进入高速发展时期，经济腾飞的同时，也带来了巨大的环境破坏。东京湾区逐渐聚集了钢铁、汽车、石油化工、电力等行业，工业污染日益严重。汽车数量同时也迅速增长，排放大量氮氧化物，引发了多起光化学烟雾事件。20世纪70年开始，日本政府加大环境治理力度，先后颁布了《水污染防治法》（1970年）、《自然环境保护基本法》（1972年）、《环境基本法》（1993年）等多部法律法规，为环境治理提供法律保障。东京湾区通过产业转型应对工业污染，重污染工业先从东京迁移到横滨，然后又逐渐迁到海外。东京湾区同时扶持环境友好的新兴产业，重点发展知识密集型的高精尖新工业，并将批量生产型工厂改造成为新产品研究开发型工厂，使工业逐步向服务业转型。而通过交通规划，大力发展公共交通，推广使用各种新能源汽车，使汽车尾气污染的势头也得到了遏制。

为避免人口过度集聚带来交通拥堵、空气污染等副作用，东京湾区将交通网络建设与城市土地空间开发相协调，使交通与居住、工作空间紧密连接。在轨道交通站点周边开发建设以工业、商业、居住、文化为一体的综合型步行化城区，大大增加了居民公共交通出行频次。

八、东京湾区的成功经验

（一）顶层设计，法制先行

东京湾区是一个人工规划设计出来的湾区，在建设初期就非常注重顶层设计，充分发挥政府宏观调控作用，颁布实施了一系列法律法规，确保东京都市圈的有序建设。

（二）制定科学合理的发展规划

在东京湾区发展过程中，日本政府充分借助民间智库制定发展规划。从1959年开始，针对东京都市圈建设，日本先后五次制定基本规划，从而优化了东京湾区经济带的产业空间布局，形成以东京为中心城市，带动周边次核心城市相互依存的科学合理的功能分配，城市发展定位明确，缓解了工业过度集中带来的诸多环境问题，资源得到了合理配置。

（三）便捷的轨道交通网络对于提高要素流动效率贡献重大

东京都与周边城市主要依靠轨道交通网络的不断延伸来达成地区经济一体化目标。通过城市干线、轨道交通、高速公路等多种途径提高城市之间要素流动的效率，同时为湾区经济、生活一体化提供了便利条件。

表 2-6　粤港澳大湾区与世界三大湾区的比较（2016 年）

湾区	粤港澳大湾区	纽约湾区	旧金山湾区	东京湾区
陆地面积/万平方千米	5.65	2.15	1.79	3.68
常住人口/万人	6958	2015	777	4383
地区生产总值/万亿美元	1.51	1.72	0.83	1.86
土地产值/亿美元/平方千米	0.24	0.74	0.45	0.49
人口密度/人/平方千米	1197	1158	431	1191
人均地区生产总值/万美元	2.0	8.46	10.5	4.1
地区生产总值增长率/%	7.35	3.51	2.70	3.61
地区生产总值集中度/%	12.50	8.87	4.31	38.43
第三产业比重/%	77.57	89.35	82.76	82.27
全球金融中心指数	755	780	724	740
100 强大学数量/所	3	15	3	2

（续上表）

湾区	粤港澳大湾区	纽约湾区	旧金山湾区	东京湾区
世界500强企业总部	20	22	13	39
最具创新力企业/家	4	3	8	20
港口集装箱吞吐量/万标箱/年	6247	465	227	766
机场旅客吞吐量/亿人次/年	2.01	1.30	0.71	1.24
海外游客人数/万人	169	5200	1651	556
代表产业	金融、电子、互联网、航运	金融、港口、计算机	电子、互联网、生物	装备制造、钢铁、化工、现代物流
代表公司	华为、腾讯、招商局集团、大疆	IBM、花旗、AIG	苹果、谷歌、微软	索尼、三菱、富士通

数据来源：世界银行、彭博资讯。

第三章
粤港澳大湾区发展现状

粤港澳大湾区包括香港特别行政区、澳门特别行政区和广东省广州市、深圳市、珠海市、佛山市、惠州市、东莞市、中山市、江门市、肇庆市（以下简称珠三角九市），总面积5.6万平方千米，2017年末总人口约7000万，是我国开放程度最高、经济活力最强的区域之一，在国家发展大局中具有重要战略地位。粤港澳大湾区区位优势明显，经济实力雄厚，创新要素集聚，国际化水平领先，合作基础良好，将发展成为充满活力的世界级城市群、具有全球影响力的国际科技创新中心、“一带一路”建设的重要支撑、内地与港澳深度合作示范区、宜居宜业宜游的优质生活圈。[①]

表 3-1　粤港澳大湾区城市 2018 年社会经济数据表

地区	陆地面积/平方千米	常住人口/万	地区生产总值/亿元
广州	7434.40	1490.44	22859.35
深圳	1997.47	1302.66	24221.98
香港	1106.30	748.25	28453.17（港元）
澳门	32.80	65.60	4403.20（澳门元）

① 《关于粤港澳大湾区》，粤港澳大湾区门户网站，2019年2月20日。

（续上表）

地区	陆地面积/平方千米	常住人口/万	地区生产总值/亿元
珠海	1736.46	189.11	2914.74
佛山	3797.72	790.57	9935.88
中山	1783.67	331.00	3632.70
东莞	2460.10	839.22	8278.59
惠州	11347.00	483.00	4103.05
江门	9506.92	459.82	2900.41
肇庆	14891.00	415.17	2201.80

第一节 广州

广州总面积7434.40平方千米，2018年末常住人口1490.44万，城镇化率为86.38%。广州作为广东省省会，是广东省的政治、经济、科技、教育和文化中心。同时，广州还是国家重要中心城市、国际商贸中心和综合交通枢纽。广州拥有2200多年历史，不仅是古代海上丝绸之路始发地之一，还是中国历史最悠久且唯一从未关闭过的对外通商口岸，素有“千年商都”的美誉。广州气候宜人，森林覆盖率达42.14%，曾被联合国评为“国际花园城市”并获联合国改善人居环境最佳范例奖。①

① 《广州概况》，广州市人民政府门户网站，2018年10月23日。

一、经济社会发展情况

据《2018年广州市国民经济和社会发展统计公报》，2018年广州实现地区生产总值22859.35亿元，按可比价格计算，比上年增长6.2%，经济增长维持在一个较为平稳的水平。从产业结构上看，2018年广州市第一产业增加值223.44亿元，第二产业增加值6234.07亿元，第三产业增加值16401.84亿元，同比分别增长2.5%、5.4%和6.6%，第三产业作为广州的优势产业，增长量和增长速度都较为突出。2018年，广州人均地区生产总值达到155491元，按平均汇率折算为23497美元。

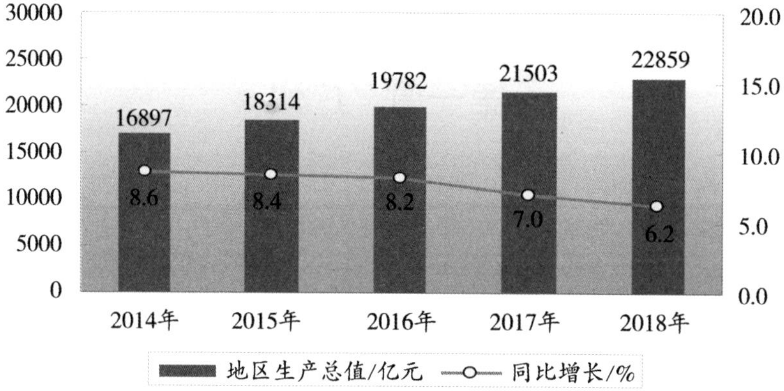

图 3-1　2014—2018 年广州市地区生产总值及其同比增长

二、功能定位

根据《规划纲要》，广州要充分发挥国家中心城市和综合性门户城市引领作用，全面增强国际商贸中心、综合交通枢纽功能，培育提升科技教育文化中心功能，着力建设国际大都市。广东省委、省政府印发的《中共广东省委广东省人民政府关于贯彻落实

〈粤港澳大湾区发展规划纲要〉的实施意见》（以下简称《实施意见》），提出将支持广州实现老城市新活力，在综合城市功能、城市文化综合实力、现代服务业、现代化国际化营商环境等方面出新出彩。

从整个《规划纲要》来看，广州在创新方面也占据重要地位。关于建设重大创新载体方面，《规划纲要》重点提及的四项科技创新项目，广州独占两席（中新广州知识城、南沙庆盛科技创新产业基地），《规划纲要》还提出要推进“广州—深圳—香港—澳门”科技创新走廊建设。《实施意见》也提出将推动国家超级计算中心广州中心和深圳中心扩容升级。

粤港澳大湾区提出打造“1小时生活圈”，广州作为珠三角重要的交通枢纽，承担着重要角色。《规划纲要》提出要发挥广州综合交通枢纽功能。《实施意见》也提出加快构建以广州、深圳为枢纽的陆路国际大通道；加快推进广州经湛江至海口、广州经汕尾至汕头等铁路项目的建设；并增强广州、深圳国际航运综合服务功能，进一步提升港口、航道等基础设施服务能力；提升广州和深圳机场国际枢纽竞争力、加强与香港、澳门机场合作，共同打造国际航空枢纽，并开展广州新机场前期研究工作。而在《广州综合交通枢纽总体规划（2018—2035年）》中，也有关于“规划研究广州第二机场”的表述。

《规划纲要》还提出，支持广州完善现代金融服务体系，建设区域性私募股权交易市场，建设产权、大宗商品区域交易中心，提升国际化水平；支持广州建设绿色金融改革创新试验区，研究设立以碳排放为首个品种的创新型期货交易所。

首先，在粤港澳大湾区的4个中心城市中，广州是国家中心城市，应当发挥自己独特的作用，成为无缝对接广东其余8市以及香港、澳门的桥梁，协助建立粤港澳区域全方位合作的机制。其次，广州应当为区域协调发展作出贡献，充当平衡广东7个重要节点城市之间关系的角色，应与7个节点城市建立起紧密、共赢的合作关系。另外，广州还要考虑如何辐射整个周边地区，强化其与周边基础设施互联互通的枢纽作用，带动周边地区创新发展，主动推进其与周边地区的协同发展。

三、广州融入粤港澳大湾区建设

2019年6月，广州通过了《广州市协同构建粤港澳大湾区具有国际竞争力的现代产业体系行动计划》。其中提出广州参与大湾区产业体系建设的9大重点行动：一是先进制造业高质量发展行动，二是战略性新兴产业引领壮大行动，三是现代服务业出新出彩行动，四是海洋经济培育提升行动，五是都市现代农业品质优化行动，六是实体经济主体振兴行动，七是科技创新驱动实体经济发展行动，八是现代金融聚焦实体经济服务行动，九是人才资源聚力实体经济支撑行动，共40项具体任务。

在产业空间布局方面，携手大湾区城市共建世界级产业集群，形成“一核、一廊、三翼、多极驱动”的产业空间布局。其中，“一核”是指建设具有国际辐射带动力的中心城区现代产业集聚核；“一廊”是指加快“广州—深圳—香港—澳门”科技创新走廊广州段建设，集中打造广州大学城—国际创新城、琶洲粤港澳大湾区人工智能等创新平台，形成“三城一区十三节点”空间发展格局；“三翼”则是指围绕国际科技创新枢纽建设的东翼产业集聚带，围绕国际航运枢纽建设的南翼产业集聚带和围绕空港经济区国际航空枢纽建设的北翼产业集聚带。同时深入实施区域合作战略，以广州产业区块载体为主阵地，共建南沙粤港澳全面合作示范区、中新广州知识城等一批重大合作载体，形成点线面相结合的产业发展格局。①

在人才战略方面，2019年5月广州出台《发挥广州国家中心城市优势作用支持港澳青年来穗发展行动计划》。这是粤港澳大湾区内地城市首个支持港澳青年发展的综合性政策文件，主要内容包括："乐游广州"计划、"乐学广州"计划、"乐业广州"计划、"乐创广州"计划、"乐居广州"计划，以及搭建高效便利服务平台，提供社会化专业化服务，简称"五计划一平台"。目前，广州各区共设立港澳青年创新创业基地22个，已入驻港澳青年创新创业团队290多个。2019年6月，广州发布《关于实施"广聚英才计划"的意见》，提出了19项创新举措，面向全球集聚"高精尖缺"人才，全方位优化人才发展环境，加快构筑具有高度竞争力、辐射力、引领力的国际创新人才战略高地。这是《规划纲要》颁布后，大湾区内出台的首个城市人才发展战略性文件。②

此外，为促进大湾区内要素流动更加便捷有序，广州大力推进基础设施互联互通，加快建设广中珠澳高铁、穗莞深城际等项目，构建大湾区"1小时交通圈"、南沙与周边城市的"半小时交通圈"，同时加快建设广州白云国际机场三期扩建工程与广汕高铁项目。

① 《形成"一核、一廊、三翼、多极驱动"产业布局》，广州市人民政府门户网站，2019年6月21日。

② 《广州出台粤港澳大湾区首个城市人才发展战略性文件》，广州市人民政府门户网站，2019年6月3日。

第二节　深圳

深圳位于珠江口东岸，东临大亚湾和大鹏湾；西濒珠江口和伶仃洋；南边与香港隔深圳河相望；北部与东莞、惠州两座城市接壤。深圳是中国广东省省辖市，国家副省级计划单列市，下辖9个行政区和1个新区：福田区、罗湖区、盐田区、南山区、宝安区、龙岗区、龙华区、坪山区、光明区、大鹏新区。深圳建市后人口增长迅速，截至2018年末，常住人口1302.66万，其中常住户籍人口454.70万，同比增长4.6%，占常住人口比重34.9%；常住非户籍人口847.97万，同比增长3.6%，占常住人口比重65.1%。近年来，深圳相继被评选为中国“最具经济活力城市”“最具创新力的城市”“最受农民工欢迎的城市”，是最适宜海内外英才创业拓展的活力之都。

一、经济社会发展情况

2018年深圳生产总值24221.98亿元，按可比价格算，比上年增长7.6%。从产业结构看，第一产业增加值22.09亿元，同比增长3.9%；第二产业增加值9961.95亿元，同比增长9.3%；第三产业增加值14237.94亿元，同比增长6.4%。三次产业结构比由上年的0.1：41.4：58.5调整为0.1：41.1：58.8。

从行业看，深圳2018年工业增加值9254.00亿元，同比增长9.0%；交通运输、仓储和邮政业增加值733.26亿元，同比增长10.2%；金融业增加值3067.21亿元，同比增长3.6%。

2018年深圳规模以上工业增加值9109.54亿元，同比增长9.5%。

其中先进制造业和高技术制造业增速突出，同比分别增长12.0%和13.3%，占规模以上工业增加值比重分别提升至72.1%和67.3%。其他增速较快的行业有计算机、通信和其他电子设备制造业，同比增长14.0%，专用设备制造业增长10.0%，汽车制造业增长12.4%，医药制造业增长25.0%，等等。

在服务业方面，2018年深圳实现营业收入9910.9亿元，同比增长14.0%，其中规模以上营利性服务业营业收入5207.3亿元，同比增长17.4%。其中，互联网和相关服务业营业收入增速最快，增长26.0%，其次是软件和信息技术服务业，增速为12.3%。

对外贸易方面，深圳2018年进出口总额29983.74亿元，增长7.0%。其中，出口总额16274.69亿元，较2017年下降1.6%；进口总额13709.05亿元，较去年增长19.4%。

居民人均可支配收入57543.60元，同比增长8.7%，扣除价格因素实际增长5.7%。居民人均消费支出40535.02元，同比增长5.8%，扣除价格因素实际增长2.9%。恩格尔系数为29.2%。[①]

二、功能定位

根据《规划纲要》，深圳应发挥作为经济特区、全国性经济中心城市和国家创新型城市的引领作用，加快建成现代化国际化城市，努力成为具有世界影响力的创新创意之都。

从《规划纲要》对深圳的定位可以看出，深圳在粤港澳大湾区中主要承担的实际上仍然是“创新”两个字。在创新方面，《规划

① 《深圳市2018年国民经济和社会发展统计公报》，深圳统计局，2019年。

纲要》提出将建设推进"广州—深圳—香港—澳门"科技创新走廊建设，支持依托深圳国家基因库发起设立"一带一路"生命科技促进联盟，充分发挥香港、澳门、深圳、广州等资本市场和金融服务功能，合作构建多元化、国际化、跨区域的科技创新投融资体系，等等。除了创新之外，深圳接驳香港、澳门，其独特的地理区位也受到重视。《规划纲要》重点提及了深圳前海自由贸易区建设，表明深圳应当在与香港联合发展上下大功夫。此外，深圳作为大湾区四个中心城市之一，其航运航空中心功能也是《规划纲要》提及较多的方面。《规划纲要》明确提出将增强广州、深圳国际航运综合服务功能，提升广州和深圳机场国际枢纽竞争力，建设深圳、珠海通用航空产业综合示范区。

三、建设具有世界影响力的创新创意之都

深圳是全国闻名的创新之城。深圳高新技术产业已经发展成为全国的一面旗帜。全社会研发投入占地区生产总值比重、PCT国际专利申请量全国领先，国家级高新技术企业数量居全国第二，数字经济发展走在全国前列。光明科学城、鹏城实验室、深圳湾实验室等重大创新平台启动建设。深圳获批国家可持续发展议程创新示范区，成为中国最具创新力的城市，在全球创新体系中的地位不断提升。[①]2018年，深圳出台加快高新技术产业高质量发展的相关政策，制定加快发展战略性新兴产业实施方案，设立全国首个50亿元天使投资引导基金，促使其全社会研发投入超过1000亿元，国家级高新技术企业预计新增3000家以上、总量超过1.4万家，深圳市战略性新

① 《深圳市2019年政府工作报告》，深圳市政府，2019年。

兴产业增加值增长9.1%。同时，深圳重点提升自主创新能力，制定加强基础研究的实施办法，开展芯片、医疗器械等10项关键零部件重点技术攻关，新组建第三代半导体研究院等新型基础研究机构10家，新增各类创新载体189家。2018年，深圳获科技进步一等奖等国家科技奖16项、中国专利金奖4项；专利授权量增长48.8%，科技进步对经济增长的贡献率进一步提升。在知识产权保护方面，2018年12月，中国（深圳）知识产权保护中心和南方运营中心正式挂牌，提供更为优化的自主创新环境。在引进人才方面，深圳2018年出台鹏城英才计划等政策，成立国家级人力资源服务产业园。2018年，深圳新引进人才共28.5万名，同比增长8.4%，新增全职院士12名，同比增长41%，引进高层次人才2678名，同比增长59%。在深圳良好的创业环境和较为完善的创业制度下，深圳已经成为人们心目中的“创客之都”“创新之城”。深圳集聚了大量的高科技企业，不但拥有腾讯、华为、中兴等国内龙头高科技企业，而且在“广深科技创新走廊”中将打造深圳空港新城、深圳高新区、深圳坂雪岗科技城、深圳国际生物谷等四个全球顶尖创新平台，这将会更好地吸引国际科技人才，使深圳成为国际科技创新的引领者。

四、建设全国性经济中心城市

在金融贸易方面，《规划纲要》提出将支持深圳依规发展以深圳证券交易所为核心的资本市场，加快推进金融开放创新，并支持深圳建设保险创新发展试验区，推进深港金融市场互联互通和深澳特色金融合作，开展科技金融试点，加强金融科技载体建设。深圳的综合经济实力强，其资本市场也非常活跃，是全国重要的金融中心城市，不仅拥有主板和创业板证券市场，风险资本和私募资金在中小板和创业板上市的企业数量也是全国第一。深圳作为改革开放的窗口，对外经济发达，外资外贸企业数量众多，2018年深圳的货物进出口总额29983.74亿元，比上年增长7.0%，其中出口总额16274.69亿元，进口总额13709.05亿元，其出口总额已经连续26年名列内地城市排行的首位。此外，深港之间多年来已经在各方面建立了良好的合作模式，2018年深圳对香港的出口总额达到6758亿元，是深圳出口总额最多的一部分，较2017年增长4%。在粤港澳大湾区建设的过程中，深圳应当进一步和香港加强在金融贸易方面的合作。

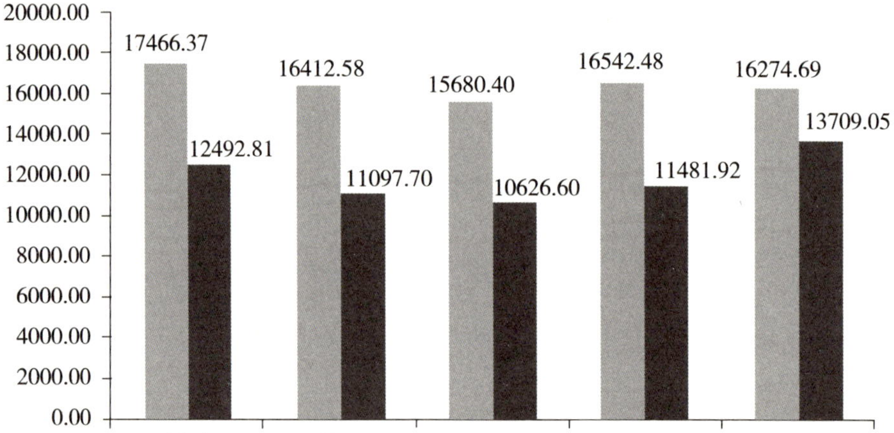

图 3-2　深圳 2014—2018 年货物出口和进口总额

五、前海自由贸易区

2010年8月26日，国务院正式批复了《前海深港现代服务业合作区总体发展规划》，2011年3月，国家正式将深圳前海开发纳入

“十二五”规划纲要。2015年4月27日，前海蛇口自贸片区正式挂牌成立，是中国（广东）自由贸易试验区的一部分。前海自贸区总面积28.2平方千米，分为前海区块（15平方千米，含前海湾保税港区3.71平方千米）和蛇口区块（13.2平方千米）。该自贸区根据产业形态分为三个功能区：一是前海金融商务区，主要承接服务贸易功能；二是以前海湾保税港区为核心的深圳西部港区，重点发展港口物流、国际贸易、供应链管理与高端航运服务；三是蛇口商务区重点发展网络信息、科技服务、文化创意等新兴服务业。[①]前海自贸区比邻香港，拥有雄厚的产业基础和完善的交通网络，并具备特殊的政策优势和创新的体制机制，是粤港澳大湾区建设的重点区域。前海自贸区是深港合作的重要门户，近年来前海自贸区的深港合作不断深化，2018年新增注册港资企业3698家，占外资企业的90.13%，同比增长49.0%。[②]截至2019年6月底，累计注册港资企业11555家，注册资本1234.56亿元。目前，前海全面支持港澳青年发展的政策体系已经初步成形，通过推出一系列优惠政策以及升级深港青年梦工场，将前海打造成港澳青年内地发展的重要平台。

六、建设中国特色社会主义先行示范区

2019年8月，中央印发了《中共中央国务院关于支持深圳建设中国特色社会主义先行示范区的意见》，向深圳提出建设高质量发展

---

① 《前海自贸区概况》，广东自贸试验区前海蛇口片区门户网站，2016年4月6日。

② 《前海蛇口自贸片区2018年上半年经济形势分析报告》，深圳市前海管理局门户网站，2019年4月10日。

高地、法治城市示范、城市文明典范、民生幸福标杆、可持续发展先锋5个战略定位。该文件还提出“到2025年，深圳经济实力、发展质量跻身全球城市前列，研发投入强度、产业创新能力世界一流，文化软实力大幅提升，公共服务水平和生态环境质量达到国际先进水平，建成现代化国际化创新型城市。到2035年，深圳高质量发展成为全国典范，城市综合经济竞争力世界领先，建成具有全球影响力的创新创业创意之都，成为我国建设社会主义现代化强国的城市范例。到21世纪中叶，深圳成为竞争力、创新力、影响力卓著的全球标杆城市”①的发展目标。

深圳市委第六届十二次全会提出，落实建设先行示范区，要重点做好实现2025年第一阶段发展目标的方案，并提出将制定实施2019—2022年、2023—2025年两个三年行动方案，重点聚焦“五个率先”：一是要率先建设体现高质量发展要求的现代化经济体系，二是要率先营造彰显公平正义的民主法治环境，三是要率先塑造展现社会主义文化繁荣兴盛的现代城市文明，四是要率先形成共建共治共享共同富裕的民生发展格局，五是要率先打造人与自然和谐共生的美丽中国典范。

七、深圳融入粤港澳大湾区建设

在创新发展方面，不断探索新举措、新模式，例如推行“事后奖励”“科技悬赏”“市区联动切块支持”等创新投入方式，通过设立联合基金、公益捐赠等方式多方筹集基础研究经费；探索鼓励

① 《中共中央国务院关于支持深圳建设中国特色社会主义先行示范区的意见》，中央人民政府门户网站，2019年8月18日。

香港、澳门机构和个人在深圳享受科技成果转化优惠财税政策。此外，深圳将允许香港、澳门在深圳设立的研发机构享有内地研发机构同等待遇，推动科研资金跨境使用便利化，试点设立科技创业投资资金出境绿色通道。深圳将积极打造一批科技创新走廊的支撑平台和关键节点，其中包括深港科技创新合作区、光明科学城、西丽湖国际科教城、107国道科技创新走廊等，同时，也将加快建设梅观创新产业走廊，打造深港合作龙华示范区和深港产业创新东部合作区。①

在人才方面，2019年4月深圳市高层次人才引进“秒批”业务系统正式运营。其业务延展到在职人才引进、留学回国人员引进、博士后入户及其配偶子女随迁，预计未来将年均惠及20万人。深圳正在借鉴港澳吸引国际高端人才的经验和做法，创造更具吸引力的引进人才环境，加快建设粤港澳人才合作示范区。②

在基础设施方面，深圳将深化深港港航合作发展，携手香港共建国际航运中心，创新深港港口快速通关模式，开展“深港自贸通”试点，同时深化深港港口信息开放共享和业务协同，打造大湾区智慧港平台。同时，深圳还将加快航空基础设施建设并构建国际航空枢纽航线网络，完善大湾区城际轨道网和干线道路网，打造大湾区“1小时交通圈”。此外，深圳将建成莲塘香园围口岸，实施深圳湾口岸交通改善工程，实现货物运输“东进东出、西进西出”。

---

① 孙锦：《深圳全力推进粤港澳大湾区建设》，《深圳特区报》，2019年7月9日。

② 刘建翠、陈睿：《推动粤港澳大湾区人才高地建设》，《深圳特区报》，2019年4月2日。

另外，深圳将建设深港澳智慧城市，联合港澳探索智慧城市建设标准规范，共建时空信息云平台和空间信息服务平台，在深港澳三地加快实现数字证书应用互认，推进三地网络可信身份在相关领域互联互通，并参与大湾区电子支付系统互联互通。[①]

第三节　香港

香港位于中国南部、珠江口以东，西与中国澳门隔海相望，北邻深圳，南临珠海，区域范围包括香港岛、九龙、新界和周围262个岛屿。截至2020年2月，香港总人口达750万，是世界上人口密度最大的地区之一。

一、经济社会发展情况

2018年，香港地区生产总值达28453.17亿港元，同比增长3%。从香港统计署发布的报告来看，2018年下半年香港的经济活动与上半年比不够活跃。2018年下半年香港生产总值环比增速下降，由于下半年经济疲软，香港2018年经济增长相较于2017年的3.8%下降0.8个百分点。香港统计署分析香港2018年下半年经济疲软的主要原因是消费及出口受中美贸易冲突影响较大。虽然香港经济在2018年的增速低于2017年预算案预测的范围，但仍然比过去十年平均2.8%的

① 孙锦：《深圳全力推进粤港澳大湾区建设》，《深圳特区报》，2019年7月9日。

增速要高。2019年香港生产总值为28682亿港元。[①]2018年香港的失业率为2.8%，是20年来的最低水平，总就业人数持续增长，市民收入也有所改善，基本通胀率为2.6%，高出2017年0.9个百分点。

二、功能定位

《规划纲要》对香港的定位是“巩固和提升国际金融、航运、贸易中心和国际航空枢纽地位，强化全球离岸人民币业务枢纽地位、国际资产管理中心及风险管理中心功能，推动金融、商贸、物流、专业服务等产业向高端高增值方向发展，大力发展创新及科技事业，培育新兴产业，建设亚太区国际法律及争议解决服务中心，打造更具竞争力的国际大都会”。对于香港方面，《规划纲要》肯定了其国际金融、航运、贸易中心和国际航空枢纽的地位，并且表明香港是全球最自由经济体之一，这正是对香港在粤港澳大湾区建设中进行定位的基础。香港特区实行“一国两制”政策，使得香港具备特殊的制度优势，能更深度地与国际接轨，无论是在金融、贸易还是法律制度上都是粤港澳大湾区对外开放的重要窗口。此外，香港近年来在科技创新等方面遇到一定困难，《规划纲要》多次提及要更好发挥内地与香港、澳门科技合作委员会的作用，推动香港、澳门融入国家创新体系，推进“广州-深圳-香港-澳门”科技创新走廊建设，表明将在大湾区建设过程中进一步推动香港创新发展。

① 《货币与金融稳定情况半年度报告》，香港统计署，2019年。

三、国际金融贸易中心

香港区位优势明显，是亚太区枢纽，与内地经济联系十分紧密，可以说是大湾区联结庞大的亚洲和内地市场的门户，以及便利大湾区企业走向全球市场的平台。香港具备高度发展的基础建设、简单优惠的税制、众多的高素质劳动人口，以及高透明度的营商法规架构，这些优势令香港成为全球重要的贸易中心。在对外贸易方面，香港涉及世界各地的对外直接投资非常庞大。2017年香港的直接投资资产及负债流量相对本地生产总值的比重分别为30%及37%，远高于一些主要经济体的相应比重，例如澳大利亚、英国和美国的相应比重均低于6%。根据联合国贸易和发展会议发表的《2018年世界投资报告》，香港2017年已经成为全球第三大外来直接投资流入金额最多的市场，并成为亚洲第二大外来直接投资流入金额最多的经济体，以及全球第五大直接投资流出金额最多的来源地。这表现出香港作为便利大湾区企业走向全球市场的平台的独特作用。①

在进出口贸易方面，2018年香港全年整体货物出口较2017年上升3.5%，但是增速在2018年第4季度大幅放缓。受全球贸易环境等多因素影响，香港2019年的出口表现仍较为低迷。环球金融危机过后，全球主要出口市场发展放缓，2017年香港货物及服务账户盈余减至289港元，并在2018年进一步缩减至23港元。然而，香港作为一个服务型主导的经济体，货物及服务账户持续盈余，表明香港在担任服务提供者和联系大湾区与全球市场方面，仍然十分具有竞争力。②

---

① 《2008年至2017年香港对外直接投资统计数字》，香港统计署，2018年。

② 《2009年至2018年香港国际收支平衡》，香港统计署，2019年。

四、国际航运中心

香港一直是世界上最繁忙的航运中心，根据数据统计，香港2019年吞吐量为26330000TEU，多年持续位居世界前五。在2007年至2017年期间，香港港转运货物的年平均增长率达0.8%。在2017年，港口转运货物占香港港货物吞吐量的50.9%，当中又以与中国内地之间的转运货物比重最大，占香港港转运货物的38.9%。其中，在香港与内地之间的香港港转运货物中，约有71.2%是香港与珠江三角洲地区之间的转运货物。①

然而，近十年来随着大陆制造业的扩大及港口行业整体通过能力的提高，香港逐渐面临着来自中国内地其他港口越来越激烈的竞争。在过去十年中，香港港在《劳氏日报》发布的世界集装箱港口年度排名中逐年下滑。2007年香港港排名落后于上海港，2013年被深圳港超越，2018年被广州港超越，2019年1月，香港港的货柜吞吐量持续下滑，已跌至全球第八，排名甚至落后于青岛港。此外，超大型船舶的不断壮大和航运公司的整合，进一步加大了香港港高效、经济运营的难度。针对这一现状，香港行政长官林郑月娥在2018年发布的施政报告中宣布，香港特区政府将采取有效的措施来振兴香港的航运服务行业。2018年香港金融发展局提出的一份发展建议报告显示，香港迫切需要吸引更多的大型航运公司来香港发展，而不仅仅是关注注册吨位的增加。香港金融发展局建议特区政府将船舶租赁管理和相关服务公司的利得税减半，使相关公司的优惠税率不高于8.25%。

① 《2007年至2017年港口转运货物统计》，香港统计署，2018年。

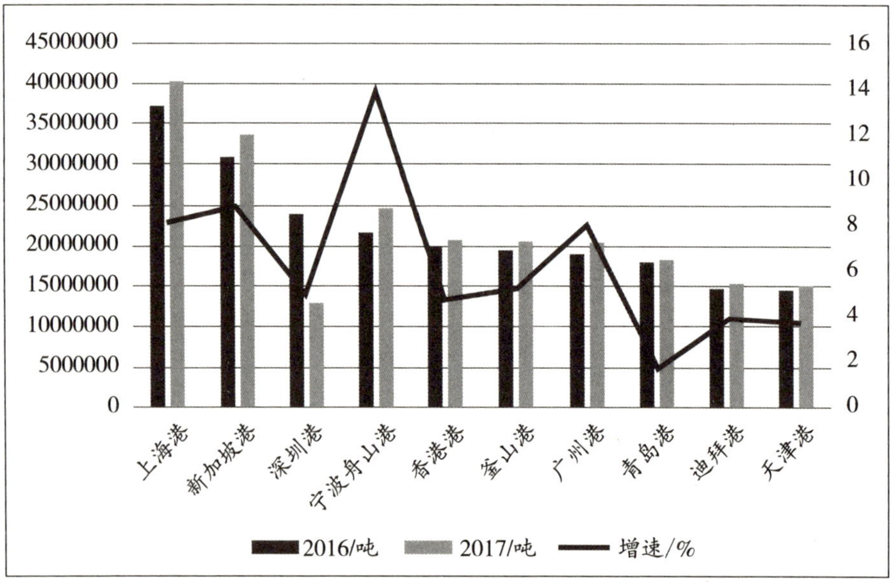

图 3-3　2016—2017 年世界十大集装箱港口吞吐量排名

五、科技及创新事业

香港拥有大量高等院校和科技研发机构，在科技研发上拥有较为明显的优势。尽管香港的科技创新以及产学研转化一直是香港经济较为薄弱的部分，但是近年来特区政府正在努力改善这一局面。据统计，香港工商机构、高等教育机构，以及政府机构在香港所进行的内部研发活动的开支总额近年增长迅速，由2013年的156.13亿元增加至2017年的212.80亿元，年平均增长率达到8%。2017年，香港的本地研发总开支较2016年升8%。高等教育机构的内部研发开支近几年也一直呈现上升趋势。在2017年，高等教育机构的内部研发开支达108.37亿元，较2016年上升6%。尽管特区政府机构占本地研发总开支的比重相对较小，但是特区政府一直通过提供研究设备、加强基础建设和资金援助等方式帮助促进工商机构及高等教育机构在研发、提升科技，以及创新等方面的发展。①

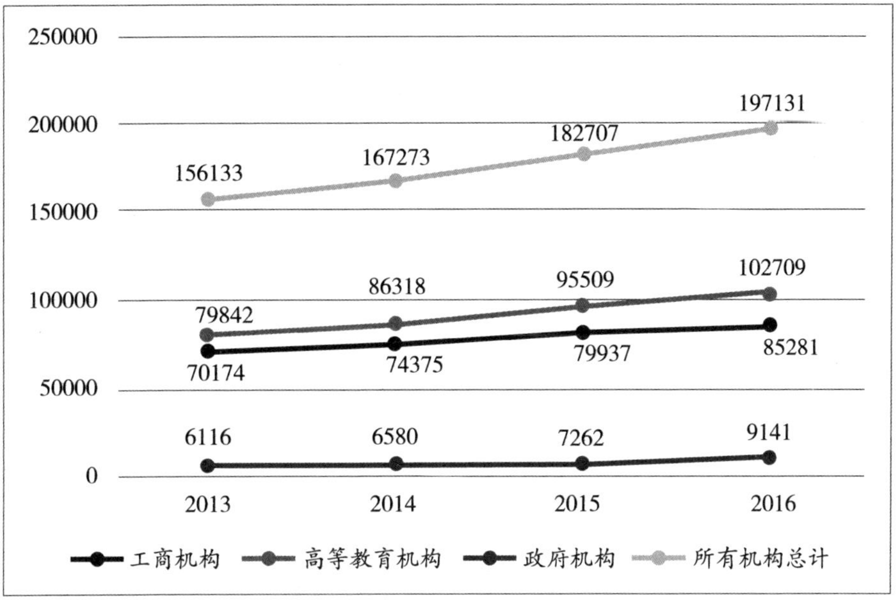

图 3-4 香港 2013—2016 年按机构类别划分的研发开支（单位：百万港元）

在教育方面，香港教育资源丰富，特区政府多年来十分重视教育投入，教育支出一直是香港特区政府财政支出的重头。例如2016年，尽管香港经济增速放慢，但对教育的投资却继续维持增长趋势。2012—2017年香港教育消费支出整体呈现不断增长趋势，2012年教育消费为345.18亿港元，2017年教育消费支出已增至482.05亿港元，六年间年均复合增长率为6.91%。

① 《2013年至2017年香港的创新活动统计数字》，香港统计署，2019年。

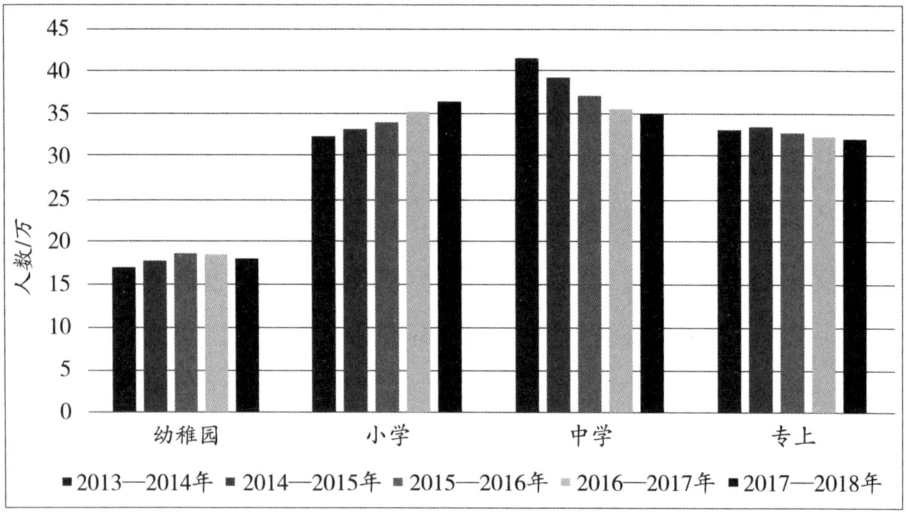

图 3-5　2013—2018 年香港各级教育在读学生人数统计

六、香港曾错失发展高科技产业机遇

香港经济格局中金融服务、贸易及物流、旅游、专业服务及工商业支援服务等四大行业产值占比超过总产值的95%，而高科技产业产值极低，这主要是香港数次错失发展高新技术产业的机遇，缺乏创新能动性造成的。

香港第一次试图发展高科技产业是在20世纪90年代末。1997年，经过亚洲金融风暴的打击，香港特区政府积极反思香港产业存在的问题，最终达成“从以加工、贸易为主向以高科技提供高增值服务为主转变”的共识。1998年，时任特首的董建华提出香港“要成为在发展及应用资讯科技方面的全球首要城市，尤其是在电子商业和软件发展上处于领导地位”。①

① 《香港硅谷梦碎：20年前，一次失败的自我救赎》，腾讯网，2019年9月5日。

这一提议得到李嘉诚次子李泽楷的积极响应。李泽楷参考斯坦福与硅谷的关系，认为香港大学附近的薄扶林能够复制硅谷的成功经验，并据此提出打造“香港硅谷”的建议。

李泽楷的这一建议与香港特区政府一拍即合。1998年3月，香港特区政府公布数码港计划。随即，惠普、IBM、甲骨文、雅虎等8家国际著名公司签了意向书，有意入驻。一个月后，意向企业增加至34家。当时的数码港具备成为“香港硅谷”的充分条件，香港作为全球金融中心之一，资金充沛，香港大学、香港中文大学、香港科技大学等高校科研实力雄厚，能够提供有力的科研支撑。

然而由于受亚洲金融风暴的冲击，香港特区政府财政预算出现赤字，无力独自负担数码港建设的费用。这时李泽楷旗下的电讯盈科提出了一个方案：由香港特区政府提供土地和一般性的基础设施，楼宇及其他基础设施全部由电讯盈科负责，数码港建成后，电讯盈科通过出售住宅获取收益，与港府按比例分成。这一方案对当时的香港特区政府而言确实是最为现实的选择。

遗憾的是，项目启动后，却与数码港建设的初衷大相径庭。整个项目的发展比率、地积比、发展密度、楼宇高度上限都远远超过原有的规划上限，土地的70%建成了住宅，高科技项目变成了房地产项目。此外，当时的香港出现了十分严重的互联网泡沫，电信盈科利用得信佳借壳上市，股价暴涨，市值由原来的3.14亿元猛增至1040亿元。股市上攫取的暴利，使李泽楷把香港数码港的长期规划变成了对科技公司的短期投资行为。[①]这也就导致香港互联网泡沫破灭

① 《香港硅谷梦碎：20年前，一次失败的自我救赎》，腾讯网，2019年9月5日。

后，香港资本对互联网失去信心，成批撤出高科技产业，使得高科技产业缺乏培育成长的资金。而香港特区政府在互联网泡沫破灭后将发展重心转移到金融、房地产等产业上，不重视科技创新投入，对高科技产业的扶持力度小，进一步限制了香港高科技产业发展的可能性。

与此同时，由于亚洲金融风暴和互联网泡沫破灭造成大量港人负债，董建华上任时提出的旨在解决港人住房问题的“八万五计划”受到社会舆论的猛烈抨击。不得已之下，香港特区政府宣布放弃“八万五计划”，同时提出“投资移民计划”，只要在香港投资650万港元，即可获得移民资格，吸引了大量外来资金，使得楼价不断攀升。

2003年到2015年香港房屋委员会都没有再发售新居屋。这些政策使得香港住房紧张，房价居高不下，据Demographia的2017年国际房价负担能力报告，香港连续八年稳坐第一，属于“极度负担不起”之列。[①]高房价大大削弱了年轻人创新创业的积极性，使得港人缺乏承担创业创新风险的勇气。

七、香港融入粤港澳大湾区建设

在法律体系方面，香港律政司于2019年9月在深圳与广东省高级人民法院签署《广东省高级人民法院与香港特别行政区政府律政司就大湾区法律交流与互鉴的框架安排》（下称《框架安排》）。《框架安排》将促进广东省高级人民法院与香港有关法律机构建立

① 《香港失去18年：只因2000年这三次半途而废》，搜狐网，2018年7月8日。

项目，进行法律交流与协作，一同建设及完善大湾区的司法服务和保障。[①]随后，香港律政司联同广东省司法厅及澳门行政法务司在香港举行首次粤港澳大湾区法律部门联席会议。设立联席会议的主要目的是按照《规划纲要》的指导方向，加强粤港澳三地的法律交流和协作，共同推动粤港澳大湾区法律建设工作，为企业提供更全面和完善的法律及争议解决服务。在会议上，三方同意将召开法律部门联席会议常态化的建议，会议由三地轮流召开，就法律交流和协作事项商讨工作进展和研究工作重点。[②]

在教育方面，香港教育局与广东省教育厅于2019年6月签署粤港资历框架合作意向书，共同推动粤港资历框架合作。意向书内容包括共同推动粤港资历框架合作、探索建立大湾区各级各类教育与培训学分互认机制，以及推动大湾区人才交流。根据意向书，粤港将成立资历框架合作专题工作小组，以建立健全有效的合作沟通协调机制。[③]

在人才创业方面，香港青年发展委员会于2019年推出粤港澳大湾区青年创业资助计划和粤港澳大湾区创新创业基地体验资助计划。这两个计划旨在资助香港NGO（非政府组织）为香港青年提供更深、更广、更具针对性及持续性的创业支援及孵化服务，包括协助他们落户位于香港及大湾区内地城市的双创基地。香港青年发展委员会还为香港青年初创企业提供种子资金，支持其在香港以及大

---

① 《香港与广东省高级人民法院签署法律交流互鉴框架安排》，香港特别行政区政府新闻公报门户网站，2019年9月7日。

② 《首次粤港澳大湾区法律部门联席会议在香港举行》，香港特别行政区政府新闻公报门户网站，2019年9月12日。

③ 《粤港签署资历框架合作意向书》，香港特别行政区政府新闻公报门户网站，2019年6月25日。

湾区内地城市创业初期的资本需要；同时资助香港NGO举办短期大湾区内地城市创新创业基地的体验项目，加强香港青年对位于大湾区内地城市的青年双创基地以及内地相关双创政策和配套措施的认识，以鼓励他们日后考虑落户相关双创基地创业。①

在文化交流方面，2019年香港特区政府投资1.4亿港元用于五年内支援香港艺术团和艺术家在大湾区作文化交流。在人才培育方面，粤港澳三地将会继续举办粤港澳文物保护及修复专业培训班，借此提高在文物修复方面的专业技能。2019年粤港澳三地举办了粤剧申遗十周年庆典暨中华艺文节2019以及粤港澳大湾区粤剧发展论坛。②

在交通运输方面，香港运输与房屋局与中国民用航空局在北京签订备忘录，落实扩大《内地和香港特别行政区间航空运输安排》。该备忘录不但可以扩大内地与香港间的航空运输及多式联运安排，亦同时呼应《规划纲要》中要建设粤港澳大湾区世界级机场群，推进大湾区机场错位发展和良性互动的多赢目标，为整个大湾区的航空基础设施互联互通塑造了良好的条件。此外，香港特区政府还推出便利私家车通行港珠澳大桥的政策：从2019年4月起，持有常规配额及“封闭道路通行许可证”出入深圳湾口岸的粤港跨境私家车，两年内可免手续试用港珠澳大桥往返珠海口岸。同时，增加4500个粤港跨境私家车香港配额，供其分批使用大桥往来粤港两地。

---

① 《“青创·同行”工作成果分享会暨青年发展基金全新资助计划启动礼今日举行》，香港特别行政区政府新闻公报门户网站，2019年3月22日。

② 《粤港澳文化合作第二十次会议今日举行》，香港特别行政区政府新闻公报门户网站，2019年6月20日。

第四节 澳门

澳门特别行政区位于中国大陆东南沿海，地处珠江三角洲的西岸，毗邻广东省，与香港相距60千米，距离广州145千米。澳门包括澳门半岛、氹仔岛和路环岛。截至2019年底，澳门人口总数为679600，人口密度为每平方千米20657人。在人口的自然变动方面，2017年，新生婴儿数目为6529人，较2016年减少8.6%；死亡数目为2120人，较2016年减少5.7%；人口自然增长率为0.68%。根据澳门2016年中期人口统计结果，中国籍占88.4%，葡萄牙籍占1.4%，菲律宾籍占4.6%。

澳门的官方语言是中文和葡文。澳门以粤语为日常用语的居住人口约占80.1%，能流利使用葡萄牙语的占2.3%。其余常见的日常语还有英语（2.8%）和菲律宾语（3.0%）等。①

一、经济社会发展情况

2019年澳门全年本地生产总值为4346.7亿澳门元。2019年澳门特区政府财政总收入为1335.1亿澳门元。2019年澳门的就业情况保持稳定发展。2019年澳门整体劳动人口为39.4万人，其中就业人口38.7万人，劳动力参与率为70.3%，失业率1.7%。②

二、澳门在粤港澳大湾区中的定位

《规划纲要》提出，要将澳门建设成“世界旅游休闲中心、中

① 《澳门便览》，澳门特区政府网站，2019年9月23日。

② 《2018澳门经济概况》，澳门统计署，2019年。

国与葡语国家商贸合作服务平台，促进经济适度多元发展，打造以中华文化为主流、多元文化共存的交流合作基地”。《规划纲要》对澳门的定位主要是依据澳门作为世界旅游休闲中心和中国与葡语国家商贸合作服务平台建设已有的基础，同时突出了澳门因历史原因而形成的多元文化交流的功能。此外，澳门服务业高度发达，作为独立关税区，其优惠税制可与香港媲美，这也使得澳门具备与其他国家进行深入商贸合作的条件。目前，澳门经济发展尚存在一定问题，主要是经济结构相对单一、发展资源有限等，因此澳门也亟须通过粤港澳大湾区建设，加强与内地的合作，取长补短，把经济社会发展推向新的发展阶段。

三、建设世界旅游休闲中心

澳门是世界知名的旅游休闲中心，2018年澳门旅游业保持稳定发展，全年入境旅客3580.3万人次，同比增长9.8%；其中内地旅客是

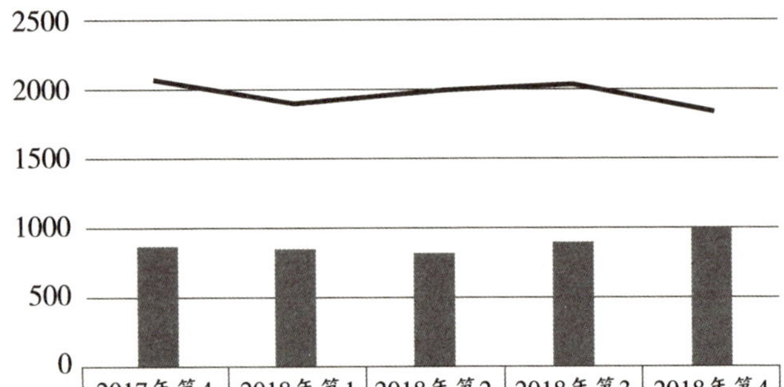

	2017年第4季度	2018年第1季度	2018年第2季度	2018年第3季度	2018年第4季度
访澳旅客数量/万人次	877.5	854.6	826.8	899.9	999.0
旅客人均消费/澳门元	2072	1921	1996	2039	1844

图 3-6　2017 年第 4 季度—2018 年第 4 季度访澳旅客数量及旅客人均消费

主要客源，全年共有2526.1万内地游客前往澳门，同比增加13.8%，占总数的70.6%；香港旅客赴澳人数为632.8万，同比增长2.6%，占总数的17.7%。①

除旅游业外，澳门的酒店业也是澳门重要的经济来源。截至2019年12月，澳门共计有123间酒店，2018年澳门的酒店入住率高达91.6%，同比增长3.9%，住客人数达1389.5万人次，同比增长7.1%；其中，五星级酒店的入住率为92.4%，共有788.4万人入住。博彩业作为澳门的支柱产业，2018年较2017年有明显的回升。2018年博彩业毛收入达到3038.8亿澳门元，同比增长14.0%，博彩税总收入为1135.1亿澳门元，同比增长13.7%。

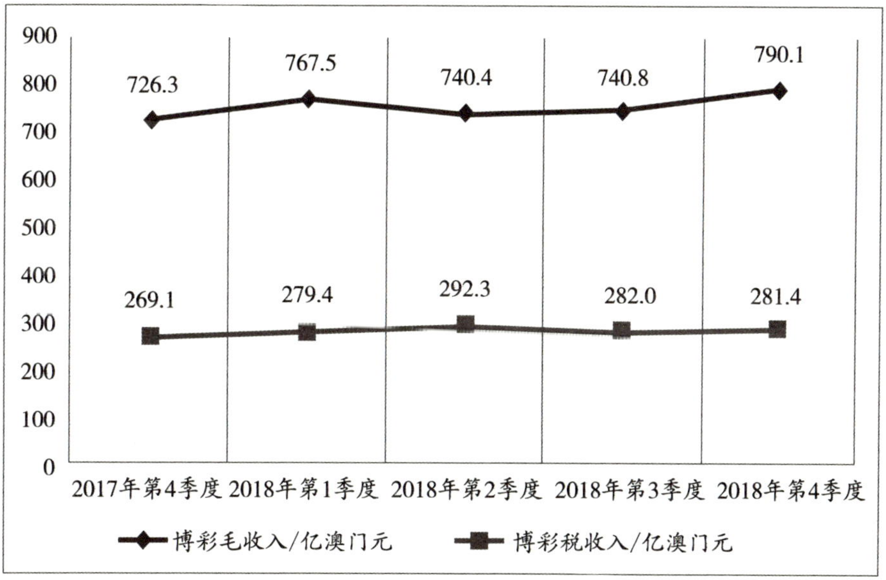

图 3-7　2017 年第 4 季度—2018 年第 4 季度澳门博彩业毛收入与博彩税收入

① 《2018澳门经济概况》，澳门统计署，2019年。

四、葡语国家金融服务与商贸合作服务产业

基于历史渊源，澳门与葡语国家有着紧密联系，是中国重要的与葡语国家商贸合作服务平台。2003年以来，“中国—葡语国家经贸合作论坛”部长级会议多次在澳门举办，并在澳门设立了常设秘书处。近年来中国与葡语国家贸易合作日益深化，2016年中国与葡语国家双边贸易总额达909亿美元，是中葡论坛首次举行时的9倍。

2016年10月，“中葡论坛”第五届部长级会议在澳门举行，会上，国务院总理李克强宣布多项支持澳门建设中葡平台的新举措，包括把“中葡合作发展基金”总部转移到澳门，支持在澳门成立中国—葡语国家金融服务平台、企业家联合会、文化交流中心、双语人才培养基地、青年创新创业中心，以及建设“中国与葡语国家商贸合作服务平台综合体”等。与此同时，中国内地、澳门与葡语国家的贸促机构为“中国与葡语国家企业家联合会”揭牌并签署合作协议。2017年6月1日，澳门举行“中葡合作发展基金”总部揭牌及签约仪式。澳门正持续建设中葡平台的“三个中心”，即“葡语国家食品集散中心”“中葡经贸合作会展中心”和“中葡中小企业商贸服务中心”。澳门正通过在线、线下一系列服务有序落实建设“三个中心”，向中国与葡语国家企业和投资者在开拓业务合作上提供支持。

澳门的公共行政架构和法律体系源自葡萄牙，与其他葡语国家的公共行政和法律制度相近，有助于中国与葡语国家了解对方的相关制度。此外，澳门是中、葡、英三种语言同时使用的“三语区”，拥有众多中葡双语人才，可为中国与葡语国家的商务洽谈和合作提供翻译、会计、法律等专业中介服务。经过多年努力，澳门

的中葡合作平台地位已逐渐稳固，在推动中国与葡语国家的人文交流、贸易投资、产业合作等方面发挥着重要作用。

五、澳门融入粤港澳大湾区建设

在产业合作方面，澳门经济局组织青创孵化机构的负责人及相关创业团队，先后前往珠海、广州、东莞及深圳四个大湾区内地城市参观交流，到访当地的创业孵化基地和优秀科创企业，并与相关机构负责人交流。通过交流活动加强澳门作为“中葡青创交流中心”在引进来方面的作用，推动国内外科创资源加强对接，协助各方建立商业联系，开拓营商合作空间。[①]同时，澳门将与泛珠三角各省共同推动旅游合作，重点打造服务粤港澳大湾区、辐射泛珠三角的“旅游教育培训基地”，并致力整合旅游资源，继续努力打造泛珠三角区域“一程多站”的精品旅游路线，开发关于“一带一路”题材的旅游产品和路线，积极探索区域旅游合作新模式。此外，应重新签订“泛珠三角区域消费维权协议”的倡议，澳门将作为泛珠三角区域消保组织与葡萄牙消费者组织的消费争议转介平台，协助泛珠三角各省旅客处理海外争议。[②]澳门在2019年还举办多场推进粤港澳大湾区建设的活动，如粤港澳大湾区中医药科技成果转化基地启动仪式，国际青年中医生交流基地“AMIGO伙伴营计划”入营仪式，产业园与广药集团、天士力，以及中关村股权投资协会的项目

---

① 《经济局组织巴葡科创企业访大湾区四市，加强各方交流开拓合作空间》，澳门特别行政区新闻局网站，2019年9月17日。

② 梁维特：《共享大湾区机遇 推动泛珠合作再上新台阶》，澳门特别行政区新闻局网站，2019年9月6日。

签约仪式等。

在人才方面，澳门人才发展委员会与广东省人民政府港澳事务办公室联合开展“粤港澳大湾区澳门青年实习计划”，组织澳门青年前往大湾区城市的企业实习，加深了解内地经济及社会发展情况。澳门高等教育局也根据澳门政府提出的“青年湾区创业创新计划”，多次组织在澳门修读高等教育课程的学生前往大湾区内地城市参观，并与当地企业代表进行交流，掌握湾区的最新发展趋势。2019年6月，澳门大学、北京师范大学—香港浸会大学联合国际学院和五邑大学共同组建“粤港澳大湾区西岸科技创新和人才培养合作联盟”，简称“西岸科教联盟”。三校将推动粤港澳大湾区西岸科技创新和人才培养合作，深化大湾区西岸科技交流，共同培养创新科技人才。

第五节　其他七市

一、珠海

珠海濒临南海，东与香港水路相接，南与澳门相连，港珠澳大桥通车后，珠海成为内地唯一与香港、澳门同时陆路相连的城市。珠海市是中国重要的口岸城市，设有拱北、九洲港、高栏港、万山港、横琴、斗门港、湾仔港、珠澳跨境工业区等国家一类口岸8个，国家二类口岸7个，其中，高栏港是中国沿海主枢纽港，也是珠江西岸唯一的深水港。

珠海下辖香洲、斗门、金湾3个行政区，设有横琴、高新、保税、高栏、万山5个经济功能区。截至2018年，珠海有常住人口189.11万，人口城镇化达到90.08%。

珠海环境优美，是全国唯一以整体城市景观入选“全国旅游胜地四十佳”的城市，并先后荣获“双拥模范城”“全国精神文明建设十佳城市”“国家园林城市”“国家环保模范城市”“国家卫生城市”“国家级生态示范区”“中国十大魅力城市”“中国十佳宜居城市”“中国优秀旅游城市”“中国最具幸福感城市”“中国和谐名城”“中国最美城市”“国家森林城市”“中国生态文明奖”等称号和联合国人居中心颁发的“国际改善居住环境最佳范例奖”。[①]

（一）经济社会发展情况

2018年，珠海生产总值达到2914.74亿元，较上一年度增长8.0%。其中，第一产业产值增加50.09亿元，同比增长1.2%，对地区生产总值增长的贡献率为0.3%；第二产业产值增加1433.82亿元，同比增长12.6%，对地区生产总值增长的贡献率为78.5%；第三产业产值增加1430.83亿元，增长3.5%，对地区生产总值增长的贡献率为21.2%。三次产业结构比为1.7：49.2：49.1，可见第二产业是珠海重要的支柱产业。2018年，珠海市人均地区生产总值达15.94万元，全年外贸进出口总额达3246.28亿元，同比增长8.5%。其中，出口总额为1887.13亿元，同比增长0.2%；进口总额为1359.15亿元，同比增长22.5%。贸易顺差为527.98亿元，比上年减少247.87亿元。根据珠海市统计局的数据分析，2019年珠海在经济社会发展中存在的问题主要是房地产市场波动对经济影响较大，中美贸易摩擦对外贸进出口的影响初步显

① 《珠海概况》，珠海市人民政府门户网站，2019年1月24日。

现，民营经济发展相对偏慢、中小微企业发展面临困难等。[①]

（二）功能定位

《规划纲要》提出，珠海作为大湾区的重要节点城市，将奋力打造粤港澳大湾区重要门户枢纽、珠江口西岸核心城市和沿海经济带高质量发展典范。

珠海市委书记、市人大常委会主任郭永航指出，珠海在大湾区建设中要主动对接广深港澳科技创新走廊，加强珠澳科技创新合作；要加快建设珠江西岸区域综合交通枢纽；要构建具有国际竞争力的现代产业体系；要建设独具特色令人向往的大湾区魅力之城和世界级的宜居宜业城市；要举全市之力服务澳门产业多元发展，努力打造粤港澳深度合作新支点。珠海市委副书记、市长姚奕生指出珠海要建设珠江西岸的核心城市，要立足珠江西岸，把珠海建成珠江西岸的交通枢纽和先进装备制造业产业带的一个重要组成部分。

（三）珠江西岸先进装备制造产业带

《规划纲要》提出要提升国家新型工业化产业示范基地发展水平，以珠海、佛山为龙头建设珠江西岸先进装备制造产业带。

珠海作为广东省建设珠江西岸先进装备制造业产业带的重要的基点城市，在先进装备制造业的发展问题上已经有较好的基础。《珠江西岸先进装备制造产业带聚焦攻坚行动计划（2018—2020年）》在产业布局方面提出，将支持珠海市高栏港国家新型工业

① 珠海市统计局、国家统计局珠海调查队：《2018年珠海市国民经济和社会发展统计公报》，珠海市统计局，2019年。

化示范基地建设；发展深海探测、资源开发利用（包括可燃冰开采）、海上作业保障装备及其关键系统和专用设备，提升集成化、智能化、模块化设计和制造能力；推进物探船、深水半潜平台、钻井船、浮式生产储卸装置等系列化研发，加强海洋工程用高性能发动机等关键配套系统和设备研发及产业化。该行动计划还将推进通用航空产品产业化、系列化发展，加快推进公务机、直升机等通用飞机，以及水上飞机、无人机、地效飞行器等特种飞行器的研发和制造，提高航空材料和基础元器件自主制造水平，完善通用航空产业配套体系，全力打造珠海航空产业园；并将支持推动卫星及应用产业链向上下游延伸，支持发展无人机产业，打造无人机产业基地。[①]

（四）澳门—珠海跨境金融合作示范区

《规划纲要》提出，将研究探索建设澳门—珠海跨境金融合作示范区。珠海与澳门陆地相接，关系密切，两地的金融合作已有较好基础。2018年珠海市金融工作局与澳门金融管理局签订了《珠澳金融合作备忘录》，合作协同发展特色金融、推动珠澳金融开放。珠海还将以发展跨境金融为核心，推动在横琴加快建设粤港澳跨境金融合作示范区；发展金融科技，加快推动金融、科技和产业融合发展，打造创新驱动发展的金融加速器。珠海金融工作部门与澳门金融管理局建立了良好的常态沟通机制，在2018年多次赴澳门会商

① 《珠江西岸先进装备制造产业带聚焦攻坚行动计划（2018—2020年）》，广东省经济和信息化委，2017年。

金融合作事项，推动珠澳金融开放合作向常态化、纵深化发展。[①]随着粤港澳大湾区建设不断深入，珠海将联合澳门推进建设“粤澳跨境金融合作示范区”，推动扩大金融业开放，建设机制互融、资金互通、机构互设、产品互认、配套互补的试验田，促进珠澳特色金融协同发展。港澳金融企业在珠海横琴自贸区的聚集效应已经初步显现，目前珠海已经引进港澳资金融类企业182家，注册资本近800亿元。珠海正以发展跨境金融为核心，推动在横琴加快建设粤港澳跨境金融合作示范区，并探索建立珠港澳三地金融纠纷解决合作机制。

根据珠海市金融工作局的数据，到2018年底，珠海金融业总资产超9327亿元，同比增长7.43%，各类金融机构发展到6678家。为融入大湾区“国际金融枢纽”建设，横琴自贸区将发挥金融开放创新平台作用，深化与港澳金融合作。目前珠海已深入开展区域金融中心功能培育、粤澳跨境金融合作示范区和珠海市特色金融产业发展专题研究，推动金融开放创新试点政策取得重要突破。[②]

（五）横琴港澳深度合作示范区建设

《规划纲要》提出，把珠海横琴建设成为粤港澳深度合作示范区。在旅游业方面，横琴将配合澳门建设世界旅游休闲中心以及珠海横琴国际休闲旅游岛，并将统筹研究旅客往来横琴和澳门的便利措施，允许澳门旅游从业人员到横琴提供相关服务。并将支持横琴

---

① 《珠海正式落地QFLP试点将打造国际化的产业、创业投资高地》，珠海市金融工作局。

② 方俊明：《大湾区建跨境金融合作示范区182家港澳金融企业入驻横琴》，大公网，2019年3月6日。

与珠海保税区、洪湾片区联动发展，建设粤港澳物流园。加快推进横琴澳门青年创业谷和粤澳合作产业园等重大合作项目建设，研究建设粤澳信息港，支持珠海和澳门在横琴合作建设集养老、居住、教育、医疗等功能于一体的综合民生项目，探索澳门医疗体系及社会保险直接适用并延伸覆盖至该项目。在符合横琴城市规划建设基本要求的基础上，探索实行澳门的规划及工程监管机制，由澳门专业人士和企业参与民生项目开发和管理。研究设立为澳门居民在横琴治病就医提供保障的医疗基金。研究在横琴设立澳门子弟学校。支持横琴与澳门联手打造中拉经贸合作平台，搭建内地与“一带一路”相关国家和地区的国际贸易通道，推动跨境交付、境外消费、自然人移动、商业存在等服务贸易模式创新。支持横琴为澳门发展跨境电商产业提供支撑，推动葡语国家产品经澳门更加便捷进入内地市场。研究将外国人签证居留证件签发权限下放至横琴。

横琴是珠海和澳门合作当仁不让的主平台。近几年，横琴发挥改革创新的先导作用，在通关便利、产业合作、跨境服务、青年创业等方面取得了很好的成效，开创了对澳合作的新格局。在示范区建设的过程中，横琴加快口岸及综合交通枢纽建设，将澳门莲花口岸搬迁至横琴口岸，并且获得国务院批复同意实行“合作查验、一次放行”的通关模式。截至2018年，横琴累计发放港澳永久性居民个人所得税差额补贴资金超过9000万元，新注册港澳企业735家（累计2744家），粤澳合作产业园21个项目开工，粤澳中医药产业园累计注册澳资企业27家，横琴澳门青年创业谷累计孵化澳门项目170个。虽然横琴开发取得了很大成果，但同时也存在一些问题，比如对港澳开放能级还不够高，与港澳合作主要集中在相对单一的产业领域，深层次的社会民生衔接、制度变通贯通还有较大发掘空间。

接下来的示范区建设中，横琴将聚焦珠澳合作，探索建设粤澳特别合作区，加快琴澳新街坊综合民生项目建设，将服务澳门经济适度多元发展的使命责任落到实处，打造粤港澳三地人员在横琴混居、和谐共融的深度合作示范区。

（六）珠海融入粤港澳大湾区建设

在人才创业方面，珠海推动粤港澳大湾区个人所得税优惠政策落地，印发《实施粤港澳大湾区个人所得税优惠政策人才认定及财政补贴暂行办法》，在珠海工作的境外高端人才和紧缺人才，在珠海缴纳的个人所得税已缴税额超过其按应纳税所得额的15%计算的部分，珠海将给予财政补贴，该补贴免征个人所得税。这一政策将明显降低在大湾区工作的境外人才实际税负，对大湾区广聚英才将起到积极的引导和推动作用。[①]珠海还印发了《支持港澳青年来珠就业（创业）和技能培训（训练）若干政策措施》，围绕港澳青年来珠海就业创业、开展技能培训等方面推出十条举措，提升港澳青年就业技能，推动港澳青年在珠海高质量就业创业。

在优化营商环境方面，横琴税务部门先后与中国银行澳门分行等银行签订了《税银合作跨境办税服务项目协议》，在港澳银行机构营业厅开设纳税服务点，提供商事登记、账户开立、委托缴款扣税三方协议签订等“一条龙”全方位跨境导办服务，开创了粤港澳

① 《大湾区个税优惠政策落地珠海财政为境外人才“涨薪”埋单》，中国珠海网，2019年9月15日。

三地跨境服务的先河。与此同时，横琴首创纳税便利化指数体系，对标国际对纳税人办税体验进行量化评价并持续改善；推行税务诚信报告免责机制，给予纳税人投资横琴明确的税收政策保障；创新研发V-Tax远程可视自助办税系统，打造“全业务、全天候、面对面、类前台”的新型办税服务模式。

在与澳门合作方面，珠海设立粤港澳三地联营工程事务所，推出社会投资类建设工程管理新模式，施工许可证办理程序缩减50%以上。珠海还大力推动商事登记导办服务、智能办税业务，港澳投资者可远程办理商事登记和涉税业务；设立商事争议解决平台，珠海国际仲裁院来自港澳地区的仲裁员占40%；先行先试跨境办公、跨境金融、港澳人员子女内地入学、澳门医师内地执业、澳门人试点购买内地社保、跨境法律服务等多方面业务。2019年8月，珠海印发《横琴新区支持粤澳跨境金融合作（珠海）示范区发展的暂行办法》，对入驻企业进行租金和购房补贴，以发展跨境金融为核心，以加强科技金融和金融科技合作为两翼，推动在横琴建设跨境金融合作示范区。在互联互通方面，珠海大力推进青茂口岸、湾仔河底隧道、港珠澳大桥珠澳口岸货运通道等项目建设，推动澳门轻轨延伸至新横琴口岸，与珠海城区轨道交通便捷衔接，携手澳门融入国家高铁网络。[1]

二、佛山

佛山是中国重要的制造业基地、国家历史文化名城、珠三角

① 《围绕“澳门所需”，竭尽“珠海所能”支持澳门经济适度多元发展》，中国珠海网，2019年8月26日。

地区的经贸中心和综合交通枢纽。佛山位于珠三角腹地，毗邻港澳，与广州共同构成“广佛都市圈”，是“粤港澳大湾区”“珠江—西江经济带”的重要组成部分。佛山下辖禅城、南海、顺德、高明、三水5个区，2018年末常住人口为790.57万，比上年末增加24.90万，增长3.25%；出生率为12.53‰，死亡率为3.25‰；自然增长率为9.28‰。佛山还是著名的侨乡，祖籍佛山的华侨、华人近80万。①

（一）经济社会发展情况

2019年佛山地区生产总值为10751.02亿元，增速达到6.9%。其中第一产业增长156.92亿元，增速为3.0%；第二产业增长6044.62亿元，增速达6.3%；第三产业增长4549.48亿元，增速达8.1%。2018年佛山整体的三次产业结构比为1.5：56.5：42.0。2018年佛山现代服务业增加值为2496.25亿元，增长7.6%。民营经济增加值为6209.95亿元，占全市生产总值的比重为62.5%。2018年佛山新增就业8.57万人，失业人员实现再就业3.54万人。截至2018年末，城镇登记失业人员2.46万人，城镇登记失业率2.36%，总体就业形势良好。2018年佛山市全体居民人均可支配收入为49630元，比上年增长8.3%，扣除价格因素，实际增长6.2%；人均生活消费支出为34053元，比上年增长4.3%，扣除价格因素，实际增长2.3%。②

① 《城市概况》，佛山市人民政府门户网站。

② 《2018年佛山市国民经济和社会发展统计公报》，佛山市统计局，2018年。

（二）功能定位

佛山是粤港澳大湾区的重要节点城市。《规划纲要》提出，将以珠海、佛山为龙头建设珠江西岸先进装备制造产业带，支持佛山深入开展制造业转型升级综合改革试点，并且将支持佛山南海推动粤港澳高端服务合作，搭建粤港澳市场互联、人才信息技术等经济要素互通的桥梁。

佛山是一座典型的以制造业为主的城市，在建设粤港澳大湾区的过程中将坚持制造业立市不动摇，加快培育万亿级先进制造业产业集群，重视传统产业优化升级和战略性新兴产业发展，带头打造珠江西岸先进装备制造产业带，加快三龙湾高端创新集聚区和佛山国家高新区两大发展平台的建设，加快佛山从制造业大市向制造业强市转变。

佛山作为大湾区制造业大市，要抓紧粤港澳大湾区建设国际科技创新中心的机会，走“世界科技+佛山智造+全球市场”的创新发展之路。佛山将对接广深港澳科技创新走廊，借助新一轮科技革命和产业变革契机，把佛山制造业优势和大湾区4个中心城市的创新资源优势结合起来，进一步深入实施创新驱动发展战略，深化广佛创新同城，深化“香港+佛山”合作，深化与深圳对接合作，建立健全“澳门+佛山”合作机制，同时加强与大湾区其他6市协作交流，着力发展实体经济，深入推进供给侧结构性改革，进一步优化升级制造业。

在粤港澳大湾区中，佛山处在承东启西的枢纽位置，具备独有的区位优势，从大湾区拓展方向、发展潜力来看，佛山具备充分的条件把区位优势转化为发展优势，并且转化为辐射、带动的优势，建设大湾区西部枢纽城市，为粤港澳大湾区发挥辐射引领作用作出贡献。接下来，佛山应当注重三个方面：一是大力加强广佛同城化建设，与广州共同发挥极点带动作用，并以推进广佛同城化合作示范区建设为重点，把广佛同城推向更广领域、更高水平、更深层次、更具内涵的新阶段；二是要加快互联互通的基础设施网络体系的建设，打造佛山城市“半小时生活圈”，并加快融入大湾区“1小时交通圈”，具体表现在加快佛山西站的建设以及加强佛山港与广州港、深圳港、香港港等的衔接协作；三是要依托佛山西站，打造辐射大西南、连通全国的枢纽新城，加快珠三角枢纽（广州新）机场建设，更好地发挥对粤西乃至整个大西南地区的辐射带动作用。①

（三）珠江西岸先进装备制造产业带

《规划纲要》提出，要以珠海、佛山为龙头建设珠江西岸先进装备制造产业带，并支持佛山深入开展制造业转型升级综合改革试点。

装备制造业是佛山第一大支柱产业，佛山装备制造业总产值约占整个珠江西岸先进装备制造产业带的一半，其中佛山的陶瓷装备、木工装备、塑料装备制造商在全国市场的市场占有率分别达到90%、60%和30%。特别是近几年来，佛山装备制造业总量显著提升。2019年，佛山规模以上工业增加值比上年增长7.0%，其中先进装备制造业增长8.7%，增幅高于全市工业整体水平。此外，近年来

① 《鲁毅接受省、市媒体联合采访——高起点高质量全力推进大湾区建设》，《佛山日报》，2019年3月20日。

佛山制造业的智能化水平有了显著提高。家电、家具、陶瓷、铝型材等优势传统产业以“两化”融合智能制造作为主攻方向，通过技术手段加快传统产业的转型升级，大幅提高了企业生产效益。2018年，佛山工业技术改造投资同比增长8.5%，总量依旧位居全省首位。值得注意的是，佛山装备制造业的创新能力近年来也在增强。这与佛山市政府的重视分不开。佛山市政府自2012年起每年财政投入超过20亿元实施创新驱动发展战略，截至2018年上半年，佛山拥有的国家高新技术企业数量已经达到2561家，规模以上工业企业研发机构建有率45%以上。随之而来的就是佛山装备制造业产品质量的提高。佛山实施三大战略：以质取胜、技术标准、品牌带动。其目前拥有近6000家质量管理体系认证企业，全国知名品牌示范区和中国驰名商标数量均位居全国地级市首位。在高技术制造业方面，2018年佛山产值同比增长1.7%。其中医药制造业增长20.1%，医疗设备及仪器仪表制造业增长6.8%，先进装备制造业增长10.3%，石油化工产业增长4.5%，先进轻纺制造业增长8.1%，新材料制造业增长3.8%，生物医药及高性能医疗器械增长18.4%。①

目前，佛山在建设珠江西岸先进装备制造产业带龙头城市的过程中，主要在以下四方面发力。一是深入实施创新驱动发展战略，提升佛山市装备制造业核心竞争力。佛山市政府出台了《佛山市推进珠江西岸先进装备制造产业带聚焦攻坚三年行动计划（2018—2020年）》，旨在提升工作母机、机器人、新能源汽车、节能环保装备、高端医疗装备制造业的核心竞争力。同时，通过与中国工程

① 《打造珠江西岸先进装备制造业产业带——专访佛山市市长朱伟》，广东省人民政府门户网站，2018年12月26日。

院、清华大学等国内知名高校及科研机构的政产学研用合作，加快建设新型研发机构和产业创新平台。二是以智能制造为主攻方向，提高机器人及智能装备研发推广应用水平。在打造工业机器人及智能装备产业集群的同时，结合传统产业转型升级的需求，培育发展工业机器人系统集成及应用企业。目前佛山共有数控装备3D打印和工业机器人等规模以上智能装备制造企业300多家，其中机器人研发生产企业超过100家，工业总产值超700亿元。此外，佛山市政府还制定有关扶持政策，目的是推动工业机器人及智能装备广泛应用。目前，佛山市有超过500家规模以上工业企业正在开展机器人应用，应用机器人超8000台，应用的行业包括汽车制造、陶瓷、家电、机械装备，以及金属材料加工等行业领域，在汽车制造业领域，机器人应用率已达50%以上。三是着手理清装备制造细分行业的上游配套、下游延伸、垂直供需和横向协作的产业链条，全面推进市、区、镇（街）和园区精准招商引资，在引进一批效益好、带动能力强的重大项目的同时，注重引进培育一批自主创新能力显著，专业化优势明显，市场竞争力强的中小企业。2018年以来，佛山通过这些举措形成了较为完善的先进装备制造产业配套体系。四是重视产业服务扶持，为装备制造业发展营造良好环境。佛山市委、市政府落实各级督导机制，对重点项目进行跟踪服务，定期收集企业发展和项目落地建设中遇到的问题，推动落实珠江西岸先进装备制造产业带扶持政策，充分发挥财政资金对产业的激励引导作用。佛山市政府策划举办了第二、三届珠江西岸先进装备制造业投资贸易洽谈会，与珠江西岸各个城市共同合作搭建全方位展示推介平台，提升了珠西产业带的综合竞争力和社会影响力，并促成了一批重大项目签约落地。[①]

（四）佛山南海

佛山南海区地处粤港澳大湾区腹地，毗连广州，总面积达1073.82平方千米，常住人口291万，海外侨胞40多万。南海是改革开放的先行区，曾创造以“六个轮子一起转”的“南海模式”，率先发展民营经济，是广东改革开放的“四小虎”之一。南海经济发展具备以制造业为主、民营经济为主、中小企业为主的经济特点，市场经济活力很强，拥有汽车制造、金属制品、有色金属加工等11个产值超200亿元的制造业集群，全区市场主体数量超28万户。南海区正积极把握粤港澳大湾区建设重大机遇，着力构建“两高四新”的现代产业体系。“两高”即高技术制造业、高品质服务业，“四新”为新能源产业、新材料产业、新型生物医药产业和新一代电子信息产业。2018年，南海地区生产总值达2809亿元，连续五年位居全国中小城市综合实力百强区第二名。[②]

根据《规划纲要》中的要求，南海当前将着重落实“佛山+香港”“佛山+澳门”精神，并抓紧建设“三龙湾”三山片区、粤港澳大湾区青年创业中心、广东金融高新区、佛山西站等项目，以这些重点项目为切入点，以点带面推动南海融入粤港澳大湾区建设。接下来，南海将重点抓四个对接：一是要做好政策的对接，除了此前在香港春茗活动时已正式发布的针对港澳青年及各界人士到南海

---

① 《打造珠江西岸先进装备制造业产业带——专访佛山市市长朱伟》，广东省人民政府门户网站，2018年12月26日。

② 《佛山市南海区基本情况》，佛山市南海区人民政府网，2019年6月8日。

创新创业的扶持政策，南海还将进一步了解港澳的政策需求，积极向上级争取政策倾斜；二是要做好交通的对接，南海将积极申请开通香港西九龙站到佛山西站的高铁班或途经停靠；三是要做好产业对接，特别是围绕港澳的服务业、高校科研成果转化，规划更多类似国际贸易示范镇类型的项目；四是要做好文化的对接，重点发展影视业，发挥南海两大影视城的作用，进一步提升南海文化产业的影响力，同时计划引进高端的智库，将南海打造成为岭南文化的高地。①

（五）佛山融入粤港澳大湾区建设

在文化旅游业方面，佛山与香港共同举办“香港·佛山节”，探索“香港+佛山”旅游文化交流新模式。佛山禅城正在大力创建广东省全域旅游示范区，着力将旅游文化创意产业打造成为战略性支柱产业。佛山禅城积极举办高铁经济带旅游博览会等活动，并引起巨大反响。在粤港澳大湾区建设机遇下，禅城将继续创新形式搭建平台，加大旅游宣传推介力度，努力把禅城打造成为粤港澳大湾区旅游目的地和营地；加强文旅创意产业方面的合作与交流，依托粤港澳大湾区设计联盟，围绕“香港设计+禅城设计+禅城智造”不断扩大合作领域，实现互利共赢，共同发展。②此外，佛山还通过举办各式各样的文艺活动，积极主动将佛山文化融入粤港澳大湾区文化，并在各区陆续成立粤港澳大湾区经济文化交流中心。

在人才创新方面，佛山工业设计学会将整合粤港澳大湾区各

---

① 《练好内功 积极对接 主动争取全力抢抓粤港澳大湾区建设机遇》，佛山市南海区人民政府网，2019年3月21日。

② 《千年古城借文旅融入粤港澳大湾区》，佛山市人民政府门户网站，2017年12月8日。

地的设计资源，成立“粤港澳大湾区创新生态链联盟”，通过整合粤港澳大湾区的资源，共同促进工业设计创新创业的发展。与此同时，粤港澳大湾区创新生态链联盟还将承担人才培育的职能。[①]此外，佛山成立全球创新技术应用转化中心（香港分中心）和粤港澳大湾区创新技术应用转化中心。两个中心将依托佛山全球创新技术应用转化中心，以应用研究和科技创新为核心目标，针对佛山产业升级转型的需求，有针对性地引进香港的高校、科研院所等资源，促进两地资源流动。佛山还为粤港澳大湾区企业提供集创新信息传播、服务资源对接、科技成果展示、技术服务、技术交易等于一体的高新技术孵化及成果转化公共服务平台、产业投资基金服务平台、技术交易平台。[②]

在互联互通方面，佛山全力构建内联外通的交通体系，主动争取对接广州地铁17号线、26号线和南沙2号线、4号线等区域轨道交通快线，进一步融入粤港澳大湾区轨道网络；同时争取佛山地铁3号线延长至顺德客运港。未来，佛山将重点考虑对接周边城市的轨道交通线路，实现与周边城市的互联互通。

三、中山

中山位于珠江三角洲中南部，珠江口西岸，北连广州，毗邻港澳，是一代伟人孙中山先生的故乡。截至2018年末，中山市常住人

---

① 《“粤港澳大湾区创新生态链联盟”成立》，佛山市人民政府门户网站，2017年7月19日。

② 《粤港澳大湾区创新技术应用转化中心在禅城揭牌》，佛山市人民政府门户网站，2019年2月21日。

口为331.00万，其中城镇常住人口为292.44万，全年常住人口出生率为12.49‰，死亡率为2.87‰，自然增长率为9.62‰。中山是著名侨乡，现有旅居世界各地海外华侨以及港澳台同胞80多万，并连续多年保持广东省排名第五的经济总量。中山是一座社会和谐、经济兴旺、环境优美、民生幸福的现代化城市。

（一）经济社会发展情况

2019年，中山地区生产总值达到3101.1亿元，经济增速达1.2%。其中，第一产业增加值62.6亿元，同比下降2.0%；第二产业增加值1521.82亿元，同比下降1.6%；第三产业增加值1516.68亿元，增速为4.4%。2018年，中山三次产业结构比调整为2∶49.1∶48.9，其中第三产业的金融业增速达到8.7%，人均生产总值为110585元，同比增长4.6%。

其中值得注意的是，2018年中山市服务业发展较快，全市服务业增加值增长7.6%。服务业增加值占地区生产总值的比重为49.3%，同比提高1.2个百分点，其中，批发和零售业增长2.0%，住宿和餐饮业增长2.8%，金融业增长2.7%，其他服务业增长15.7%。

2018年，中山的工业生产增速较之往年略有回升，全市规模以上工业增加值增长3.1%。在这里面，轻工业增长2.7%；重工业增长3.5%。令人较为瞩目的是民营企业实现规模以上工业增长4.8%，大型企业增长8.1%的较好成绩。

截至2018年末，中山市新增就业62009人，城镇登记失业10887人，城镇登记失业率为2.3%，就业水平维持稳定。2018年政府一般公共财政预算收入315.23亿元，增长0.8%；其中税收收入234.67亿元，增长6.3%。①

（二）功能定位

《规划纲要》提出，中山要建设成特色鲜明、功能互补、具有竞争力的重要节点城市，并提出将支持中山深度挖掘和弘扬孙中山文化资源，支持港澳青年和中小微企业在内地发展，将符合条件的港澳创业者纳入当地创业补贴扶持范围，积极推进中山粤港澳青年创新创业合作平台建设，支持中山推进生物医疗科技创新。并推进澳门和中山在经济、社会、文化等方面深度合作。

广东省委书记李希提出，中山市要奋力建设成珠江东西两岸融合发展的支撑点、沿海经济带的枢纽城市、粤港澳大湾区的重要一极。中山市委书记陈旭东表示，中山市粤港澳大湾区建设重点任务主要有八个方面：一是中山要携手4个中心城市共建国际科技创新中心，并且主动对接广深港澳科技创新走廊，建设“大湾区中心城市研发+中山孵化产业化”的发展格局；二是中山需要加快推进与港澳之间有关政策制度的衔接，提高港澳资源要素在中山的流动性；三是中山应该抓住港珠澳大桥通车和深中通道建设的重大机遇，把中山打造成为粤港澳大湾区西翼重要交通枢纽，建设极点带动、轴带支撑的交通网络体系；四是中山将加快建设生物医药科技国际合作创新区，与大湾区其他城市一同建设具有国际竞争力的现代产业体系，把中山打造成高质量发展的先行区示范区；五是要在建设大湾区的过程中始终贯穿生态优先的原则，立足绿色优势，实现推窗见绿、推窗见花、推窗见果的美好愿景，建设

① 《2018年中山市国民经济和社会发展统计公报》，中山市统计局，2018年。

更加美丽的中山；六是在充分挖掘和弘扬孙中山文化和华侨文化资源，加强中山与港澳之间的交流和交往，与其他城市一起共建宜居宜业宜游的优质生活圈；七是携手港澳打造“一带一路”建设的重要支撑区，同时发挥中山海外华侨优势和港澳同胞之间的桥梁纽带作用，将中山打造成为高水平的开放平台；八是推进与港澳的重大合作发展平台建设，加快发展和建设翠亨新区，高标准建设翠亨科学城，统筹建设港澳青年创新创业示范基地，拓展发展新空间。[①]

（三）共建国际科技创新中心

近年来，中山的创新势能正在加速形成，其成果主要表现在两方面：一是自主创新能力不断提升。2018年，中山市专利申请量49041件，同比增长16%；专利授权量34114件，同比增长24%，其中发明专利申请量8165件，同比增长5%，发明专利授权量1875件，同比增长26%，PCT专利申请量244件，同比增长42%。截至2018年，中山市拥有超过2300家的高新技术企业，其中规模以上企业占47.5%。[②]2018年中山市的技术转移和知识产权交易协同创新中心建设完成，同时新增8家国家级知识产权优势企业。二是中山市正在加快建设创新平台，其中重点建设“两区一湖”创新区、火炬开发区和翠亨新区双创示范基地，其区域性创新创业扶持制度体系得到了国家和广东省的认可和推广。同时中山市正大力推动国科大创新中

① 《全市学习贯彻〈粤港澳大湾区发展规划纲要〉专题研讨班开班》，《中山日报》，2019年4月24日。

② 《2018年中山市国民经济和社会发展统计公报》，中山市统计局，2018年。

心、中科院药物所华南分院、德国VDE测试认证院等一批科技创新平台的建设。[①]中山还大力发展众创空间，鼓励青年创业。截至2018年，中山共有市级以上科技企业孵化器及众创空间65家，其中，国家级孵化器5家，国家级众创空间5家，省级国际众创空间2家，省级孵化器11家，省级众创空间10家。目前中山拥有市级以上创新科研团队38个，院士工作站8家，国家级创新平台（含分支机构）11家，市级协同创新中心27家。[②]

（四）中山粤港澳青年创新创业合作平台

2019年3月28日，中山举办投资经贸洽谈会暨中山人才节，在人才节上中山引进了粤港青年创新创业基地项目，并与澳门签署了《关于建设粤澳青年创新创业基地（中山）的合作框架协议》，这标志着中山与香港、澳门青年创新创业合作的载体又增加一个。近年来，在创新创业政策的引领下，中山与港澳青年创新创业合作不断深入推进。2016年，澳门特区政府与中山市政府在粤澳合作联席会议上签署了《关于合作推进青年创新创业的框架协议》，提出了打造青年创新创业服务平台的计划。同年10月，中山市规划投资建设了1000平方米的中山市易创空间创业孵化基地，开设粤港澳青年创新创业孵化区。截至2019年第一季度，该孵化区已经入驻了22个港澳青年团队，项目涉及跨境电子商贸、港澳与内地的速递物流等方面。

---

① 梁卫华：《中山市2018年国民经济和社会发展计划执行情况与2019年计划草案的报告》，中山市发展和改革局，2019年。

② 《2018年中山市国民经济和社会发展统计公报》，中山市统计局，2018年。

2019年中山把引进的粤港青年创新创业基地项目“粤港青年创新创业实践基地（中山）”打造成为香港和中山科技、产业发展“双向”对接通道，并通过该项目为香港创新创业型人才提供产业转化载体，加快聚集海外高层次人才，促进粤港澳区域合作的纵深发展。目前，中山正计划以中山市易创空间创业孵化示范基地为核心，重点建设翠亨新区粤港澳青年创新创业基地，带动全市建设社会化港澳青年创新创业孵化载体，构建“1+1+N”中山粤港澳青年创新创业孵化平台体系，加快打造中山粤港澳青年创新创业合作示范平台，加快集聚港澳青年创新创业资源。[①]

（五）弘扬孙中山文化和华侨文化

多年来，中山市一直从人文和“大文化”角度加强对孙中山资源的开发利用，在政治纪念、学术研究、文艺创作、产业转化等方面开展工作。2007年，中山提出“孙中山文化”的概念。2008年初，中山市委、市政府印发《关于加快推进文化名城建设的意见》，将“孙中山文化”列入八大文化工程之首，“孙中山文化”正式成为中山市第一城市文化品牌。2014年，孙中山文化交流基地由中华文化促进会授牌成立，该基地主要负责孙中山文化的宣传推广、联络交流，其活动内容涵盖文化艺术、科学技术、政治经济、新闻出版、学术研究等方面，并通过文化交流推动孙中山文化工程建设。孙中山文化交流基地成立后，在弘扬孙中山精神，传承和发展孙中山文化方面作出了积极有益的探索，除了整理和深化了目前对孙中山文化的各项研究成果，出版了

① 《打造港澳青年创新创业实践梦工厂》，《中山日报》，2019年4月29日。

《中山路》《孙中山传》《中山装》等与孙中山相关的文化文艺作品之外，还组织开展了《孙中山》大型交响组歌、孙中山文化高铁行等多种多样影响深远的交流活动，在弘扬“孙中山文化”方面取得较大成果。[①]

2019年中山市委、市政府印发了《关于建立中山市孙中山文化交流合作机制的实施意见》，建议加快“一小组、一中心、一协会”工作机制的实施，充分发挥政府与社会的合力，依托粤港澳大湾区规划及省市促进文化大发展、大繁荣相关政策条件，抓住实施“一带一路”倡议和粤港澳大湾区建设带来的良好机遇，全面增强孙中山文化的国际交流合作，促进相关文化产业的发展，助力中山构建对外开放新格局。

（六）中山融入粤港澳大湾区建设

在人才创业方面，中山制定了《关于加强港澳青年创新创业基地建设工作方案（试行）》《中山市南区港澳青年创新创业孵化基地认定和管理制度（试行）》等文件，从资金、住房、对接平台、服务等政策上侧重港澳青年，以促进创业、扩大就业为导向，以培育创业主体为目标，促进国际青年双创基地的建立，吸引港澳青年到中山创新创业。此外，中山还计划建设粤港澳大湾区人力资源服务产业园，出台《关于加快发展人力资源服务业的意见》，从人力资源服务产业园区建设、园区经营、骨干企业培育等方面提出扶持举措，规范人力资源产业发展，集聚一批国内外知名的人力资本服

① 《中山市人民政府关于政协第十二届广东省委员会第一次会议第20180229号提案答复的函》，中山市人民政府门户网站，2018年8月13日。

务机构，为中山融入大湾区提供人才储备，为企业提供人力引进、人才培训、人力资源开发、创投、科技等服务。[①]

在产业方面，中山进一步加大了对生物医药等战略性新兴产业的支持力度，出台了一系列产业促进政策，推动火炬区国家健康产业基地作为全市发展生物医药产业的核心区，除了中智药业、安士制药等一批率先落户的企业升级，还引进了康方生物、明峰医疗、康晟、乐心医疗等一批具有自主知识产权、具备巨大发展潜力的创新项目，在广东和博制药有限公司成立广东省手性药物工程实验室（中山中心）。[②]同时，中山还将加快建设重大科技创新平台，建设中科院药物创新研究院中山研究院、哈工大机器人无人装备与人工智能创新中心、中国工程物理研究院光子科学中心、中科院未来技术创新研究院（中山）——国际先进低温技术研究中心、湾区国际医疗中心等创新平台，打造支撑健康医药、新一代电子信息、高端装备等新兴产业发展的技术平台。[③]

在互联互通方面，2019年中山市统筹推进高速公路、干线公路、港口、通用机场、市政交通等综合交通项目建设。加快推进深中通道和中开、西环（含小榄支线）、东部外环、广中江、香海等高速公路建设，启动南中高速公路项目，完善深中通道中山侧路网布局，推进高效对接港珠澳大桥延长线，构建“四纵五横”高速公路网。同时，中山还将加快建成中山港马鞍岛区新客运枢纽工

---

① 《拟建粤港澳大湾区人力资源服务产业园》，中山市人民政府门户网站，2019年8月5日。

② 《科创引领　内联外合共塑健康湾区》，中山市人民政府门户网站，2019年8月28日。

③ 《中山：全面融入粤港澳大湾区“创新圈”》，中山市人民政府门户网站，2019年7月17日。

程，增开至深圳、香港等周边城市的高速客轮，打造大湾区西岸异地候机航运中心。同时，推进中山港货运港口和航道等基础设施建设。①

四、东莞

东莞市位于广东省中南部，珠江口东岸，西北距广州59千米，东南距深圳99千米，距香港140千米。截至2018年末，全市户籍人口231.59万人，全年出生人口4.10万，出生率为18.35‰；死亡人口1.03万，死亡率为4.60‰；人口自然增长率为13.75‰。年末全市常住人口839.22万，其中城镇常住人口763.86万，人口城镇化率为91.02%。②

（一）经济社会发展情况

2018年，东莞市地区生产总值达到8278.59亿元，同比增长7.4%。其中第一产业增长25.04亿元，增速为7.4%；第二产业增长4027.21亿元，增速为6.9%；第三产业增长4226.34亿元，增速为7.9%。2018年东莞三次产业结构比为0.3∶48.6∶51.1。其中金融业增长6.9%，房地产业下降1.2%，民营经济增加值4105.49亿元，增长8.3%。全年度人均生产总值达到98939元，同比增长6.6%。在现代产业中，2018年东莞规模以上先进制造业增长了2043.77亿元，同比增长8.6%；高技术制造业增加值1520.62亿元，增速达到11.0%。现代

① 《抢抓提升城市能级“湾区机遇”》，中山市人民政府门户网站，2019年8月6日。

② 《走进东莞》，东莞市人民政府门户网站，2019年6月27日。

服务业增长2561.00亿元，增速达到9.1%。截至2018年末，东莞共有工商登记注册户114.68万户，比上年末增长14.6%。值得注意的是私营企业登记户数增长较快，较上年增长了22.3%。从新登记注册情况看，全市工商新登记26.49万户，比上年增长18.7%；新登记企业11.76万家，增长15.9%。

2018年，东莞市一般公共预算收入649.91亿元，增长9.8%，全年全市税收总额2263.69亿元，增长14.1%。截至2018年末，城镇实有登记失业人数1.34万人，全年失业人员安置就业人数1.39万人，城镇登记失业率为1.4%。①

（二）功能定位

《规划纲要》提出，要以深圳、东莞为核心在珠江东岸打造具有全球影响力和竞争力的电子信息等世界级先进制造业产业集群，同时支持东莞等市推动传统产业转型升级，推进东莞松山湖（生态园）港澳青年创新创业基地建设，以及支持东莞与香港合作开发建设东莞滨海湾地区，集聚高端制造业总部、发展现代服务业，建设战略性新兴产业研发基地。

东莞在建设大湾区重要节点城市的过程中，将重点推动六个方面的工作：一是大力推动城市品质提升，东莞将会全面对标大湾区4个中心城市，加快形成与国际一流湾区相适应的城市品质，带动经济社会转型发展；二是参与到国际科技创新中心的建设中，东莞将坚持以先进制造业为中心、坚定地发展实体经济，加强提升创新能

① 《2018年东莞市国民经济和社会发展统计公报》，东莞市统计局，2018年。

级，把东莞建设成为科技成果转化高地，构建具有国际竞争力的现代产业体系；三是对软环境进行对接提升，东莞要通过改革创新，解决历史遗留问题，提高各资源要素的流动性，促进新投资快速高效落地，进一步营造良好的营商环境；四是着重推动基础设施互联互通，东莞要提升交通规划建设水平，精准抓住解决主要问题，提升公共交通的承载力和便利度，建设对接湾区其他城市的快速交通网络；五是以深化与港澳合作为重点，推动形成全面开放新格局；六是推进滨海湾新区、中子科学城、水乡新城、银瓶合作创新区等重大发展平台建设，引导各平台发展，并加快各重大项目落地进度，充分发挥引领带动作用。[①]

（三）世界级先进制造产业集群建设

工业是东莞经济发展的重心。2018年，东莞市地区生产总值中，工业产值占比高达47.2%，并且呈现持续扩张的态势，工业经济逐步实现从单纯讲究规模速度向规模速度与质量效益并重转变。2019年，东莞规模以上工业增长4465.31亿元，增速达到8.5%。值得关注的是，2018年，东莞规模以上工业增加值占全省工业比重达到12.1%，而这项数据已经连续5年呈上升态势了。在工业规模扩张的同时，东莞工业结构也持续优化，呈现出明显的向中高端演进的趋势。2018年，东莞市先进制造业、高技术制造业占比持续提升，增加值占规模以上工业比重分别为52.3%、38.9%，增速分别达到8.6%、11%。作为支柱产业之一，东莞电子信息制造业2018年完成规模以上

① 《梁维东：举全市之力深度参与粤港澳大湾区建设》，东莞时间网，2019年5月10日。

工业增加值1374.3亿元，同比增长11.5%；电子信息制造业占规模以上工业比重由2017年的34.6%提升至2018年的35.2%；对规模以上工业的增长贡献率由2017年的55.9%提升至2018年的60.6%。

作为制造业大市，东莞在政策上也充分表明了其对工业经济的重视。2018年，东莞出台“实体经济新十条”等政策举措大力支持制造业的发展，并累计发放科技金融产业三融合贷款68.07亿元，惠及企业1012家，专利权质押融资金额规模排名全省第二。另外，“倍增计划”和高企融资均冲破300亿元的大关，增速分别达到21.1%和43.9%。在2019年东莞市政府工作报告里，东莞制定了发展工业经济具体的目标：力争先进制造业、高技术制造业增加值占比分别达到53%和39.5%。①

为推动先进制造业发展，东莞合理配置存量产业发展资源，深入实施高质量倍增计划，大力实施“互联网+”和“文化+”战略，并不断提升制造业数字化、网络化、智能化水平，推动制造业高质量发展。此外，东莞当前正在加强产业精准招商和产业集群培育，争取引进培育若干个千亿级的新兴产业集群，集聚一批百亿元企业集团。近年来，东莞还在努力推动一批对制造业有巨大拉动力的新经济项目落户东莞。与此同时，东莞出台了具备十分强大吸引力的政策推动产业招商，并加强培育产业集群的力度，全力打造对接湾区重大平台，着力发展新一代信息技术、高端装备制造、新材料、新能源等五大新兴产业，进一步提升东莞在整个大湾区城市群中的

① 《东莞“晒”2018年工业经济成绩单！ 这项数据连续5年上升》，南方网，2019年2月11日。

发展地位。[①]

（四）松山湖（生态园）港澳青年创新创业基地建设

2010年9月，全省首个粤港澳文化创意产业实验园区正式授牌落户东莞松山湖高新区，这是东莞与港澳合作先行先试的新模式。一年之后，东莞松山湖粤港澳文化创意产业实验园区成为广东省首批粤港澳服务贸易自由化示范基地，目前松山湖实验园区已经成为东莞市推动粤港澳文化创意产业合作的重要载体。2018年8月，粤港澳大湾区联合创新创业基地在松山湖高新区正式揭牌，成为粤港澳大湾区青年来莞交流发展的又一重要平台。

为推动松山湖高新区更好地承接港澳台人才资源和创新资源转移，松山湖管委会印发了《东莞松山湖（生态园）港澳青年人才创新创业专项资金管理暂行办法》，设立专项资金用于园区港澳青年人才创新创业项目的创业启动资金资助、办公场地及住房租金补贴、培训及参展补贴、贷款贴息，以及创业投资机构对港澳青年人才创新创业项目投资进行补贴等方面的扶持等。[②]目前，松山湖港澳青年创业基地已经引进首批6个项目，分别是：墨水科技（互联网+教育科技服务项目）、Language Genii（教学助理机械人项目）、AEROSIM（飞行模拟器与航空培训系统项目）、启荣电子（智能路灯与交通综合管理系统项目）、港合丰科技EMC（Engineered Material Compounds）绿色高性能工程材料技术研究、创龙科技AR+

---

① 《东莞实施产业体系升级工程　全力建设粤港澳大湾区先进制造业中心》，东莞阳光网，2019年1月9日。

② 黄少宏：《港澳青年情牵松山湖！粤港澳大湾区联合创新创业基地正式揭牌》，南方网，2018年8月1日。

企业智能引流/销售方案项目。

近年来，松山湖加大力度为各类人才创造良好的发展环境，主动为各类优秀人才干事创业搭建平台、创造条件。现在松山湖园区内有4所高校，并且建成了中国东莞留学人员创业园、东莞市博士创业园、粤港澳文化创意产业实验园等人才服务平台，为港澳人才来松山湖创新创业提供了更加高效的服务。松山湖园区管委会更是不断完善政策体系，加强自创区的政策红利，在吸引高层次人才、青年创业人才方面出台了一系列优惠政策，并且不断推动东莞与港澳深化合作，吸引更多粤港澳青年赴东莞松山湖创业发展。

接下来，松山湖园区计划携手港澳、珠三角其他城市及东莞其他镇街共同参与粤港澳大湾区的建设，打造粤港澳大湾区科技创新合作示范区，为港澳企业和港澳人才提供更多的机遇和更广阔的舞台。同时，松山湖园区计划安排13亿资金进一步完善各项人才发展政策，为人才创业生活提供强有力的保障。未来，松山湖将依托松山湖港澳青年创业基地，加强与香港科学园、香港大学、香港科技大学、澳门科技大学等高校和机构合作，争取更多港澳人才精英和科技项目落地松山湖，促进粤港澳人才融合发展。①

（五）东莞融入粤港澳大湾区建设

2018年，东莞在人才建设方面提出了“十百千万百万”工程，力争用3年时间推动100万人提升技能学历素质，着力建设“技能人才之都”。目前，东莞已经推动15.5万人参加有针对性的技能培训，

① 《松山湖港澳青年创业基地正式启动》，创新松湖网站，2018年12月15日。

推动15.5万人参加文化、法律等素质培训，6万多人完成学历提升。东莞将加快建设6个高技能公共实训基地和30个“技师工作站”；将出台实施“工匠精英”引领计划，引进培育高技能人才2000人以上；选树首批10个“莞邑工匠”，继续选树100名“首席技师”；等等。①

在产业方面，东莞将全力打造粤港澳大湾区先进制造业中心，推动制造业加速向数字化、网络化、智能化发展。为创造更加优质便捷的营商环境，为各类企业在莞发展提供更好服务，东莞出台了“非公经济50条”。东莞还大力建设东莞虎门港综合保税区。综合保税区是除自贸区外，开放层次最高、优惠政策最多、功能最齐全、手续最简便的海关特殊监管区域。目前，虎门港综合保税区所在的东莞港内，集中了海关、边检、海事、口岸等职能部门，初步构建起高效便捷的大通关监管服务体系，东莞港已经成为东莞企业海运物流的最佳通道。②

在文化旅游方面，东莞举办了首届粤港澳大湾区公共文化和旅游产品采购会（简称文采会）。文采会是首个辐射粤港澳大湾区的文、旅、体产品大型公益性展示交易平台，共有来自大湾区城市的342家文化、体育、旅游企事业单位，近4000多种产品参展。③

在互联互通方面，东莞制定《东莞市综合交通运输体系发展“十三五”规划》，计划投入1256.28亿元用于公路、水路、轨道等

---

① 《梁维东谈参与粤港澳大湾区建设：发挥六大优势打造先进制造业发展主引擎》，东莞市人民政府门户网站，2019年3月12日。

② 《虎门港综保区1年内完成一期建设，推动东莞融入粤港澳大湾区》，东莞市人民政府门户网站，2018年11月16日。

③ 《首届粤港澳大湾区公共文化和旅游产品采购会在莞举办》，东莞市人民政府门户网站，2019年9月25日。

交通运输方面的建设。2018年虎门二桥建成通车，在穗莞深、佛莞城际轨道的基础上，加强东莞地铁1号线、2号线、3号线与深圳、广州的衔接，同时建设连接东莞主城区与深圳前海的莞深快轨，通过多层级轨道复合走廊将东莞融入国家铁路网和珠三角“1小时交通圈”。[①]

五、惠州

惠州位于广东省东南部，属珠江三角洲东北、东江中下游地区，东邻汕尾市，南临南海，西南接东莞市，西邻广州，与深圳市相连。惠州下辖惠城区、惠阳区、惠东县、博罗县、龙门县，设有大亚湾经济技术开发区和仲恺高新技术产业开发区两个国家级开发区。[②]截至2018年末，惠州市共有常住人口483.00万，户籍人口380.90万，人口密度426人/平方千米，人口出生率14.37‰，死亡率3.71‰，自然增长率10.66‰。

（一）经济社会发展情况

2018年，惠州地区生产总值达到4103.05亿元，同比增长6.0%。其中，第一产业增长175.98亿元，增速为3.6%；第二产业增长2161.58亿元，增速为6.0%；第三产业增长1765.50亿元，增速为6.2%。惠州市总体三次产业结构比调整为4.3∶52.7∶43.0。2018年惠州人均生产总值为85418元，按平均汇率折算为12908美元。2018年惠州市政

① 《东莞一周市情分析：提速交通建设　融入大湾区》，东莞时间网，2018年7月7日。

② 《走进惠州》，惠州市人民政府门户网站，2019年2月22日。

府的财政总收入达到1188.12亿元，同比增长18.7%，地方一般公共预算收入393.01亿元，增长1.0%；地方一般公共预算支出544.25亿元，下降1.8%。2018年，惠州税收收入1137.65亿元，增长20.8%。2018年城镇新增就业人员73443人，下岗再就业人员18955人，转移农村劳动力8378人，就业困难人员再就业3162人，年末城镇登记失业率为2.30%，就业水平较为良好。[①]

（二）功能定位

《规划纲要》提出，将积极推进惠州仲恺港澳青年创业基地建设，高水平打造惠州粤港澳绿色农产品生产供应基地。

惠州市委提出，在建设大湾区重要节点城市的过程中，将以新担当新作为把惠州打造成为珠江东岸新增长极、粤港澳大湾区高质量发展重要地区和国内一流城市。惠州将大力发展先进制造业，加快发展石化能源新材料、电子信息两个万亿级先进制造业集群，培育壮大生命健康新支柱产业，构建“2+1”现代产业体系。惠州还提出建设全省中医事业创新示范城。[②]惠州毗邻深圳，在承接深圳的高端产业和创新资源“外溢”方面具备突出优势。因此，惠州市委、市政府提出实施“海绵行动”，依托深圳创新资源优势，加快创新平台建设，优化创新环境，提高惠州的创新成果转化能力。[③]

---

① 《2018年惠州国民经济和社会发展统计公报》，惠州市统计局，2018年。

② 《惠州市委书记、市人大常委会主任李贻伟：加快构建“2+1”现代产业体系》，南方日报网络版，2019年3月21日。

③ 《惠州加速融入粤港澳大湾区》，《惠州日报》，2017年4月10日。

（三）仲恺港澳青年创业基地建设

2013年，惠州仲恺港澳青年创业基地开始筹划，2019年投入运营。仲恺港澳青年创业基地的筹建者、宝星集团（香港）有限公司董事长朱浴龙认为，《规划纲要》的发布，从国家层面对整个大湾区进行了规划，将有力促进港澳青年到内地就业创业。为便利创业基地的交通，赣深高铁将在仲恺高新区设站，通车后仲恺到香港用时将在1小时以内，这将增强仲恺创业基地对香港青年的吸引力。[①]从2015年起，仲恺每年推出一届创客汇活动，吸引政府、企业、高校、社会团体、科研机构、创业家等参与，共同打造创新创业的生态。2016年，仲恺港澳青年创业基地建设正式启动，并分别与全港各区工商联、香港菁英会等签订了战略合作意向书，并且与惠港相关的企业和机构签订了意向合作协议。创业基地位于仲恺商业旺地港汇城，是一个集港式商业、步行街、精品住宅、品质写字楼于一体的商业综合体项目。它将集聚港惠两地创新创业团队入驻，集创客研发、展示、培训、培育和孵化、知识产权保护、品牌推广和金融等服务于一体，推动两地青年创客及创业团队发展，促成创新成果落地。[②]在2017年的创客汇上，仲恺启动了10亿元的“港澳青年创业基金”。截至2017年，创业基地已经建成了23家孵化器。其中，国家级孵化器就有3家，另外有3家国家级孵化器培育单位，8家国家级众创空间和1家省级众创空间。目前创业基地的孵化面积已经达到70万平方米，有700家在孵企业、91家年度毕业企业，以及

---

① 《仲恺港澳青年创业基地即将运营》，《惠州日报》，2019年2月22日。

② 《大手笔！仲恺启动10亿元“港澳青年创业基金”》，南方网，2018年1月2日。

335家毕业企业。加速器联盟面积达到70万平方米，落户加速器联盟企业42家。仲恺提出的孵化育成体系“3个7”的目标已经全部完成。

（四）粤港澳绿色农产品生产供应基地

农业是惠州的主要支柱产业之一。2018年惠州蔬菜总产量300.94万吨，同比增长4.3%；水果总产量87.50万吨，同比增长7.0%。依托其独特的区位、资源和生态优势，近年来惠州农业正在加大力度转型升级。目前，惠州约有10万平方千米土地用于种植特色优质农产品，形成了惠州梅菜、甜玉米、冬种马铃薯、荔枝、龙门年橘等特色产业。早在2016年，惠州农业有关部门就已经开始探索和建设全程可追溯、互联共享的“农产品追溯监管综合服务平台”。经过几年的努力，这一平台已经集“管、防、控”功能于一体，实现“生产过程可记录、产品流向可跟踪、储运信息可查询、质量问题可追溯”的目标。此外，为了进一步扩大溯源平台对农业企业的覆盖面，惠州农业农村局印发了《惠州市农产品质量安全监管与溯源平台管理办法》。这一举措将为生产经营主体或行业协会提供规范的内部管理信息系统，规范农业企业产品质量和生产记录、档案管理，同时也将实时同步“信用惠州”的数据，确保农产品绿色安全生产。①

近几年来，惠州重点打造惠阳区蔬菜现代农业产业园，该产业园涵盖平潭、良井和永湖3个镇，以优质蔬菜为主导产业，依托优

① 《借大湾区建设东风深耕农业绿色品牌》，益农资讯网站，2019年5月17日。

质农业龙头企业，将优质蔬菜产业发展与农耕文化、休闲养生文化相结合。惠阳区蔬菜现代农业产业园已经成功入选省级现代农业产业园，并着力建设集蔬菜良种繁育、生态种植、精深加工、冷链物流、文化体验、休闲观光全产业链于一体的优质绿色蔬菜产业园。[①]惠州粤港澳绿色农产品生产供应基地是惠州高品质农业企业共建共享的大平台。惠州作为有着雄厚基础的农业强市，将依托建设惠州粤港澳绿色农产品生产供应基地这样的国家战略平台，政府引导、企业主导，高起点、高标准规划建设和运营，在农业高质量发展等方面实现大作为。[②]

（五）惠州融入粤港澳大湾区建设

在创新创业方面，惠州出台《关于促进科技孵化育成体系建设的意见》等措施，以加快建设众创空间、孵化器、加速器，推动孵化育成体系提质增效和高质量发展。目前，惠州已构建了集众创空间、孵化器、加速器、科技园区于一体的覆盖科技企业发展全生命周期的完整孵化体系，并引入大量科技人才，完善产业配套。[③]惠州同时规划建设大数据及人工智能产业园，打造粤港澳大湾区大数据与人工智能产业核心组团，从而形成惠城新增长极，推动经济实现高质量发展。此外，惠州还将探索与东莞谢岗银瓶合作创新区合作共建莞惠先进制造业合作示范区，并加快潼湖生态智慧区开发建

① 《惠州高水平打造粤港澳绿色农产品生产供应基地，农业企业和专家这么说》，搜狐网，2019年2月27日。

② 《借大湾区建设东风做大做强行业生意》，《惠州日报》，2019年2月21日。

③ 《科技成果加速转化产业化添“推手”》，惠州市人民政府门户网站，2019年6月26日。

设，推动在半导体、物联网、智能制造、科研服务等方面与港澳开展合作。

在互联互通方面，惠州将积极推进赣州至深圳、广州至汕尾铁路惠州段以及惠州北站、惠城南站等高铁枢纽站场建设，同时谋划深惠城轨建设，并将莞惠城轨延长至赣深高铁惠州北站。加上已运营的厦深铁路、在建的赣深高铁和广汕高铁，惠州未来有望拥有5条高铁线、超过10个高铁站。在港口方面，惠州正大力建设莲塘口岸。莲塘口岸开通后将成为惠州“东进东出”的大通道，与深圳香港将形成“东进东出、西进西出”的格局。

在文化旅游体育方面，惠州将推进罗浮山粤港澳影视产业合作基地建设；参与开发“一程多站”旅游精品线路，充实粤港澳大湾区文化遗产游径，并筹办粤港澳大湾区（惠州）文化旅游体育产业博览会。在客运方面，惠州将推动开通深惠汕海上客运航线，探索开通香港—深圳—惠州—汕尾海上旅游航线。①

六、江门

江门地处珠三角西岸腹地，东邻中山、珠海，西连阳江，北接广州、佛山、肇庆，南濒南海海域，邻近港澳。江门下辖蓬江、江海、新会3个区和台山、开平、鹤山、恩平4个县级市，“五邑”是江门地区的别称。截至2018年末，江门常住人口459.82万，其中城镇人口305.78万，占常住人口的66.50%；农村人口154.04万，占常住人口的33.5%。江门是著名的“中国侨都”，也是国家环保模范城市，

① 《〈惠州市推进粤港澳大湾区建设近期重点工作及2019年工作要点〉印发实施》，惠州日报网络版，2019年9月7日。

环境质量在珠江三角洲地区位居前列。全市主要河流水质至今仍保持Ⅱ至Ⅲ类标准，城市饮用水源水质达标率100%。大气环境质量优良率达77.3%，城镇生活污水处理率在95%以上，市区生活垃圾无害化处理率达100%。①

（一）经济社会发展情况

2018年，江门地区生产总值达到2900.41亿元，同比增长7.8%。其中第一产业增长201.69亿元，增速达4.1%；第二产业增长1408.15亿元，增速达8.4%；第三产业增长1290.57亿元，增速达7.7%。2018年江门总体三次产业结构比为7.0：48.5：44.5。2018年，江门人均生产总值达到63328元，增速达7.2%，全年城镇新增就业48810人，城镇失业人员再就业33421人。城镇登记失业率2.37%，较之2017年下降0.01%，促进创业人数4883人，整体就业形势良好。2018年江门税收收入520.57亿元，比上年增长8.0%，全年地方一般公共预算收入243.93亿元，同比增长9.8%。②

（二）功能定位

《规划纲要》提出，将支持江门建设华侨华人文化交流合作重要平台，并积极推进江门“侨梦苑”华侨华人创新产业聚集区建设，支持江门与港澳合作建设大广海湾经济区，拓展在金融、旅游、文化创意、电子商务、海洋经济、职业教育、生命健康等领域的合作。加快江门银湖湾滨海地区开发，形成国际节能环保产业集

① 《走进侨乡》，江门市人民政府门户网站，2019年6月13日。

② 《2018年江门国民经济和社会发展统计公报》，江门市统计局，2018年。

聚地以及面向港澳居民和世界华侨华人的引资引智创业创新平台。

江门市委表示，要立足广东省委对江门的“两个定位”，即打造珠江西岸新增长极和沿海经济带上的江海门户，全力推动落实粤港澳大湾区建设各项重点任务，重点攻坚以下五个方面：一要深度参与国际科技创新中心建设，加速推进千亿级产业集群的崛起，实现经济发展质量转变升级；二要推动大广海湾经济区建设，规划建设澳门与江门的跨境合作实验区，进一步推动江珠高端产业集聚区建设，并重点建设华侨华人文化交流合作重要平台，规划建设大湾区高质量农业合作发展平台；三要构建互联互通的交通大通道和多式联运的物流大通道，建设深水大港，实现交通枢纽能级升级；四要全面提升城市功能品质，稳扎稳打推动民生领域合作，加强生态环境治理保护合作；五要集中精力解决行政审批效率问题、办事“中梗阻”问题、园区环境较差问题和建立诚信环境问题。

（三）华侨华人文化交流合作重要平台

江门是中国知名侨都。目前有记录的江门华侨华人和港澳台同胞接近400万，遍布全球107个国家和地区，由于江门常住人口也是400多万，因此也有“海内外两个江门”的说法，江门可以说是“中国第一侨乡”。改革开放40多年以来，海外华侨积极回乡捐资支持办学、办医等公益慈善事业，在推动江门的发展过程中功不可没。截至2017年底，江门华侨为家乡捐资赠物合计75.45亿港元，回乡投资累计282.17亿美元。此外，江门约有五六千家港澳同胞开办的企业，与港澳之间的经贸往来、文化交流、旅游探亲非常密切。江门还先后与美国河滨市、美莎市、密尔布瑞市、奥克兰市，以及澳大利亚阿拉阿特市等海外城市缔结为友好城市，发展友好交流对象城市10多个。江门还积极探索开展“中国侨都”品牌活动。2004年，江门创办了中国侨都（江门）侨乡华人嘉年华，通过组织开展系列侨务、经贸、文化、旅游等活动，展现江门侨都风采，为全世界华人搭建了一个沟通和联系的平台。世界（江门）青年大会则是以江门籍的青年精英为主体，旨在联合世界各地华侨华人青年精英，促进相互沟通、合作共赢的重要平台。①

建设华侨华人文化交流合作重要平台，是江门参与粤港澳大湾区建设的重要任务。江门将积极强化与港澳的深度对接合作，充分挖掘整合三区四市宝贵的侨乡人文资源，全面推进华侨华人文化交流合作重要平台建设。目前，江门已经在香港、澳门同乡总会设立了招商引资的代办机构，并组织江门籍的港澳同胞回乡参与大湾区建设和在江门投资创业；同时组织华侨青少年回乡游学，加深他们对故乡的认识。此外，江门还通过港、澳江门同乡会向港澳企业宣传相关优惠政策，提供离岸办理营业执照等服务，并由港、澳江门同乡会收集资料后，在江门快速办理有关证照手续，方便港澳企业进驻江门。与此同时，江门利用港澳同胞打通与海外的沟通渠道，已经在海外建立了19个驻外经贸交流处和23个世界青年联络分部，并通过交流处和联络分部与海外107个国家和地区的江门同乡取得联系，掌握海外华侨投资兴业的相关信息，为海外400多万五邑籍华侨提供共同成就中华民族伟大复兴中国梦的机会，助力他们搭上中国经济发展的“快车”。②

① 《再续“侨”脉　打好“侨”牌　擦亮“侨都”城市名片》，搜狐网，2019年8月6日。

② 《刘毅访谈：用活华侨资源巧筑平台助力大湾区建设》，中国江门网，2019年3月14日。

（四）江门侨梦苑华侨华人创新产业聚集区建设

江门侨梦苑是国务院侨务办公室与江门市政府联手打造的侨商产业聚集区和华侨华人创新创业基地，是吸引和服务海外高层次人才归国创业创新的国家级侨务工作平台。2015年12月，侨梦苑正式揭牌。[①]同时，还举行了签约仪式，涉及76个侨商投资项目、涉侨合作项目，包括中美工业园项目、江门市跨境电子商务快件分拣清关中心项目、共建海创联盟合作协议、江门侨梦苑·千色花珠超联赛合作协议等，签约金额达268亿元。江门侨梦苑总面积达3300多平方千米，以江门高新区为核心区，包括江门高新区和大广海湾经济区两大启动平台。侨梦苑以“华侨华人创业创新之都”为发展愿景，致力于优化配置江门资源，目标是面向华侨华人构建“三中心、六平台”的创业创新格局，打造全球华侨华人创业创新集聚区。“三中心、六平台”的创业创新格局具体来说，是指“侨之家”综合服务中心、创业创新配套服务中心和江门市跨境电子商务快件分拣清关中心3个中心和火炬大厦、高新创智城、电子商务园、中小企业创业创新集聚区、银洲湖临港产业基地和崖门滨海旅游集聚区6个平台。

侨梦苑启动区位于“珠西枢纽”的核心地带，是粤港澳大湾区的重要组成部分。其中广东大广海湾经济区是目前广东最大的省级经济区，规划总面积约3240平方千米，已被列入首批粤港澳服务贸易自由化省级示范基地。侨梦苑依托江门高新区和大广海湾经济区两个平台，立足于江门的装备制造业和新兴产业，享有优厚的创新

---

① 《江海区人大开展“侨梦苑”建设情况专题调研》，江门市人民政府门户网站，2017年4月27日。

发展政策和配套，具备建设全球侨资侨智落地生根重要载体的充分条件。侨梦苑的主要任务是搭建一个为高层次人才回国创业发展提供项目对接、创业培训、市场开拓、融资保障等全链条服务的高端创业创新平台。对于江门来说，集全市之力，在江门高新区打造这样一个创新创业平台，推动江门尽快融入全球创新链条是至关重要的，也对江门未来在珠三角日益激烈的区域竞争中脱颖而出有重要影响。[①]

（五）江门大广海湾经济区与银湖湾滨海新城

江门大广海湾经济区位于江门东南部，东邻中山、珠海，西连阳江，东接港珠澳大桥，西接粤西沿海城市，南面南海，北接台山、开平市广阔的内陆腹地，邻近港澳。2013年12月31日，广东省通过了《广东江门大广海湾经济区发展总体规划（2013—2030年）》，提出把大广海湾经济区建设成为全省海洋经济发展的新引擎、珠三角实现大跨越发展的新增长极、珠三角辐射粤西及大西南的枢纽型节点、珠江西岸粤港澳合作重大平台、传承华侨文化的生态宜居湾区。该经济区规划总面积约有3240平方千米，核心区面积约520平方千米，起步区面积约27.5平方千米。该规划特别重视经济区内的生态环境保护，实际开发建设面积控制在规划总面积的10%以内，实施环境保护和生态建设的各类生态区、保护区、绿地、公园等区域面积占规划总面积的80%以上。

大广海湾经济区是以经济发展功能为主导的新区，其建设将秉

① 《江门市侨梦苑实现华侨华人的创业之梦》，全商网，2015年12月23日。

持“科学规划、从容建设”的原则，把自然资源、岸线资源、土地资源、产业资源和华侨文化资源统筹起来，系统开发、系统保护、综合利用，建设现代生产要素集中、生活环境和谐优美、海洋生态文明突出的经济区。①

银湖湾滨海新城位于江门市区南部，整个新城范围包括环银洲湖、黄茅海和虎跳门海岸的崖门镇、古井镇和沙堆镇部分区域，总体面积约为340平方千米。银湖湾的主要建设范围在滨海新城的南部，主要是银湖湾的围垦区，银湖湾滨海新城是江门落实粤港澳大湾区战略的重要载体。银湖湾地理位置优越，距离香港约159千米，距离澳门约87千米，距离港珠澳大桥珠海落脚点约62千米。港珠澳大桥落成通车后，滨海新城进入了港澳“1小时生活圈”。

根据银湖湾的规划方案，滨海新城将落实“融入区域、功能联动、跨海连接、彰显特色、特色风貌、挖掘文化、规避风险、生态智慧”的策略，在滨海新城的范围内建成“一心三园”的功能板块。“一心”指的是面积约为65平方千米的重点建设区，该区域将被打造成绿色智慧滨海新城，“三园”指的是崖门粤澳产业合作示范区、珠西新材料集聚区和深江产业园三大园区。其中，重点建设区域的规划包括提供港澳高端服务、科研教育创意、游艇休闲度假、海洋主题度假、宋元文化渔港小镇、临山休闲度假等功能。银湖湾滨海新城同时还将构造完善的内外综合交通体系，实现与珠三角核心区、江门中心城区，以及产业园区的外联内通。②

---

① 《广东江门大广海湾经济区规划介绍》，《南方日报》，2014年7月28日。

② 《江门规划建设银湖湾滨海新城，有这三大定位》，《江门日报》，2017年9月30日。

（六）江门融入粤港澳大湾区建设

在人才创业方面，江门响应广东省政府建设“1+12+N”港澳青年创业孵化载体工作部署，建设珠西先进产业优秀人才创业创新园。双创园被定位为江门市汇聚港澳青年创业的核心孵化载体，对吸引港澳及国际人才，推进江门引才引智引技将发挥桥头堡作用，园区建筑总面积约1.1万平方米。①同时，江门正在加快建设江门“人才岛”，并出台了《关于江门市实施粤港澳大湾区个人所得税优惠政策财政补贴暂行办法》，落实粤港澳大湾区个人所得税优惠政策。

在与港澳合作方面，江门是全国首个与澳门签订金融合作协议的地级市。江门银行机构通过全口径外债业务、投注差业务为江门企业向澳门银行机构融资以及同业存放吸收澳门银行机构资金两种方式参与江澳金融合作，并取得良好成效。江门将鼓励两地金融机构围绕债券、基金和保险等新领域，探索合作新模式，有序推进两地金融市场互联互通。②江门还在港澳分别举办了“江港（澳）携手共建粤港澳大湾区推介会”系列活动，建设粤澳（江门）产业合作示范区。江门与香港签署了《江门、香港消委会消费维权合作协议》，明确了江门、香港两地的消费投诉处理合作范围，进一步深化了消费纠纷处理机制，建立两地消费者委员会投诉联席会议制度，合作举办相关业务培训，交流有关消费者权益保护方面的法律

---

① 《珠西先进产业优秀人才“双创园”启航，构筑港澳青年“乐业五邑”双创港湾》，五邑人社网站，2019年9月20日。

② 《江澳共建粤港澳跨境金融平台　一季度实现“开门红”》，江门市金融局网站，2019年5月31日。

制度。[①]

在互联互通方面，江门将继续推动珠西综合交通枢纽江门站和珠西物流枢纽江门北站、南沙港铁路、广珠铁路客运改造等重大工程，并加快澳珠江肇高铁、深圳（经江门）至南宁高铁等项目的规划建设，加快实现与大湾区主要城市间1小时互达。江门启动银洲湖高速建设、黄茅海大桥等项目，完善与港珠澳大桥的交通对接，加快台山广海湾深水港、银洲湖区域港口、崖门万吨级航道建设。[②]

七、肇庆

肇庆位于广东省中西部，西江干流中下游，下辖端州、鼎湖、高要3个区和广宁、德庆、封开、怀集4个县，代管四会1个县级市。2010年9月，国务院批准肇庆高新区升级为国家高新技术产业开发区。肇庆市风景名胜众多，旅游资源丰富。其中位于肇庆城区的七星岩，有“岭南第一奇观”的美誉。鼎湖山则是国家级自然保护区，并且是联合国教科文组织划定的“人和生物圈”生态定位研究站。肇庆交通便捷，东邻穗、深、港、澳等经济发达地区，背靠祖国大西南，是珠三角地区通往西南各省的重要交通枢纽。[③]截至2018年末，肇庆市常住人口415.17万，同比增长3.63万，其中城镇常住人口198.29万，占常住人口的47.76%，同比增长0.02%。全年出生人口

---

① 《江门、香港两地消委会签署消费维权合作协议》，江门市市场监督管理局网站，2019年7月4日。

② 《陈小曼：江门将发挥侨乡优势　对接港澳推进粤港澳大湾区建设》，南方网，2019年6月14日。

③ 《城市概况》，肇庆市人民政府门户网站，2018年7月3日。

6.06万，出生率14.59‰；死亡人口2.42万，死亡率5.82‰；自然增长人口3.64万，自然增长率8.77‰。①

（一）经济社会发展情况

2018年，肇庆地区生产总值达到2201.80亿元，同比增长6.6%。其中，第一产业增长347.86亿元，增速为4.8%；第二产业增长774.65亿元，增速为7.0%；第三产业增长1079.29亿元，增速为6.9%。三次产业对地区生产总值增长的贡献率分别为10.3%、51.1%和38.6%。在第三产业中，住宿和餐饮业增加值增长2.7%，金融业增加值增长8.8%，现代服务业增加值增长8.4%，生产性服务业增加值增长7.2%。民营经济增加值1420.35亿元，增长6.3%。2018年，肇庆人均生产总值达到53267元。2018年，肇庆城镇登记失业率为2.36%，同比下降0.02个百分点，实现3%以内的控制目标，整体就业情况良好。2018年，肇庆市一般公共预算收入106.04亿元，较上年增长11.8%；其中税收收入81.96亿元，同比增长19.8%。全市一般公共预算支出315.72亿，同比增长16.4%。②

（二）功能定位

《规划纲要》提出，将完善大湾区经粤东西北至周边省区的综合运输通道，其中将推进柳州至肇庆铁路等区域性通道项目前期工作，并提出高水平打造肇庆（怀集）绿色农副产品集散基地。

---

① 《2018年肇庆国民经济和社会发展统计公报》，肇庆市统计局，2018年。

② 《2018年肇庆国民经济和社会发展统计公报》，肇庆市统计局，2018年。

肇庆市委提出，将把交通的“硬联通”作为全方位参与大湾区建设的基础工程，加快建设“十三五”时期谋划的投资超1100亿元交通项目，重点打通更多南下、东进的快速通道，并进一步加强肇庆与大湾区主要城市点对点通行效率，加速推动肇庆融入大湾区“1小时交通圈”、广佛肇“半小时交通圈”、市域“1小时交通圈”等三大交通圈。与此同时，肇庆将坚持错位分工、配套互补、协同发展，加深与大湾区其他城市的科技创新和产业合作，加快打造大湾区科技产业创新的重要载体。一方面，肇庆将深度参与大湾区现代产业体系建设；另一方面，肇庆主动参与粤港澳大湾区国际科技创新中心建设，全面对接“广深港澳”科技创新走廊，高标准打造肇庆科技创新产业带和西江科技创新走廊，加快构建“广深港澳研发+肇庆承接孵化转化”创新协作的新模式。

肇庆将发挥其旅游资源优势，加快建设国家全域旅游示范市，打造具备中国特色、展示岭南文化的世界级旅游目的地，将府城打造为粤港澳大湾区中传承中国优秀文化、弘扬岭南文化的新地标；同时发挥自身生态环境优越的特点，着力打造粤港澳大湾区康养旅游基地，结合实施乡村振兴战略，打造一批适宜康养的文化旅游精品和乡村旅游线路。①

（三）交通“硬联通”

肇庆地处广东省西北部，是大湾区与中部、西北之间重要的交通枢纽。2014年12月，贵广、南广高铁正式开通运营，肇庆进

① 《赖泽华就肇庆如何全方位参与粤港澳大湾区建设接受媒体采访 抓住大机遇 做好大文章 举全市之力参与粤港澳大湾区建设》，《西江日报》，2019年3月27日。

入“高铁时代”。紧随其后，珠三角环线肇（庆）花（都）高速公路主线建成通车，进一步缩短了肇庆与广州白云机场的距离，将从肇庆高新区开车前往白云机场的车程压缩到40分钟左右。2016年3月，连接广州、佛山、肇庆的广佛肇城际轨道正式开通运营，肇庆进入“城轨时代”，肇庆到广州中心城区只需1小时左右。[①]2018年，肇庆市共投入110.5亿元建设交通基础设施，在建项目5个，其中汕昆高速肇庆段于2018年12月28日正式通车，怀集到龙川车程较以往缩短3个小时。

目前，肇庆市提出将构建“十横八纵”的交通大动脉计划。“十横”是指南广高铁、贵广高铁、深肇高铁、广茂铁路、柳广铁路、广佛肇城轨、广昆高速、广佛肇高速、汕昆高速、西江航道。“八纵”是指珠三角环线高速、二广高速、怀阳高速、汕湛高速、肇明高速、德罗高速、广湛高铁、肇顺南城轨。

此外，肇庆市还着手提升沿江港口的竞争力，参与建设优势互补、互惠共赢的粤港澳大湾区世界级港口群。肇庆沿江港口正积极与广州港、深圳港等港口做好分工协作，促进融合发展，同时稳步推进西江黄金水道港口群建设，加快全市港口整合步伐，目标是将肇庆新港升级为国家一级口岸，并将其打造成粤港澳大湾区江海联运和辐射大西南的内河枢纽港。

（四）肇庆融入粤港澳大湾区建设

在互联互通方面，肇庆计划在“十三五”期间投资1100亿元，

---

① 谷立辉、马喜生：《构筑交通大动脉，肇庆融入粤港澳大湾区1小时交通圈》，南方网，2017年12月14日。

加快推动与大湾区交通“硬联通”，初步构建“一条黄金水道、一条快速干线、六条轨道交通、七条高速”的交通网络，全方位参与粤港澳大湾区建设。目前，随着肇庆东站直达香港的高铁通车，从肇庆搭乘高铁到香港只需要1小时20分左右。[①]同时，肇庆采取一系列措施推动西江黄金水道港口群建设。目前，从肇庆西江段到珠江出海口已能通航3000吨海轮，助力粤港澳大湾区建设发展。

在发展农业产业方面，肇庆与广东省农业科学院共同启动粤港澳大湾区绿色优质农产品供给示范市建设。大力推进现代农业发展“611”工程，加快打造粤港澳大湾区肇庆（怀集）绿色农副产品集散基地和粤港澳大湾区（德庆）南药健康产业基地。肇庆将在农业科技创新、现代农业产业园建设、人才队伍培育等领域与广东省农业科学院开展合作，打造粤港澳大湾区绿色优质农产品供给示范市。[②]肇庆与建行广东省分行签署协议，未来五年建行将为肇庆乡村振兴提供不少于50亿元意向性授信，向肇庆参与粤港澳大湾区建设提供不低于1000亿元的意向性授信，以科技金融、普惠金融服务中小微企业，通过特色金融产品为农业经营、环境保护和休闲旅游提供融资支持。[③]

在产业合作方面，肇庆与广州签订了《战略合作框架协议》，双方将在产业发展、科技创新、交通互联互通、生态联防联建、基本公共服务、干部交流等多方面深化合作。肇庆将与广州一起研究

---

① 《肇庆香港间每天开行2对4趟直达高铁　开启港肇合作“加速度”》，西江网，2019年7月11日。

② 《市政府与省农科院签署共建肇庆分院框架协议　优势互补　共建粤港澳大湾区绿色优质农产品供给示范市》，西江网，2019年8月1日。

③ 《市政府与建行广东省分行签署战略合作协议　引进千亿“活水”助力肇庆参与大湾区建设》，西江网，2019年8月9日。

探索共同参与园区开发、招商和运营的合作模式，支持粤桂合作特别试验区（肇庆）、广佛肇（怀集）经济合作区、粤港澳大湾区（肇庆）重大合作平台、肇庆（怀集）绿色农副产品集散基地等建设，共建粤港澳大湾区重要发展平台。肇庆将以西江创新产业走廊为载体，主动承接广州科技创新要素外溢转移，共同打造“广州研发孵化+肇庆加速、肇庆落地”的创新链。①

① 《广州肇庆签署战略合作框架协议　深化广肇合作推进大湾区建设》，西江网，2019年7月24日。

第四章 粤港澳大湾区建设面临的机遇和挑战

建设粤港澳大湾区，既是区域发展的需要，也是适应全球经济发展的需要。《规划纲要》提出，建设粤港澳大湾区既要抓住国内外环境变化带来的机遇，也要做好应对国内外挑战的准备。当今世界正进入全球化的调整期，新一轮的科技革命和产业革命蓄势待发。与此同时，国内全面深化改革扩大开放也为建设粤港澳大湾区提供了政策支撑。但我们也必须认识到，在经济全球化发展的同时，也面临着贸易保护主义等的挑战；在粤港澳大湾区内部也存在着发展不平衡等问题，大湾区内部生产要素流动也不顺畅。

第一节　粤港澳大湾区的发展机遇

一、国际格局面临新调整

（一）经济全球化进入调整期

2008年全球金融危机爆发后，经济全球化从高速推进期进入调整期，并呈现出一些新特点，主要表现在三个方面：一是经济全球化的推进速度明显下降。2008年全球金融危机后，跨境贸易与投资增速明显减慢，跨境投资规模萎缩。二是经济全球化的内容与格局发生变化。从内容变化看，服务贸易在经济全球化中的地位有所上升；从格局变化看，发展中国家在经济全球化进程中地位明显上升。三是全球经济治理体系加速调整。从理念层面看，一直处于主导地位的自由贸易理念正受到所谓“公平贸易”理念的挑战；从规则层面看，新的经贸规则从以往的边境措施向边境后措施深度拓展；从治理平台看，多边贸易谈判停滞不前，但区域一体化组织如雨后春笋般涌现出来，成为制定国际经贸规则的新平台。①

经济全球化进入调整期对粤港澳大湾区建设而言既是挑战，更是机遇。在不断变化的国际经济形势中，粤港澳三地应当发挥各自区域优势，加强区域合作，形成优势互补的发展格局。粤港澳大湾区是全球投资最活跃的区域之一，大湾区应整合香港澳门的金融产业优势，结合珠三角地区完备的产业链，加快资本和技术密集型产业的创新能力，尽快让资本和技术密集型产业形成国际竞争力。此外，大湾区可以重点培育具有国际竞争力的中资跨国公司，增强整合区域资源能力。同时，大湾区应当发挥其制度优势，对标国际经贸标准，赋予自贸试验区先行先试的更大自主权，进一步深化改革开放。

（二）全球治理体系和国际秩序变革

当今全球治理体系正在发生深刻变化。发展中国家加快了融入

---

① 隆国强：《经济全球化的新特点新趋势（人民观察）》，《人民日报》，2019年2月22日。

国际制度的进程，各种非国家行为体也越来越多地参与到全球治理的进程中。[①]进入21世纪后，传统区域组织、新兴地区或跨地区机构也都在发挥着加强全球治理体系的作用。当今全球治理体系正加快向多极化发展，发展中国家和区域组织越来越多地参与到国际秩序变革中，各国相互联系和依存的关系日益加深，和平发展大势不可逆转。

全球治理体系的变革对粤港澳大湾区来说正是难得的机遇。大湾区是我国国际化水平最高的区域之一，粤港澳三地应当积极发挥“一国两制”的制度优势，联合三地力量，争取在全球治理体系中以区域组织的身份发挥作用，为大湾区在全球化的浪潮中谋得话语权。

（三）新一轮科技革命和产业变革蓄势待发

新一轮科技革命和产业变革呈现六个主要特征：一是重要科学领域从微观到宏观各层次加速推进，科学发展进入新的大科学时代；二是前沿技术呈现多点突破态势，正在形成链式变革；三是科技创新呈现多元深度融合特征；四是科技创新的范式革命正在兴起，如大数据研究等新的科研范式；五是颠覆性创新呈现几何级渗透扩散，以革命性方式对传统产业产生“归零效应”；六是科技创新日益呈现高度复杂性和不确定性。[②]

产业变革可以说是新一轮科技革命的结果。面对可持续发展需

① 庞中英：《动荡中的全球治理体系：机遇与挑战》，人民网国际频道，2019年4月18日。

② 刘根、王志刚：《阐述新一轮科技革命和产业变革六大特征》，《科技日报》，2018年5月28日。

求，产业变革将更多地基于多重技术的交叉融合。此外，从第二次技术革命到第二次产业革命爆发的时间来看，科技革命到产业革命的时间越来越短。新产业革命将有可能从根本上改变技术路径、产品形态、产业模式，推动产业生态和经济格局发生重大深刻调整。相比历次产业革命，新产业革命对制度的要求也将更为苛刻，更可能发生在具备良好制度条件的国家和地区。①

粤港澳大湾区的科技创新实力强劲，香港、广州、深圳均具备强大的创新实力。2019年，广州“互联网+”相关服务迅猛发展，规模以上服务业中互联网和相关服务企业营业收入增长58.2%。深圳更是举世闻名的“创新之城”。粤港澳三地汇聚了香港大学、香港中文大学、香港科技大学、中山大学、华南理工大学等国内外知名高校，科研实力雄厚，科技人才资源丰富，具备良好的科技创新条件。此外，广东9市已经形成了深莞惠经济圈、广佛肇经济圈、珠中江经济圈三大经济圈，具备了完整的产业链条。粤港澳大湾区建设国际科技创新中心可谓正逢其时。

二、国内因素

（一）供给侧结构性改革

目前，供给侧结构性改革已经取得了重要阶段性成果，“三去一降一补”和“破、立、降”深入推进。钢铁、煤炭行业“十三五”期间去产能目标任务基本完成，一大批“僵尸企业”加快出清。深

---

① 易信：《新一轮科技革命和产业变革趋势、影响及对策》，《中国经贸导刊》，2018年第30期。

入推进供给侧结构性改革使重点行业供求关系发生明显变化，经济结构优化、经济效益改善，系统性风险发生概率趋降。供给侧结构性改革根本上是深度市场化，深化供给侧结构性改革需要更多地使用市场化、法治化手段。①

粤港澳人湾区深化供给侧结构性改革，事实上是一个倒逼区域产业结构升级的过程。经过40多年的高速发展后，一些经济问题如香港地区的产业空心化、广东地区的轻工业逐渐落后于市场等开始显现。2008年全球金融危机后，珠三角地区的出口贸易受到打击。当前的中美贸易摩擦对粤港澳地区的外贸经济可以说是极大的挑战，而粤港澳大湾区内部则面临着需求下行的压力。在这种投资、消费、出口都面临较大压力的情况下，大湾区应当抓住供给侧结构性改革的机遇，对本地区的产业进行结构改革和转型升级，提升地区产业链、价值链的水平。通过市场竞争、外部倒逼和市场化激励，建立现代市场经济体系，开启新一轮的经济高质量发展模式。

（二）推动经济发展质量变革、效率变革、动力变革

质量变革是指提升产品质量、生产质量和生活质量，强化管理体制、竞争机制和企业经营激励，并以全面质量提高为基础，形成与之相匹配的市场环境、技术环境和人才资源。质量变革是高质量发展的物质前提和质量基础，是高质量发展空间和环境的基本保障。质量变革的基础是提高产品质量，弘扬劳模精神和工匠

① 王一鸣：《不能因为经济下行压力就放弃供给侧结构性改革》，凤凰网，2018年12月22日。

精神；质量变革的关键是提升生产质量，增加有效供给，减少无效供给。

效率变革的关键是拓展效率视野、提升效率层次、追求效益优先。作为“三大变革”中的效率变革，切忌简单地从生产、产出层面来理解效率。更要以供给侧结构性改革为基本视角，坚持创新驱动发展，坚持生产与市场两条主线。以效益优先为目标，实现实体经济、科技创新、现代金融和人才资源的有效融合。总体上看，效率变革主要包括生产效率、市场效率和协调效率等的改革。

动力变革是指供需支撑能力和经济发展动力的变化调整，从供需支撑能力来看，主要是针对需求和供给在宏观经济发展中的主动地位和主导作用而言的；从经济发展动力来看，则包括创新发展动力、结构发展动力、城镇化发展动力和产权保障动力等四个主要方面。①

目前中国经济发展质量变革、效率变革、动力变革已经取得一定成果，工业经济发展由数量规模扩张向质量效益提升转变。经济发展呈现战略性新兴产业增速加快、高新科技产品增势强劲、传统产业加速优化升级等局面。随着创新驱动发展战略和制造强国战略的深入实施，中国工业正向中高端水平持续迈进。②国家经济发展变革的节点，对粤港澳大湾区而言，正是进一步建设先进制造业集群和推进经济高质量发展的重要时机。

---

① 《以“质量变革、效率变革、动力变革”推进我国经济高质量发展》，《鲁南快报》2018年1月2日。

② 陆娅楠：《我国不断推动经济发展质量变革、效率变革、动力变革：工业动能 澎湃向上》，《人民日报》2018年9月28日。

（三）全面深化改革取得重大突破

党的十八届三中全会对新时代全面深化改革作出顶层设计。全面深化改革至今，主要领域改革主体框架已经基本确立，重点领域和关键环节改革取得突破性进展，国家治理体系和治理能力现代化水平全面提高。全面深化改革提出“使市场在资源配置中起决定性作用和更好发挥政府作用”，围绕这一理论突破，大幅度削减政府对资源的直接配置，推动形成市场规则、市场价格、市场竞争配置资源的良好局面，实现资源配置效益最大化和效率最优化。同时，深入推进“放管服”改革，加快政府职能转变。目前，97%的商品已实现市场调节价格。此外，全面深化改革提出以管资本为主加强国有资产监管，国有资本、集体资本、非公有资本等交叉持股、相互融合的混合所有制经济，是基本经济制度的重要实现形式，为国企改革带来新的机遇。近几年来，国企改革有序推进。通过混合所有制改革，国有资本与民营资本交叉持股、相互融合，有效激发了市场主体活力。[①]

全面深化改革取得的突破为创新大湾区合作发展体制机制、破解合作发展中的突出问题提供了新契机。近年来，大湾区部分城市进入发展瓶颈期，受体制机制和思想观念束缚，经济发展增速放缓，改革迫在眉睫。粤港澳大湾区对改革的迫切需要与全面深化改革的要求不谋而合。对大湾区城市来说，全面深化改革是进一步推进改革开放，迎来区域经济新发展的重要机遇。

① 郑新立：《全面深化改革取得历史性成就》，《人民日报》，2019年1月15日。

（四）“一带一路”倡议深入推进

“一带一路”倡议提出至今，得到越来越多国家和国际组织的积极响应，受到国际社会广泛关注，影响力日益扩大。共建“一带一路”倡议以政策沟通、设施联通、贸易畅通、资金融通和民心相通为主要内容扎实推进，目前已经取得明显成效，一批具有标志性的早期成果开始显现。截至2019年7月底，中国政府已与136个国家30个国际组织签署195份合作文件。共建“一带一路”国家已由亚欧延伸至非洲、拉美、南太平洋等区域。2017年，首届“一带一路”国际合作高峰论坛以来，中国与沿线国家签署100多项合作文件。中国进一步放宽外资准入领域，营造高标准的国际营商环境，设立了面向全球开放的12个自由贸易试验区，并探索建设自由贸易港，吸引沿线国家来华投资，中国平均关税水平已从加入世界贸易组织时的15.3%降到2018年的7.5%。中国与东盟、新加坡、巴基斯坦、格鲁吉亚等多个国家和地区签署或升级了自由贸易协定，与欧亚经济联盟签署经贸合作协定，与沿线国家组建的自由贸易区网络体系逐步形成。①

粤港澳大湾区国际化程度高，与东南亚以及南亚地区相距不远，在参与“一带一路”建设时具备特有的区域优势。随着“一带一路”建设的不断推进，粤港澳大湾区应当积极响应、深度参与，提升自身的国际竞争力，更好地参与高水平国际合作和竞争。

① 《共建“一带一路”倡议　进展、贡献与展望》，“一带一路”建设工作领导小组办公室，2019年。

第二节　粤港澳大湾区面临的挑战

一、世界经济形势变幻莫测

（一）全球经济不确定不稳定因素增多

2008年全球金融危机之后，全球经济进入了漫长的恢复期。从2017年开始，全球经济形势有了较为明显的向好发展趋势。但从整体来看仍然存在着许多不稳定因素，主要体现在全球经济复苏的基础还不稳固、“逆全球化”现象抬头、贸易保护主义升温、国内综合要素成本不断上涨、订单和产业转移外国等方面。与此同时，中美贸易摩擦的不断升级也对粤港澳大湾区的对外贸易造成了不小的冲击。

珠三角地区作为国内最早一批开始改革开放的经济区，对外贸经济的依赖性强，中美贸易摩擦的升级无疑对珠三角地区的经济发展造成了不利影响。

此外，全球政治局势不稳，恐怖主义的威胁时隐时现，许多地区仍处于分裂与动荡中。粤港澳大湾区在建设过程中应当警惕局部动荡阻碍大湾区打造全面对外开放格局。

（二）贸易保护主义倾向抬头

贸易保护主义指的是有些国家通过鼓励国内产品出口、抑制国外产品进口的相关措施来促进本国经济的发展。在世界经济不断向全球化发展的今天，贸易保护主义严重影响了世界各国之间的贸易往来，也影响了一些外向型经济国家的经济发展。[①]对粤港澳大湾区

① 李媛娜：《经济全球化下贸易保护主义的特点、危害与遏制》，《中外企业家》，2019年第12期。

来说，贸易保护主义倾向的抬头无疑是进一步推进对外开放、发展经济的巨大挑战。

在全球范围内，贸易保护主义与全球经济增长呈现出一定的相关性。当全球经济增长较快时，贸易保护整体处于低发期，否则相反。2008年全球金融危机后，20国集团中实施贸易保护主义措施的国家所占比例呈现上升趋势，美国自特朗普就任总统后更是出现了明显的贸易保护主义倾向。特朗普于2017年1月23日宣布美国退出跨太平洋伙伴关系协定；3月31日，要求调查美国巨额贸易逆差的成因；4月24日，宣布对来自加拿大的软木进口征收20%的关税。此外，美国于8月18日开始对中国在技术转让、知识产权和自主创新领域进行调查。美国《2018总统贸易政策议程》更是强调“公平贸易”政策，着力打击“不公平贸易行为”。特朗普政府采取的一系列贸易保护主义措施，使全球贸易关系一时剑拔弩张。[①]

粤港澳大湾区汇聚了世界金融中心之一的香港，以博彩业和旅游业为经济支柱的澳门，以及常年依赖进出口贸易的珠三角地区，如何在近几年愈发明显的贸易保护主义倾向中保持经济活力，将成为大湾区建设中不得不回答的重要问题。

二、粤港澳大湾区经济社会发展面临的问题

（一）供给与需求结构不平衡不匹配

判断产能过剩最重要的指标是产能利用率。产能利用率通常

① 黄河：《贸易保护主义与国际经济秩序》，《深圳大学学报（人文社会科学版）》，2019年第5期。

定义为实际产出与潜在产能的比例。当一个行业的整体产能利用率处于较低水平时，就意味着该行业存在大量的闲置产能，处于整体产能过剩的状态。从定义上来讲，产能过剩本身就意味着资源的浪费。除此以外，产能过剩有着更深远的经济影响，包括制约经济增长、加大通缩风险、加大债务风险、引发系统性风险，以及加大国际贸易摩擦。[①]

粤港澳大湾区有强大的生产力，因此在生产输出方面具备其他湾区不具备的突出优势。[②]然而，目前珠三角地区的整体产能利用率较低，过去引以为豪的轻工业正处于整体产能过剩的状态。因此，大湾区更应该思考如何提高产能利用率，如何将软件与硬件互相结合，把技术流、物流、资金流结合，打造先进制造产业带，完成产业结构升级。

（二）区域发展不协调

粤港澳大湾区作为一个城市群，需要整合提升经济总量，但现在各个城市之间还是分头干、重复建设，城市融合度不高。总体来看，粤港澳大湾区的区域经济协调发展度不高。香港、深圳、广州均是大湾区的超大城市，无论是在经济总量、产业发展层次，还是在城市发展水平等方面都已进入国际一流城市行列。而肇庆、江门等地经济社会发展程度则较低，仍处于国内二三线城市行列。珠江口东、西两岸在经济实力、产业发展阶段、常住人口数量等方面

---

① 余淼杰：《我国产能过剩的现状、前因后果与应对》，新浪财经-自媒体综合频道，2019年2月26日。

② 《柯成兴：大湾区生产力很强　但也存在产能过剩问题》，凤凰网，2017年11月2日。

差距较大，东岸有香港、深圳两个国际化大都市，而西岸则缺乏引领型城市。另外，粤港澳大湾区各城市在交通基础设施一体化、新兴产业错位发展、土地资源集约利用、生态环境共治共享、公共服务均等化等方面整体协调难度较大。一些领域存在同质化竞争和资源错配，未形成城市群效应。[①]大湾区内11个城市结构升级的侧重有所不同，每个城市都有自己的比较优势，关键是如何进行资源的整合。

因此，如何协调港澳与珠三角9市之间的经济合作、产业联动、优势互补，促进整个湾区经济的协调发展是重中之重。香港、澳门，以及珠三角9市都需要在大湾区的背景下思考自身角色，避免区域内部的同质化发展和无序竞争。

另外，粤港澳大湾区的建设强调生产要素的互联互通，但由于经济发展等因素，目前4个中心城市对人才的吸引力远超大湾区其他城市。如果大湾区内部人才大量涌往中心城市，这对粤港澳大湾区整体的发展不利。广州、深圳、香港和澳门等中心城市在促进自身优化发展的同时，如何带动粤港澳大湾区内其他城市提速发展，共同打造世界级城市群和国际一流湾区，成为粤港澳大湾区在未来发展中必须面对的现实问题。

（三）制度壁垒

粤港澳大湾区内部在制度方面存在较大差异，这也使得粤港澳大湾区的建设面临着制度和体制机制协调的难题。

---

① 何光军：《粤港澳大湾区未来发展面临的挑战及出路》，《广东经济》，2018年第9期。

（四）社会制度差异与人文差异限制生产要素自由流动

粤港澳大湾区内部的制度差异，客观上限制了人才流、物流、资金流、信息流等生产要素的自由流动，导致三地在深度融合方面尚存在不少障碍。由于社会制度和历史文化等方面的原因，港澳地区在法律体系、法律传统、法制观念和贸易规则等方面与珠三角地区有较大差异，司法合作存在障碍，人们的思想观念也存在较大差异，导致粤港澳三地在经济、社会、文化等方面的深入交流融合不够顺畅。[①]在推动粤港澳大湾区发展的一系列相关政策，例如CEPA等的问题上，香港与内地的理念、认知、行动上尚有差异，不利于构建经济高度融合的粤港澳大湾区城市群。而在知识产权保护、科技创新伦理、实验室道德方面，由于香港澳门和内地的标准不同，在创新要素自由流动的过程中可能会产生不小的阻力。此外，在大数据中心和国际化创新平台建设到底是依靠政府推动为主还是市场推动为主的问题上，香港、澳门与珠三角9市的选择可能不同。珠三角9市可能比较倾向政府推动的模式，而香港、澳门则可能比较倾向市场推动的模式。粤港澳大湾区内部对各方面建设的思维差异可能会给大湾区要着力打造的大数据中心和国际化创新平台建设带来不少的挑战。[②]

（五）生态压力增大，人口红利减退

珠三角地区经过改革开放40多年的发展，其早期粗放型的经济

---

① 何光军：《粤港澳大湾区未来发展面临的挑战及出路》，《广东经济》，2018年第9期。

② 梁宙：《粤港澳大湾区的机遇与挑战：创新要素自由流动是难点》，界面新闻，2019年2月20日。

发展模式所产生的遗留问题逐渐浮出水面。粤港澳大湾区地处我国南海之滨，海域广阔，环境容量相对较大，但是由于对海洋生物多样性和生态环境保护的要求更高，加之经济社会发展对环保的要求也更高，粤港澳大湾区仍面临较强的环境约束。粤港澳大湾区在生产要素成本高企的形势下，低端产业逐渐向外扩散转移，而创新能力欠缺又导致高端产业发展不足，容易出现产业空心化问题。近年来，珠三角地区土地开发强度日益提高，已超过30%的国际警戒线。能源方面，粤港澳大湾区城市90%以上的能源都是依靠外省调入；劳动力成本方面，随着全国劳动年龄人口总数逐年持续减少，靠外省劳动力输入的珠三角地区近年出现了较为明显的用工荒，工资标准和福利待遇虽一再提高却仍然面临招工难的问题。另外，粤港澳大湾区许多城市近年来房价不断攀升，在一定程度上降低了本地区对人才的吸引力。这些问题都是粤港澳大湾区建设中必须面对的挑战。

第五章
粤港澳大湾区建设的战略路径

粤港澳大湾区建设已进入全面实施阶段。为了更好地贴近粤港澳实际，推进粤港澳大湾区发展，准确全面地贯彻落实党中央有关粤港澳大湾区建设的战略部署，有必要从战略的高度对粤港澳大湾区各城市功能进行进一步谋划与布局，特别是在重点领域合作方面，要构建科学、集约高效的大湾区发展格局。为此，粤港澳大湾区城市要着重加大以下几个方面的建设发展力度：打造国际科技创新中心，推进基础设施互联互通，构建协同发展现代产业体系，共建宜居宜业宜游的优质生活圈，进一步提升市场一体化水平，培育国际合作新优势，支持重大合作平台建设，等等。从目标而言，粤港澳大湾区建设战略路径的设置，一是最终真正实现建设“富有活力和国际竞争力的一流湾区”“高质量发展典范”的宏伟蓝图；二是推进协调合作，形成以共享、协作、分工和互补为指导原则的城市发展命运共同体；三是发挥粤港澳大湾区的独特优势，充分发掘粤港澳大湾区城市的内在动力和潜在能量，建立多圈多核、深度合作和协同创新发展的世界级城市群。

第一节 打造国际科技创新中心

在《规划纲要》中，“科技”一词出现了74次，并明确提出了要把粤港澳大湾区建设成为国际科技创新中心。这也成为粤港澳大湾区的重要战略定位之一。从某种意义上说，能否把粤港澳大湾区打造成为国际科技创新中心，是大湾区未来发展成败的重要衡量标准。那么，要完成这一战略目标，就必须充分认识粤港澳大湾区城市群在科技创新方面具备的优势和存在的问题，并研究如何结合这些实际情况，打造科技创新要素集聚、内生创新能力强大的国际科技创新中心。

粤港澳大湾区在打造国际科技创新中心的进程中具有以下几个方面的优势。

第一，粤港澳大湾区城市群区位和信息基础设施优势明显，为科技创新奠定了良好基础。从区位方面看，粤港澳大湾区地理位置十分优越，且发展空间广阔。不但有港阔水深的优良海港，而且拥有四大国际机场。到达“一带一路”沿线国家的飞行时长都在6小时以内，能够非常便利地实现与这些国家的深度科技交流与合作，对全球科技创新型人才流入粤港澳大湾区生活和工作具有强大的吸引力。信息基础设施方面，特别值得一提的是，香港在粤港澳大湾区都市圈的信息基础建设较为超前，不但技术先进，而且传输速度快，稳定性高，服务品质优良，能够为其他城市信息科技发展提供良好的借鉴。

第二，粤港澳大湾区城市各具产业特色，科技创新产业链较完整。与世界三大湾区产业布局情况相比较，粤港澳大湾区的制造业产业链更加完备，现代服务业发达，而且高科技产业链也很完善。例如：香港是国际金融、航运、贸易、资产管理和离岸人民币中心，大量国际型、复合型人才聚集；澳门一直以来以世界旅游和休闲中心著称；深圳具备高新科技研发和制造产业链（华为、中兴和腾讯等创新巨头为典型代表）；广州的轻工业和重工业发达，并正推进企业转型升级，构建高新现代产业新体系；东莞和佛山等市先进制造企业云集。正因如此，粤港澳大湾区内各个城市能够高效地进行分工和发展互补，并以此激发大湾区的科技创新活力。

第三，粤港澳大湾区城市拥有世界一流的学科群，能为科技创新输送世界一流的新型技术人才。例如：香港的香港大学、香港中文大学、香港科技大学等既是国际知名高校，同时又具备强大的科研能力。珠三角地区的中山大学、华南理工大学和暨南大学等高校的学术科研实力十分突出，科研经费的投入也长期处于较高的水平。正因如此，粤港澳大湾区城市众多具有创新创造能力的高校，以及以人才流动方式流入的国际高端科研人才，能够产生人才“叠加效应”，有利于粤港澳大湾区作为国际科技创新中心的崛起。

第四，粤港澳大湾区城市已有的国际交流平台，有利于促进国际国内科研资源的高效配置。目前，粤港澳大湾区内已经拥有一批科技创新交流合作平台，如香港科技大学霍英东研究院、深港科技创新合作区、珠海横琴粤澳合作中医药科技产业园、佛山粤港澳合作高端服务示范区等粤港澳合作平台等。上述平台使粤港澳大湾区各类创新要素（产业、成果、人才、资本和信息等）能够便捷有效地流动，促进大湾区内创新资源、创新成果和创新产业有效对接。

粤港澳大湾区在打造国际科技创新中心的过程中还存在着一些短板与问题。一是粤港澳大湾区的“开放程度”有待加强。为了促进创新要素在粤港澳大湾区内外进行跨界流动，让创新要素紧密联合与协作，有必要破除大湾区内的制度性障碍。然而粤港澳大湾区的“一个国家、两种制度、三个单独关税区、三种货币”的已有安排以及珠三角城市间的差异性等，影响到现阶段粤港澳区域的开放程度，开放型区域协同创新共同体的构建任重道远。二是粤港澳大湾区的独角兽企业数量不足。所谓独角兽企业，就是估值超过10亿美元，创办时间短，还没有上市的创业型企业。在2018年7月发布的《2018第二季度胡润大中华区独角兽指数》中，中国独角兽企业总数为162家。从区域来看，北京合计有67家企业上榜，占上榜企业总数的41%。上海和杭州分别名列第二（39家）、第三（20家）。深圳以13家位列第四。南京和广州分别名列第五（6家）、第六（5家）。其他城市合计12家，而香港和澳门没有一家企业上榜。因此从全国范围来看，粤港澳大湾区的独角兽企业数量明显不足，说明粤港澳大湾区的创新创业生态还有很大的提升空间。三是粤港澳大湾区内各个城市（行政区）的科技创新协同协作力度不足。一方面，各个城市的利益要求多元化；另一方面，利益需求难以统一，导致粤港澳大湾区都市圈存在着一定程度上的产业结构趋同、产业布局相似等情况，影响了大湾区的可持续协调发展，最终将会影响国际科技创新中心建设的发展步伐。

粤港澳大湾区在建设国际科技创新中心的进程中，优势与短板并存。为了发挥优势，避免或减少短板带来的制约，《规划纲要》从构建开放型区域协同创新共同体、打造高水平科技创新载体和平台、优化区域创新环境等三个方面提出了具体对策。

关于构建开放型区域协同创新共同体，一是要加强科技创新合作，包括积极吸引和对接全球创新资源，推进“广州—深圳—香港—澳门”科技创新走廊建设，加快国家自主创新示范区与国家双创示范基地、众创空间建设，鼓励境内外投资者在粤港澳设立研发机构和创新平台，等等。二是要加强创新基础能力建设，包括支持重大科技基础设施等在粤港澳大湾区布局建设，向港澳有序开放国家在广东建设布局的重大科研基础设施和大型科研仪器，加强应用基础研究，等等。三是要加强产学研深度融合，包括建立以企业为主体、市场为导向、产学研深度融合的技术创新体系，推动科技成果转化，支持设立粤港澳产学研创新联盟，等等。例如，就推进“广州—深圳—香港—澳门”科技创新走廊建设而言，这一科技创新走廊是粤港澳大湾区建设国际科技创新中心的核心平台和关键支撑。要沿走廊布局科技城、科学城、高新区和高技术产业基地等，加强原始技术创新、产业创新和研发成果转化，并发挥它们在科技创新方面的核心引领作用，汇聚人才、资金、技术和信息等创新要素，为粤港澳大湾区营造具有国际竞争力和影响力的创新发展生态。

关于打造高水平科技创新载体和平台，要建设培育一批产业技术创新平台、制造业创新中心和企业技术中心。包括国家自主创新示范区、军民融合创新示范区的创建，广州科学城、中新广州知识城等重大创新载体的建设，以及香港五大研发中心、香港科学园和香港数码港的建设，等等。特别是要支持粤港澳大湾区的高校、企业和科研院所共同打造的高水平协同创新平台，如设立粤港澳产学研联盟等，推动科技成果的持续转化。具体做法包括加大对创新载体和平台的稳定性支持，为产学研联盟等的正常运转、成果研发转化等提供持续稳定的财力保障；创新对创新载体和平台的投入机制，探索实施来自中央、地方和社会资本的多元化投入机制；等等。这些高水平科技创新载体和平台的打造，有助于引领世界产业变革，并打造先进的新兴产业发展策源地。具备这些载体和平台作为科技创新支撑，未来粤港澳大湾区将在国家乃至世界科技创新领域中占据重要的地位，为把自身建设成为国际科技创新中心起到巨大的促进作用。

关于优化区域创新环境，一是要深化区域创新体制机制改革。《规划纲要》提出，要“研究实施促进粤港澳大湾区出入境、工作、居住、物流等更加便利化的政策措施”，“支持粤港澳设立联合创新专项资金”，“香港、澳门在广东设立的研发机构按照与内地研发机构同等待遇原则，享受国家和广东省各项支持创新的政策”。目的是要对区域创新的各种体制机制进行改革，建立健全符合市场导向的创新激励机制，为科技创新破除制度障碍。促进各类创新要素流向最能体现其价值的地方，最大限度地激发区域内各类创新主体的活力。二是要促进科技成果转化。目前粤港澳大湾区的科技成果转化率比较低，科技成果往往不能成功地进行产业化和商品化。要通过创新机制、完善环境，将粤港澳大湾区建设成为具有国际竞争力的科技成果转化基地。具体做法上，包括共建成果转化平台、建设面向港澳的科技企业孵化器、构建科技创新投融资体系、建设科技创新金融支持平台等。要提高粤港澳大湾区的科技成果转化率，成功地实现科技成果的产业化，应当有针对性地、全方位地整合各种资源（研发成果、转化资金和生产设备等），突破科技创新与产业成果之间的藩篱，将产、学、研三者紧密地结合起来，以此来减少科技创新的盲目性，降低技术创新的风险和成本。三是要强化知识产权的保护和运用。对粤港澳大湾区而言，由于大湾区内都市圈企业、高等院校和科研机构数量众多，知识产权的产出量非常大。因此，有必要重视和加强知识产权的保护和运用，为粤港澳大湾区实施创新驱动发展战略，建设国际科技创新中心，建设具有国际竞争力的一流湾区创造良好的外部环境。《规划纲要》提出了“强化知识产权保护和运用”的行动路线图，包括“全面加强粤港澳大湾区在知识产权保护、专业人才培养等领域的合作”“强化知识产权行政执法和司法保护”“加强在知识产权创造、运用、保护和贸易方面的国际合作”“促进知识产权的合理有效流通”等。在“知识产权保护和运用”的实施和推进过程中，由于粤港澳大湾区“一个国家、两种制度、三种货币、三个关税区、四个核心城市”的格局特点，加上内地和香港、澳门适用的知识产权法律体系各不相同，为大湾区内各城市（地区）间的技术创新深度合作以及国际科技创新中心的打造带来了一定障碍。其中，如何打造粤港澳大湾区知识产权的合作机制（包括知识产权保护合作与知识产权运营服务合作等）是关键和重点。有必要成立粤港澳大湾区知识产权合作联盟，深化三地之间的知识产权合作，促使三地在知识产权咨询、代理服务等业务方面进行一定程度的互利开放，促使知识产权合作机制成为支撑粤港澳大湾区科技创新发展的重要制度设计之一。

粤港澳大湾区打造创新要素集聚的国际科技创新中心，具备现实的优势和良好的基础条件。粤港澳大湾区既拥有世界级的制造业基地、高端的生产服务业，又集聚着茁壮成长的高新科技产业。但与此同时，和世界三大湾区相比，粤港澳大湾区打造国际创新中心仍然有明显的制约因素。总体来讲就是科技实力“大而不强”“散而不聚”。因此，有必要进一步优化粤港澳大湾区的产业结构布局，从基础科学、技术开发和产业化应用等方面提升大湾区的整体科技含量，促使大湾区成为创新要素集聚的沃土，积极吸引和对接大湾区乃至全球创新资源，发挥大湾区引领全球创新、聚集辐射的功能效应。未来需要在提高粤港澳大湾区在科技创新方面的协同能力着手，突破制约创新要素集聚的障碍，为粤港澳大湾区打造国际科技创新中心谋求更大的发展空间。

第二节　推进基础设施互联互通

基础设施对一个国家或地区而言，具有基础性、先导性和全局性的作用。基础设施互联互通是粤港澳大湾区建设的优先领域，事关大湾区建设与发展的全局。主要包括交通基础设施、能源基础设施、信息基础设施和水资源基础设施等。（如高速公路、桥梁、高铁、港口、电厂、通信设施、防洪设施等）近年来，粤港澳大湾区产业向着深度融合、创新发展的方向推进，各项人文交流与合作顺利开展。粤港澳大湾区建设和发展速度的加快，对基础设施建设提出了更高的要求。实现基础设施的互联互通，有利于促进粤港澳大湾区资源要素更加高效便捷地流动，使得各种资源要素更加集约，并进一步加强大湾区内各个城市间的联系互动与交流合作。

一、构建现代化的综合交通运输体系

在粤港澳大湾区的建设和发展过程中，基础设施的互联互通应当视为重中之重。其中，交通基础设施的建设更是要先行一步。对比世界三大湾区，粤港澳大湾区的整体交通状况还有待完善。其

中，高速铁路和港口发展靠前，但高速公路及机场群组成的立体式海陆空交通网仍然相对落后。高速公路方面，虽然粤港澳大湾区的高速公路里程数达到了世界三大湾区的平均值，但从交通布局、交通网络密集度以及运行效率等方面来看，旧金山湾区、纽约湾区和东京湾区的高速公路体系更为完善。机场群方面，粤港澳大湾区人均航空出行次数低于世界三大湾区平均值，约为纽约湾区的四分之一。面对粤港澳大湾区巨大的市场潜力，应当长远规划、科学布局，提高大湾区城市群各机场的吞吐量；应当在提振区域航空市场供给能力的同时，降低大湾区的航空运输成本，为大湾区内人流与物流的大进大出创造良好的条件。

根据《规划纲要》的战略安排，要“构筑大湾区快速交通网络。以连通内地与港澳以及珠江口东西两岸为重点，构建以高速铁路、城际铁路和高等级公路为主体的城际快速交通网络，力争实现大湾区主要城市间1小时通达。编制粤港澳大湾区城际（铁路）建设规划，完善大湾区铁路骨干网络，加快城际铁路建设，有序规划珠三角主要城市的城市轨道交通项目。加快深中通道、虎门二桥过江通道建设。创新通关模式，更好发挥广深港高速铁路、港珠澳大桥作用。推进莲塘/香园围口岸、粤澳新通道（青茂口岸）、横琴口岸（探索澳门莲花口岸搬迁）、广深港高速铁路西九龙站等新口岸项目的规划建设。加强港澳与内地的交通联系，推进城市轨道交通等各种运输方式的有效对接，构建安全便捷换乘换装体系，提升粤港澳口岸通关能力和通关便利化水平，促进人员、物资高效便捷流动”。这意味着要着力构建多向立体的粤港澳大湾区交通通道，包括铁路、公路、桥梁、口岸通关等在内的粤港澳大湾区交通网络，促进粤港澳大湾区交通一体化发展。

（一）港珠澳大桥

港珠澳大桥已于2018年10月24日正式通车。作为全世界最长（55千米）的跨海大桥，港珠澳大桥跨越了伶仃洋，连接了香港大屿山、澳门和广东珠海，使得穿梭于三地之地的交通时间大为缩短。自此，驾车从香港到珠海、澳门，从以前的3小时缩短至45分钟。这为打造粤港澳大湾区“1小时生活圈”打下了良好的基础，有利于三地交流及大湾区的未来建设发展。

“一桥飞架三地，天堑变通途。”港珠澳大桥的建成牵一发动全身，对于珠三角西部城市和地区而言可谓是起到“全盘激活”的作用。根据有关规定，港珠澳大桥通车后，可通行车辆包括跨境巴士、穿梭巴士、跨境出租车、跨境货运车辆、跨境私家车等。这使珠三角东部地区与西部地区之间的经济联系与要素流动更为顺畅，三地人员往来更加便捷。港珠澳大桥的建成通车，打破以往珠江东西两岸发展不均衡的态势。以往珠江东岸由于其独到的地理区位优势，在人才、技术和资本的积聚上具有绝对“压倒性”的优势。甚而在相当长一段时间内形成了“马太效应”——穷者愈穷，富者愈富。以珠海、澳门等为代表的珠江西岸城市要素集聚能力不强，发展相对滞后。港珠澳大桥的建成，有利于推进粤港澳大湾区城市群的均衡发展，特别是香港与深圳的经济和产业辐射效应，对珠海和其他珠江西岸城市而言，具有特别重大的支撑和带动作用。例如，香港地区的金融、贸易和航运等服务业能够快捷地延伸到珠江西岸，而珠江西岸城市可以更为快捷有效地对接香港、深圳的创新资源等。

从总体来看，港珠澳大桥的建成通车对整个粤港澳大湾区而言有着合作共赢的“叠加效应”，对粤港澳城市群的发展来说有利于区划关系的融合。港珠澳大桥推动了粤港澳大湾区基础设施的互联互通。但要打造真正高质量的互联互通，就不应当止于交通层面。还要从粤港澳三地的体制机制入手，推动该地域人流、物流和资金流的高效流通。

（二）广深港高速铁路

未来要把粤港澳大湾区建成富有活力和国际竞争力的一流湾区和世界级城市群，建成高质量发展的典范，建成国际科技创新中心，建成内地与港澳深度合作的示范区，建成宜居宜业宜游的优质生活圈，等等。要实现上述战略目标和美好愿景，广深港高铁的开通可以视为一个重要的开端。它是促进粤港澳大湾区基础设施互联互通重要的先行先试之举。从某种意义上说，广深港高铁将推动珠三角同城化的进程。广深港高铁不仅是连接粤港澳大湾区城市群的轨道交通，还是接驳内地城市、便民利港的全国高铁网的重要线路。

2018年9月23日，广深港高铁香港段正式通车运营，不仅意味着广深港高铁全线贯通，也意味着香港与内地高铁网实现了互联互通。广深港高铁线路始于广州南站，终于香港西九龙站，全长141千米，共设7个车站，是北京—广州—深圳—香港高速铁路的重要组成部分，形成了“四纵四横”铁路快速客运通道及“八纵八横”高速铁路主通道中的“一纵”。相对全国来说，珠三角城市群交通网络密集，较为发达。但与周边地区的联系还有待增强，广深港高铁的开通对香港与外部的联系而言意义重大。自广深港高铁开通后，香港与内地44个城市之间的高铁班列陆续开通。而香港也结束无高铁时代，正式成为全国高铁站点中的一员。

广深港高铁途经广州南站、庆盛站、虎门站、光明城站、深圳北站、福田站和西九龙站，这些站点中部分站点处在待开发的区域，地理位置重要。对粤港澳大湾区建设和发展来说，广深港高铁的开通相当于打通了一条大动脉，大大推动了大湾区各城市空间格局的转变，也将拓宽香港与珠三角地区间的人流、物流和信息流通道，促进香港与内地之间科学技术、经济文化的交流。此外，广深港高铁的开通以及“一地两检”的通关模式，不仅方便了往返粤港两地的旅客，节约了旅客出行的时间成本，而且对粤港澳大湾区的文化发展、人才交流、金融服务和贸易往来有着积极的意义，进而增强了人民的获得感和幸福感。

总之，广深港高速铁路对粤港澳大湾区具有重大的战略意义。一是密切了粤港澳大湾区城市群内部城市间的合作与交流。二是更多的粤港澳大湾区城市可以通过高铁对接外部。三是有利于促进香港与内地之间的人员往来和经贸活动，加速香港和内地的优势互补及共同发展。广深港高铁的开通促进香港融入国家发展大局，并推进了粤港澳大湾区建设和“一带一路”建设。

（三）南沙大桥（又称“虎门二桥”）

《规划纲要》提出，要构筑粤港澳大湾区快速交通网络，加快深中通道、虎门二桥过江通道建设。2019年4月2日，南沙大桥正式开通运行。大桥全长12.9千米，为双向八车道高速公路。它飞架珠江口，起于广州南沙，止于东莞沙田，终点与广深沿江高速公路相接。在南沙大桥投入使用之前，广深莞及周边地区通行的首选通道为虎门大桥。虎门大桥也曾是连通深圳、珠海、香港、澳门的交通咽喉，交通需求量大。而虎门大桥日均车流量8万辆次的交通承载力，过去一度不能满足珠江口东西岸之间的交通需求（包括东西岸的商务往来、货物速递和家庭通行等），“堵”成为虎门大桥上的常态。为了突破这一困局，南沙大桥的规划与建设成为重点。南沙大桥距离虎门大桥10千米，同样连通广州、深圳和东莞三座城市，连接南环、广深沿江两大高速要道，地理位置十分优越。此外，南沙大桥拥有比虎门大桥更大的体量。它是世界上跨径最大的钢箱梁悬索桥，大桥桥面宽40.5米，设计时速为100千米。它的标准日均车流量达到10万辆次，比虎门大桥整整多了2万辆次。对比虎门大桥，选择南沙大桥通行，从东莞到广州南部的通行时间可缩短约半小时。南沙大桥极大地缓解了虎门大桥的通行压力，并促进了广州南沙、番禺，东莞和深圳四地之间的联系，加快区域间人流、物流等经济发展要素的流动。南沙大桥更深远的意义在于，它加快了粤港澳大湾区快速交通网络的形成，有利于完善粤港澳大湾区城市群交通体系，推动广深莞“1小时经济圈”的打造。

未来珠江口将建设6条跨江公路通道，包括珠江黄埔大桥、虎门大桥、港珠澳大桥、南沙大桥（上述四座大桥均已通车），以及深中通道和莲花山过江通道（正在加紧推进）。南沙大桥作为6条重要通道之一，将连接纵向的广深沿江高速、广珠东线、广珠西线等“黄金通道”，织密粤港澳大湾区的交通网络，形成“梯形状”的快速通道。

（四）深中通道

粤港澳大湾区有11个城市分布在珠江口的东西两岸，实现东西两岸城市之间的交流与合作，先要解决交通上的互联互通问题。

正在修建的深中通道有助于突破交通上的障碍，助力粤港澳大湾区“1小时交通圈”目标的实现。深中通道连接中山与深圳，总长24千米，采用“东隧西桥”的设计方案，是集“桥、岛、隧和水下互通”于一体的世界级集群工程。可实现中山与深圳之间的直接通达，拉近两座城市之间的交通距离，也缩短两座城市间的交通时间，预计于2024年投入使用。

单就中山与深圳而言，深中通道的修建必然有利于加强两地间人、财、物和信息的交流与合作。而站在粤港澳大湾区发展的视角来观察，深中通道建成通车后，必然会加强珠江口东西两岸人才的交流，并形成新的人才分布格局。作为“深莞惠”与“珠中江”两大经济圈的唯一直连通道，深中通道不仅将为深圳辐射珠江东西两岸提供便利的交通条件，也将为粤港澳持续合作开辟广阔的发展空间。

（五）城际铁路、城市轨道交通

《规划纲要》明确提出，加强基础设施建设，畅通对外联系通道，提升内部联通水平，推动形成布局合理、功能完善、衔接顺畅、运作高效的基础设施网络，为粤港澳大湾区经济社会发展提供有力支撑。建设并管理好粤港澳大湾区高速铁路、城际铁路、高等级公路等交通通道，是提升内部联通水平的关键。

从实际情况来看，当前深圳与珠江西岸联通的铁路必须通过广州南站绕行，且车次较少，不能满足客运量的需要。远期来看，珠江东西两岸间的人流、物流密集，客流密度较高，有必要开通城际铁路，满足珠江东西两岸间快速联系的需求，并推动珠江两岸深层次融合发展。例如，在城际铁路方面，中深惠城际、广深中轴城际、深珠城际等的建设有利于实现环珠江口集聚区间的跨江联系，满足广深城市中心之间旺盛的城际出行需求，加强深圳与珠海之间的城际联系。特别是未来广深中轴城际的建设，是考虑到目前广深铁路最高时速为200千米，且广深港高铁线路运行能力基本达到了饱和状况，而新增一条深圳至广州中心区的高速轨道交通通道十分必要。可采取磁悬浮的方式进行规划建设（时速可超过500千米），以保证广深中心城区之间可在15分钟内通达，莞深和广莞中心城区之间也可以实现10分钟内通达。充分发挥广州作为国家中心城市和综合性门户城市、深圳作为全国性经济中心城市和国家创新型城市的引领和带动作用。此外，在深圳和珠海之间修建一条高铁，相当于在珠江东西两岸形成高频次的铁路通道。既有利于突破珠江在地理上对两岸的阻隔，促进东西两岸协同发展；又将大大缓解广州南站枢纽的压力，增强粤港澳大湾区对其他地区各大城市的辐射带动功能。

在城市轨道交通方面，2018年9月23日，连接香港、深圳、东莞和广州的总长141千米的广深港高速铁路正式开通，粤港澳大湾区城市轨道交通建设即将进入快车道。目前除广州、深圳两地的地铁线路增线规划外，粤港澳大湾区内未来将有近50条地铁线路和逾200个站点逐步建成并投入使用。此外，城市轨道交通正在加紧建设延长线，通达相邻城市。例如：中山核心区将会有广州地铁18号线、佛山地铁11号线和深圳地铁33号线延伸进来。根据规划，至2030年粤港澳大湾区将基本实现县级以上城镇的轨道交通全覆盖，覆盖率达66%以上。着力提升城市轨道和城际铁路等交通基础设施互联互通的水平，有利于实现粤港澳大湾区主要城市间1小时通达，加快大湾区“1小时生活圈”的形成，促进大湾区城市间的融合与交流。

（六）粤港澳大湾区新口岸项目

为加强港澳与内地之间的交通联系，改善和缓解港澳口岸通关压力，完善粤港澳大湾区“1小时生活圈”布局，大湾区新口岸项目，包括莲塘/香园围口岸、粤澳新通道（青茂口岸）、横琴口岸、广深港高速铁路西九龙站等正在加紧规划建设。

以莲塘/香园围口岸为例，此口岸于2019年9月正式开通，它位于沙头角与文锦渡之间，是连接香港与深圳的第六个跨境口岸，口岸将接驳深圳多条高速公路（如东部沿海高速公路、深惠高速公路及深汕高速公路等）。作为首个以“人车直达”的概念设计和兴建的口岸，将分流附近的沙头角口岸和文锦渡口岸的客流量和车流量，并进一步推进香港与深圳之间的互补和互惠互利关系，辐射至广东东部和邻近省份，使得香港与广东东部、福建和江西之间的行车时间大为缩短。在设计上，莲塘/香园围口岸每天可处理车辆17850架次及旅客3万人次，今后将成为香港与深圳东、惠州及粤东其他地区之间高效率的跨境通道。

再以粤澳新通道（青茂口岸）为例，该口岸跨越珠海、澳门两地，所使用的新边检站于2019年11月完成建造。口岸的建成将有利于减缓原来珠海拱北口岸的通关压力，借助“合作查验，一次放行”的通关创新模式，以及24小时通关设置，大大缩短通关时间，未来在青茂口岸“秒过关口”将成为现实。从交通和经济层面进行考虑，未来青茂口岸的建成将使得粤港澳大湾区城市群的“血脉”更加通畅，有利于实现广珠城轨与澳门轻轨的便捷对接，并成为推动澳门北部地区发展的一个重要契机。此外，还有新横琴口岸（即澳门莲花口岸整体搬至横琴），也改变以往搭坐穿梭巴士，在莲花大桥来回摆渡的通关模式，彻底提高珠海与澳门间的通关效率，极大地方便澳门居民在横琴的投资、工作和生活，推进人流、物流、资金流、信息流跨境高效便捷地流动。

推动粤港澳大湾区的建设与发展，交通基础设施先行一步的重要意义不言而喻。作为粤港澳大湾区建设的基本内容和重要载体，交通基础设施建设有利于持续提升大湾区内外部的交通通达度和合作程度。当前，粤港澳大湾区海陆空通道已基本成网，为大湾区的人流和物流便利化打下了良好的基础。为形成功能完备、衔接顺畅和经济高效的“一带一路”门户和枢纽提供了高效便捷的交通条件。未来粤港澳大湾区还将通过不断加快交通基础设施建设，推进交通的互联互通。一是快速提升珠三角高速路网的密度，二是打造粤港澳大湾区呈“梯形状”分布的快速通道，三是构建大湾区“12312”（大湾区内实现以香港—深圳、广州—佛山、澳门—珠海为核心的“1小时交通圈”，大湾区至粤东西北各市陆路2小时通达，大湾区至周边省会城市陆路3小时通达，与全球主要城市12小时通达）的综合交通圈。例如：粤港澳大湾区的“海空联运”水路客运快线开创了往来港澳的便捷通道，粤港跨境甩挂运输试点稳步推进，“岭南通”实现与香港、澳门的互联互通，等等。而珠江口东西两岸地区之间的连接也越来越紧密。例如：港珠澳大桥、珠江黄埔大桥、南沙大桥陆续建成通车，深中通道正在加紧推进，莲花山过江通道也已启动了前期工作。这些重要的交通基础设施有利于织起粤港澳大湾区的“梯形状”快速通道。到2022年底，粤港澳大湾区将形成“12312”交通圈。这将推动粤港澳大湾区内部，以及通达外部的快速交通网络建设，有利于全面建成现代化的综合交通运输体系，进而密切大湾区内外部之间的经济交流与人文合作。

二、优化能源安全保障体系

推动粤港澳大湾区的建设与发展，“硬联通”是基础和前提，其中能源安全保障体系的打造是“硬联通”的重中之重。因为能源是支撑经济社会发展的基础，能源基础设施是建设富有活力和国际竞争力的一流湾区的重要物质基础。未来要把粤港澳大湾区建设成为宜居宜业宜游的优质生活圈，营造“蓝天碧水、绿水青山”的人居环境，必须不断优化和改进能源的利用和消费方式。

当前，粤港澳大湾区在能源安全保障方面仍然面临着一系列的问题。首先，粤港澳大湾区能源利用水平与世界一流湾区差距明显，未来还有较大提升空间。例如，2018年广东省全社会用电量超过6000亿千瓦·时[①]，虽然已达到中等发达国家用电水平，但距离世界三大湾区的用电水平还很远。其次，粤港澳大湾区的能源消费强度明显高于发达国家水平，用能质量亟待提高。粤港澳大湾区的能源消费强度虽然显著低于全国平均水平，但与发达国家和地区相比，仍有不小的下调空间。最后，粤港澳大湾区的能源消费结构仍待优化，化石能源比重依然较高，有必要充分开发利用丰富的海上风能、分布式能源等。尤其值得注意的是，香港地区的能源消费结构中超过九成都依赖于进口煤、油产品，剩余部分则来自内地的电力净进口，本地非化石能源占比较低。对比旧金山湾区所在的加利福尼亚州，该州2018年通过法案，规定2025年和2030年分别要达到

① 《广东省2018年全社会用电量突破6000亿千瓦·时　领跑全国》，中国电力新闻网，2018年12月14日。

50%和60%的可再生电力，2045年更是要达到100%的可再生电力。[①]

根据《规划纲要》，粤港澳大湾区的建设和发展，需要建设能源安全保障体系，优化能源供应结构。大力推进能源供给侧结构性改革，优化粤港澳大湾区能源结构和布局，建设清洁、低碳、安全、高效的能源供给体系。与此同时，《规划纲要》提出，大力发展绿色低碳能源，加快天然气和可再生能源利用，有序开发风能资源，因地制宜发展太阳能光伏发电、生物质能，安全高效发展核电，大力推进煤炭清洁高效利用，控制煤炭消费总量，不断提高清洁能源比重。《规划纲要》还提出，强化能源储运体系，加快推进珠三角大型石油储备基地建设，统筹推进新建液化天然气（LNG）接收站和扩大已建LNG接收站储转能力，依托国家骨干天然气管线布局建设配套支线，扩大油气管道覆盖面，提高油气储备和供应能力。

当前，粤港澳大湾区城市群正在着力调整优化能源结构，严格控制新增煤炭消费，建设清洁低碳、安全高效的现代能源体系。例如：作为海洋石油投资最为集中的地区之一，粤港澳大湾区已经成为我国海洋石油工业重要的战略发展基地。截至2018年底，单以中国海油为例，该公司在南海共有70个在产油气田，累计生产原油超3.3亿吨，天然气超1300亿立方米，为保障粤港澳大湾区能源供应安全打下了坚实的基础。[②]此外，广东地区的海上风电建设和核电、天然气发电和光伏发电等清洁能源开发正在加紧推进当中。通过发展清洁能源，替代分散燃煤小锅炉，可以不断提高非化石能源消

① 王倩：《大湾区规划观察：绿色能源助力大湾区破解能源安全保障挑战》，澎湃新闻网，2019年2月21日。

② 杨漾：《深挖南海油气资源潜力，保障粤港澳大湾区能源安全》，澎湃新闻网，2019年3月12日。

费比重。作为稳定的大容量电源，粤港澳大湾区也在大力发展核电项目。而香港地区的能源结构也在广东地区的支持下实现转型。例如：2012年西气东输二线工程已实现向香港供气，同时持续增加向香港供应核电等清洁电能。一方面提高香港的能源保障能力，另一方面有利于为香港建设清洁、低碳的能源供给体系。未来随着粤港澳大湾区经济社会等的持续稳定发展，以及能源产业与互联网技术等的深度融合，粤港澳大湾区能源安全保障体系将朝着高质量发展的方向推进。根据国家能源生产和消费革命战略设想，非化石能源占能源消费比重到2050年将超过一半。粤港澳大湾区清洁能源占比预计将于2035年达到80%，清洁低碳水平届时将居全国领先地位。

未来粤港澳大湾区能源体系建设谋划，必须考虑到大湾区在建设发展过程中面临的一系列挑战，包括生态环境压力日益增大，发展空间面临瓶颈制约，资源能源约束趋紧，等等。有必要强化电网与油气等储运体系的建设，保证能源的充足、安全供应。具体来说包括电网建设、大型石油储备基地和LNG接收站的建设等。通过完善粤港澳大湾区内城镇输配电网络，扩大油气管道覆盖面，推进广州、珠海等国家煤炭储备基地建设，促进粤港澳大湾区内部的能源要素高效顺畅地流动。此外，还要重点开发和加大清洁、绿色、低碳能源的供应。这主要指的是天然气、风能、太阳能、生物质和核能等。特别要严格控制和减少煤炭的使用和消费量，减轻生态环境压力。单就广州地区而言，预计到2035年，广州将建成500千伏变电站20座，220千伏变电站124座，110千伏变电站615座，将极大地助力粤港澳大湾区的建设与发展。而西电东送项目的启动，不但有利于将粤港澳大湾区外的清洁能源源源不断地输送进来，还将提高广东电网抗风险的能力，提高粤港澳大湾区的供电可靠性与稳定性。由于粤港澳大湾区各城市处于沿海地带，经常会受到台风等自然灾害的侵袭，未来有必要提高沿海重要输电设施的设防标准，力求在极端自然灾害出现时，大湾区的核心区域与关键用户不停电、少停电。核心区域包括广州中新知识城、深圳前海和珠海横琴新区等区域，未来要确保这些区域年均停电时间少于5分钟，与国际同类城市供电水平持平。要研究完善广东对香港、澳门的供气管道与输电网络建设，确保两地能源供应安全和稳定。

湾区发展，能源先行。要优化粤港澳大湾区能源安全保障体系，必须有效促进能源工业的全面发展。特别是要从科学技术方面挖掘潜力，推进关键技术创新，提升装备制造水平，加强能够引领能源产业和能源技术实现跨越式发展的前沿技术研究，使得科学技术真正成为粤港澳能源发展的动力源泉，从而进一步缩小粤港澳大湾区能源安全保障水平与世界三大湾区之间的差距。同时，也要正视粤港澳大湾区在能源领域面临的挑战，包括能源消耗带来的城市污染，以及当前能源进口依赖度较高而导致的潜在能源供应安全等问题。未来要更加关注如何提高能源使用的效率。

三、推动信息基础设施建设

在粤港澳大湾区建设过程中，要不断加强和完善基础设施建设。粤港澳大湾区作为具有广阔面积、众多人口的联系紧密的港口城市群，本质上是扩大了的超级城市。推进基础设施建设，要特别强调“大基建”的概念。这就是说，不仅要实现交通基础设施的高度互融互通，还需要营造优良的生态环境、发达的能源基础设施，并需要高度重视智慧城市建设，注重新一代信息基础设施的建设与发展。《规划纲要》明确提出，要在粤港澳大湾区建成智慧城市群。这标志和象征着粤港澳大湾区建设国际一流智慧城市群迎来了历史机遇期，即将驶入快车道。

关于如何实现这一目标，《规划纲要》提出了具体的路径安排：推进新型智慧城市试点示范和珠三角国家大数据综合试验区建设，加强粤港澳智慧城市合作，探索建立统一标准，开放数据端口，建设互通的公共应用平台，建设全面覆盖、泛在互联的智能感知网络以及智慧城市时空信息云平台、空间信息服务平台等信息基础设施，大力发展智慧交通、智慧能源、智慧市政、智慧社区。推进电子签名证书互认工作，推广电子签名互认证书在公共服务、金融、商贸等领域应用。共同推动大湾区电子支付系统互联互通。增强通信企业服务能力，多措并举实现通信资费合理下降，推动降低粤港澳手机长途和漫游费，并积极开展取消粤港澳手机长途和漫游费的可行性研究，为智慧城市建设提供基础支撑。总而言之，打造智慧城市群，一是要建设好粤港澳大湾区信息基础设施，在城市群管理的各个环节和方面加强信息技术的运用；二是打破粤港澳大湾区内城市间的行政壁垒，推进电子签名证书互认；三是合理下降粤港澳大湾区内城市间的通信资费，促进互融互通。

在信息基础设施建设方面，主要加强粤港澳大湾区城市群的光缆、微波、卫星、移动通信等网络设备设施建设，最终促进城市群的智能互联、协同创新和宜居宜业。粤港澳大湾区已经走在了国内信息基础设施建设的前列。以香港为例，香港是全球范围内Wi-Fi热点最密集的区域之一。香港和澳门在海关、金融、服务业、民生行业的信息化应用水平居于全球前列。未来粤港澳大湾区内的香港、澳门、广州、深圳四大中心城市将发挥以点带面的作用，通过辐射周边城市的发展，促进大湾区内各个城市的信息基础设施建设。具体来说，粤港澳大湾区内四大中心城市应当在智慧出行、智慧生活、智慧环境、智慧政府等领域加大建设投入，促进城市群智慧化程度的优化升级。

在智慧政府建设方面，2017—2018年度香港总计投入89亿港元，用于政府的信息及通信科技开发。为实现智慧出行的目标，香港将于2020年完成所有干道交通探测器的安装，实现交通大数据的实时采集，为智能交通调度提供决策基础。在建设智慧环境方面，香港积极推行“智慧灯柱”的建设，未来全港将建设400根智慧灯柱，除了提供照明功能，还可以收集天气及环境数据，感应行人和车辆信息，并提供免费Wi-Fi信号。在香港机场，人脸识别技术已经进入深度的应用阶段，为旅客提供无缝的机场行程体验，使旅客能够快捷地完成值机、登机牌检查和登机等系列流程。此外，与《规划纲要》“多措并举实现通信资费合理下降”的目标相关，香港已经完成了全港网络通信的底层铺设，无论是网络服务水平，还是移动电话用户渗透程度和住户宽带渗透程度，都远远超过了粤港澳大湾区内其他城市，对粤港澳大湾区智慧城市群建设起到辐射引领的作用，为合理降低湾区内通信资费水平创造了条件。

作为国家中心城市，广州早些年即着手打破政府各部门间的信息壁垒，使各个“信息孤岛”实现联通，并全面整合和深入挖掘利用跨部门的信息资源，对粤港澳大湾区建设智慧城市群将起到极大的推动作用。广州在信息基础设施建设方面，也拥有巨大的优势。作为国家互联网三大交换中心之一，全国互联网3个核心节点和国际出口之一，广州建成了相对完善的宽带信息网络，对物联网技术的研究与应用也取得了突破性的进展。广州已经开发应用了包括交通、政务、医疗、金融等在内的智慧城市模块，形成了集产业、技术、模式、资本于一体的开放复杂的智慧城市系统，将城市的各种智慧元素进行了整合统筹，实现了全局优化。在智慧医疗方面，各个医院推出的导诊系统能够对患者实现准确高效的就医导诊，将病人准确地导引到诊疗经验丰富的医生处就诊。就医效率和效果明显提升。在智慧交通方面，广州着力打造信息化交通格局，智能交通系统为全市交通组织和管理提供了数据支持和辅助决策。例如：广州在公共交通领域开发乘车码并实现应用，现已覆盖市内所有公交车。广州地铁支持云闪付等购票方式，并成为国内首个支持地铁全线网刷手机二维码过闸的城市。在智慧城管方面，广州开展了工地夜间施工实时管控，对多个汽车加气站监控视频实施共享联网等，智能化管理的程度不断提高。在高质量智慧产业方面，广州已聚焦IAB、NEM产业发展，一方面为创建科技创新枢纽型城市奠定产业基础，另一方面也助力广州智慧城市的建设发展。

从全球视野来看，世界三大湾区在智慧城市群的发展上各有千秋。纽约湾区以政府为推动，提出了“数字纽约”的建设概念，高科技公司对于智慧城市的发展起到了关键作用。东京湾区的智慧城市群建设依靠大财团和大学之间的合作推动，形成了产业聚合和分工协调的态势。旧金山湾区依托人才优势和高校资源，智慧城市技术在全球遥遥领先。未来在粤港澳大湾区建设智慧城市群，核心是树立起一套崭新的城市发展理念，运用物联网、云计算、大数据、宽带信息网等新一代信息技术，实现城市群智慧式的管理与运行，以抢占城市群发展的制高点。区别于世界三大湾区的地方是，粤港澳大湾区涉及一个国家、两种制度、三种货币、三个关税区，未来必须融合各个智慧城市的操作系统，才能使得大湾区城市的各项政府公共政策和服务实现联动式发展。同时还需要突破粤港澳大湾区城市群的信息壁垒，整合各种数据资源，实现城市内、城市间包括文化、环境、产业等方面的互联互通，才能真正实现粤港澳大湾区“智慧城市群”的建设目标。而打造“智慧城市群”目标的实现，最终是为了加快粤港澳大湾区信息化建设并提升其智能化水平，使其以更为智慧的方式运行（包括智慧出行、智慧生活、智慧环境、智慧政府、智慧经济等），为深化粤港澳合作、推动粤港澳大湾区发展提供创新动力。

四、强化水资源安全保障

水是人类生存、社会发展不可或缺的物质资源，强化水资源安全保障，做好“水文章”，对建设和发展好粤港澳大湾区具有十分重大的意义。从全国范围看，我国可利用的淡水资源不多，总体属于缺水型国家。从粤港澳大湾区这一局部区域来看，大湾区地理环境的最大特点是与水相连。相较于煤炭等能源，粤港澳大湾区的水资源较为丰富，但仍存在着水资源时空分布不均、水质性缺水比较严重的问题。为粤港澳大湾区建设提供可靠的水资源安全保障，是亟待研究解决的重大问题。

首先，从粤港澳大湾区水资源分布状况来看，存在时空分布不均的状况。在时间分布方面，粤港澳地区在4至10月进入汛期，降雨量丰沛。11月至下一年度3月进入枯水期，降雨量明显不足，造成用水紧张。在空间分布方面，珠三角东岸和西岸水资源开发利用程度有着很大的差别。东岸城市地区（包括深圳、东莞、惠州、广州东部以及香港等经济发达地区）经济相对发达，地区生产总值占比较高而导致水资源开发程度超过了30%。东岸地区水资源主要来自东江，开发利用程度已逼近国际公认的警戒线，用水趋于紧张。西岸城市地区由于经济开发强度低于东岸，地区生产总值占比不高，因此水资源开发利用程度在3%左右徘徊，水资源丰富。其次，从水质污染程度来看，粤港澳大湾区水域部分河段污染比较严重，水质性缺水状况突出，水环境亟待改善。粤港澳大湾区的水体污染，一是来自巨量人口带来的生活污水排放，二是来自工厂的生产污水排放。当排污处理不当时，生产、生活污水都会被直接排入江河系统。以广州为例，广州“散乱污”企业数量很多，生产处于粗放状态，是水污染产生的重要源头，也是水污染治理工作的重点和难点。近年来，广州、深圳和东莞三地生活、生产缺水问题突出，香港和澳门的应急备用水源亟待加强，水资源安全保障的问题应当引起高度重视。

针对水资源时空分布不均、水质性缺水比较严重的问题，必须按照《规划纲要》提出的“完善水利基础设施”等措施推进水利工作，更好地为粤港澳大湾区建设提供安全可靠的水资源保障。要重点做好珠三角水资源配置工程和对澳门第四供水管道的建设工程，做好节约水、涵养水等水利工程建设工作。例如：加快珠三角水资源配置工程建设，就是要着力于解决水资源空间分布不均衡的问题。通过把水资源相对充沛的西江水引至珠三角东岸，解决广州东部、深圳和东莞等地生活、生产缺水问题，并为香港等地提供应急备用水源，使粤港澳大湾区未来经济社会发展具备均衡而充分的水资源保障。其中，珠三角水资源配置工程于2019年全面开工建设。它西起西江干流佛山顺德鲤鱼洲，东至深圳公明水库，输水线路总长113.2千米，管线穿越珠三角核心城市群。可以说，它是粤港澳大湾区继港珠澳大桥之后的又一“超级工程”。除此之外，粤港澳大湾区还将尽力优化珠海、澳门区域水资源配置，加快推进对澳门第四条供水管道工程、珠海平岗—广昌原水供应保障工程等的建设。在节约水、涵养水等水利工程建设方面，粤港澳大湾区实施的水总量控制制度，正起到积极的作用。具体来说，在水资源相对短缺的珠三角东岸流域，采用分配制将东江可供分配的水资源分配到流域内的各市，形成使各地主动节约用水的“倒逼机制”。此外，为解决东江流域水资源时间分布不均问题，在该流域实施全年水量调度，丰水期拦蓄下来的水留供枯水期使用，实现水资源在时间上的均衡配置。

为了保障水资源安全，必须按照《规划纲要》的要求，补齐水利防灾减灾短板，完善水利防灾减灾体系。中共广东省委、省政府于2014年作出实施中小河流治理的重大决策部署，决定于2015—2020年期间，对山区五市（韶关、河源、梅州、清远、云浮）实施中小河流治理，治理河长共计8264千米，总投资159亿元。治理工作对粤港澳大湾区全面提升水利防灾减灾能力起到了积极作用，不仅明显改善了水生态环境，而且带动改善了治理流域内的人居环境，提高了防洪防潮减灾应急能力。鉴于已取得的成效，广东从2018年起将治理经验和做法复制推广到全省其他16个市，再投入171亿元，规划治理河道长度达到7848千米。而珠江干支流河道崩岸治理工程，北江流域潖江蓄滞洪区等重点防洪工程，江海堤围达标加固、城市易涝点整治等工程正在加紧推进。未来这些工程将进一步补齐防洪短板，全面提升粤港澳大湾区水利防灾减灾能力。

《规划纲要》提出，要“完善水利基础设施”，“完善水利防灾减灾体系”。

第一，完善水利基础设施。粤港澳大湾区在世界前几大湾区中人口最多，经济总量居于前列，对水资源的需求量非常大。前已述及，珠三角地区珠江东西两岸水资源分布不均，开发利用极度不平衡。因此，一方面要采取切实有效的措施解决水资源时空分布不均问题，另一方面必须积极开展节约水、涵养水的行动，最大限度保障粤港澳大湾区的用水安全。《规划纲要》明确提出，应当“大力推进雨洪资源利用等节约水、涵养水的工程建设”，要“严格珠江水资源统一调度管理”，“加快推进珠三角水资源配置工程和对澳门第四供水管道建设”，“加强饮用水水源地和备用水源安全保障达标建设及环境风险防控工程建设”。

第二，完善水利防灾减灾体系。粤港澳大湾区是中国受台风、洪涝影响最多的区域之一。在水利灾害严重的年份，区域内的东、西、北江可能同时发生特大洪水等灾害，造成区域内人员伤亡与财产损失，各类设施安全也会受到威胁。因此，必须高度重视水利防灾减灾体系建设，积极开展重要支流、湖泊和中小河流治理。《规划纲要》明确指出，要“加强海堤达标加固、珠江干支流河道崩岸治理等重点工程建设，着力完善防汛防台风综合防灾减灾体系”，“强化城市内部排水系统和蓄水能力建设”，“推进病险水库和病险水闸除险加固”等。当前珠江流域已经建成了完善的防洪工程体系，珠江三角洲水库、水电站、堤围工程的建设总量位居全国前列。针对城市内涝问题，粤港澳大湾区的广州、深圳等地级市的防御标准为百年一遇以上。通过转变城市发展理念和建设方式，综合采取“渗”“蓄”“滞”“净”“用”和“排”等措施，最大限度地减少城市开发建设对生态环境的影响，将70%的降雨就地消纳和利用，并结合人工措施，如对有安全隐患的城市涵洞、隧道进行摸查和重新标识，对城市内涝盲点进行排查。

总之，水资源安全保障关系到区域内人民群众安居乐业，也关乎粤港澳大湾区建设，是粤港澳大湾区经济稳步增长的重要基础。一方面要通过兴建水利基础设施，调和水资源的供需矛盾，缓解粤港澳大湾区内部分区域用水紧张的问题，使粤港澳大湾区拥有安全、洁净和充沛的水资源，实现水资源的可持续利用，使水资源利用能够推动人与自然和谐相处，共生共荣；另一方面则要抓住“完善水利防灾减灾体系”这一关键环节，减少在城市排涝系统、病险水库、病险水闸中潜在的水利灾害风险。

综上所述，《规划纲要》明确将“加快基础设施互联互通”作为推动粤港澳大湾区发展的一项重要工作，并提出要以此为抓手，畅通粤港澳大湾区对内对外的联系渠道，推动形成运作高效的基础设施网络，把粤港澳大湾区打造成为具有国际竞争力的一流湾区。其中，完备的交通网络是粤港澳大湾区建设和发展的坚实基础，有利于将粤港澳大湾区核心城市打造成为全球重要交通枢纽、物流中心和信息中心。发达的能源基础设施建设，能够为促进粤港澳大湾区融合发展提供稳定、安全、可靠的能源保障。水资源的保护和开发利用，强化了粤港澳大湾区的水资源安全保障，为粤港澳大湾区实现健康、可持续发展奠定坚实基础。把粤港澳大湾区建设成为智慧城市群，能够全方位提高大湾区的生产效率和生活品质，为将来跻身国际一流湾区开辟一条快速通道。未来在粤港澳大湾区基础设施的建设过程中，要特别关注粤港澳大湾区各个城市在管理制度、发展程度上的差异问题，要充分考虑“中央要求”“港澳所需”“湾区所向”和“广东所能”，使得生产要素能够在粤港澳大湾区内高效便捷流动，为粤港澳大湾区经济社会健康快速发展提供良好的基础条件。

第三节　构建具有国际竞争力的现代产业体系

在改革开放40多年的历程中，珠三角和港澳地区取得了产业优势互补、发展相得益彰的建设成果。一方面是港澳地区向珠三角地区实现制造业转移，另一方面是珠三角地区充分利用内地劳动力供给充足、自身土地和资本充沛，以及“前店后厂”的产业分工模式，获得了显著成就。在参加十三届全国人大一次会议广东代表团审议时，习近平总书记明确提出，“广东既是向世界展示我国改革开放成就的重要窗口，也是国际社会观察我国改革开放的重要窗口”。“两个重要窗口”论断为粤港澳大湾区未来建设发展提出了新要求，反映在经济层面，就是要构建具有国际竞争力的现代产业体系，《规划纲要》提出，要“深化供给侧结构性改革，着力培育发展新产业、新业态、新模式，支持传统产业改造升级，加快发展先进制造业和现代服务业，瞄准国际先进标准提高产业发展水平，促进产业优势互补、紧密协作、联动发展，培育若干世界级产业集群”。

一、构建具有国际竞争力的现代产业体系存在的制约因素及其化解方法

粤港澳大湾区经济发展水平位居全国前列，大湾区内各城市

总体产业体系完备，具有很强的经济互补性，依托高校和科研院所的科研创新能力较为突出，有利于发展先进制造业、战略性新兴产业、现代服务业和海洋经济，从而建设若干世界级产业集群。在分析粤港澳大湾区现存的经济优势基础上，也必须正视在构建具有国际竞争力的现代产业体系进程中存在的制约因素。

第一，粤港澳大湾区基础研究能力薄弱。总体来看，广东在基础研究方面的投入和产出都居于低位，不仅在颠覆性技术创新方面乏善可陈，而且在知识创造和获取上也存在明显的短板。在粤港澳大湾区内城市间横向进行比较，只有深圳拥有较强的科技创新能力，但深圳的世界级大科学装置集群等尚处在明显不足的状态。广州高校和科研院所众多，但原始性创新能力仍然偏弱。香港在科技创新方面拥有顶尖高校，但创新科技的有效转化率不高，因此对粤港澳大湾区城市科技型企业的支撑能力不足，自身也没有具有全球影响力的科技独角兽企业。澳门的工业模式以劳动密集型的出口加工业为主，科技研发力量不足。

第二，高端生产性服务业供给不足。长期以来，珠三角地区在全球价值链中位于中低端，不仅在研发和销售两端赚取利润微薄，而且生产性服务业的发展也不尽如人意。这使得粤港澳大湾区企业，特别是珠三角企业在构建现代产业体系，促进城市经济转型过程中面临“低端锁定”的困境。生产性服务业配套能力不足导致粤港澳大湾区企业长期徘徊在智能制造时代的门外，只能依靠加工贸易获取微薄利润。在产业结构中存在结构性矛盾，即亟须解决工业企业对生产性服务业的服务需求配套能力不足的问题，以满足现代产业结构变迁的需要。

第三，科技成果转化能力有待提高。粤港澳大湾区各种类型的创新主体科研成果转化率不高，“产学研”长期处于脱节的状态。这不仅导致智能智慧型企业数量偏少、科研成果长期搁置，还不能很好地发挥创新驱动发展战略的实质性作用。企业核心技术创新能力不足，粤港澳大湾区产业整体核心竞争力提升受到制约。

第四，科技创新动力提升受到诸多因素的干扰。粤港澳大湾区产业结构在向现代化推进的过程中，难免受到其他经济层面与非经济层面因素的影响，从而在一定程度上阻碍了产业转型升级。例如，“高房价”现象使得实体经济整体“脱实向虚”，各创新要素受此影响纷纷“逃离”实体经济，严重挤压了创新型企业对研发的投入，并带来实体产业空心化的风险。再如，这两年出现的“人才争夺战”现象，加剧了高端人才和熟练技工流向政策优惠地的趋势，不利于粤港澳大湾区顺利推进产业转型升级。

粤港澳大湾区在构建具有国际竞争力的现代产业体系中存在的制约因素，可以从以下几个方面予以化解。一是提高基础研究能力，摆脱单纯模仿窠臼，实现原始性创新。具体措施包括加大原始性创新研发投入，建设新型研发机构，促进粤港澳大湾区内部科研交流与合作，等等。二是对产业价值链进行“深耕细作”，促进制造业与生产性服务业的深度融合发展。当粤港澳大湾区的产业结构更加注重融入服务创新，即更多地嵌入研发设计、市场营销、物流服务、维修和支持、市场调查、金融支持等服务环节时，粤港澳大湾区的产业价值链就会得到足够长的延伸，并能由此实现企业利润的暴发式增长。三是优化社会系统配置，加强创新链、产业链和资本链之间的融合。例如，以打造国际科技创新中心为契机，优化粤港澳大湾区的产业创新链条。再如，强化粤港澳大湾区内多层次、多功能的普惠金融服务体系，为创新链和产业链深化发展提供雄厚的资金支持等。四是加强粤港澳大湾区各创新要素之间的协同配合，推动粤港澳大湾区内产业结构功能互补。在“一国两制”下，粤港澳社会制度不同，法律制度不同，分属不同关税区，粤港澳大湾区内各创新要素还未能实现很好的融合，有必要建立粤港澳大湾区协同配合机制，减少资源错配和效率损失。

二、构建具有国际竞争力的现代产业体系的路径与策略

在发挥优势、补足短板的基础之上，《规划纲要》提出要“构建具有国际竞争力的现代产业体系”，要“加快发展先进制造业”，“培育壮大战略性新兴产业”，“加快发展现代服务业”，“大力发展海洋经济”。粤港澳大湾区的制造业产业结构广泛，传统制造业与高新技术产业并存。将当前迅猛发展的人工智能、智能制造、机器人、新材料等先进技术和传统制造业相结合，有利于加快发展先进制造业。战略性新兴产业包括芯片、新材料、人工智能、机器人、智能制造、新能源、金融科技、生物医药等，培育壮大战略性新兴产业与粤港澳大湾区打造国际科创中心的目标高度一致，是未来粤港澳大湾区产业结构转型升级的必然方向之一。世界三大湾区基本遵循起步于港口贸易，成长于临港工业，强大于现代服务业的产业演变规律。粤港澳大湾区要成为国际一流湾区也要遵循这一演变规律，把现代服务业优势做大、特色做强。粤港澳大湾区具有天然的海洋属性，而我国当前也正处在加速挺进“深蓝”时期，海洋经济正是粤港澳大湾区产业结构中的优势板块，未来海洋经济将在粤港澳大湾区经济中起到举足轻重的作用。

（一）关于加快发展先进制造业

《规划纲要》提出，一是要“增强制造业核心竞争力”，关键是通过“推动互联网、大数据、人工智能和实体经济深度融合”，打造粤港澳大湾区制造业创新发展的生态体系。要深刻认识到，在粤港澳大湾区的产业发展过程中，高新科技产业是一个重要抓手，传统产业的转型升级是另一个重要抓手，甚至后者显得更为迫切。具体来说，传统产业应当借助人工智能、机器人、大数据等缩短整个价值链，在提升产品性能质量的同时降低产品成本。加快发展先进制造业，还蕴含着另一层深意，即赋予传统制造业以“创新”和“高质量”内涵。一方面要增加制造业的科技含量，另一方面要提升产品的先进性，赢得市场竞争主动权。二是要“优化制造业布局”。粤港澳大湾区各城市的产业布局各有其历史渊源与特点。科学谋划粤港澳大湾区产业发展布局，优化产业结构，必须基于现状、统筹全局，发展不同城市各自的优势产业。“以珠海、佛山为龙头建设珠江西岸先进装备制造产业带，以深圳、东莞为核心在珠江东岸打造具有全球影响力和竞争力的电子信息等世界级先进制造业产业集群”。同时要“加强大湾区产业对接，提高协作发展水平”。关于支持香港在优势领域探索“再工业化”的提法，实际上还是要加速香港产业与粤港澳大湾区制造体系的融合，在大湾区高端制造的产业体系中寻找香港再工业化的空间。三是要“加快制造业结构调整”。关键点在于推动制造业智能化发展、延伸制造业的产业链（从加工生产环节向研发、设计、品牌、营销、再制造等环节延伸）、加快制造业绿色改造升级等。这既是粤港澳大湾区产业从劳动密集型向资本密集型的转型，也是对资源浪费、能源高耗、污染环境的传统制造业的摒弃。

（二）关于培育壮大战略性新兴产业

《规划纲要》专门就培育壮大战略性新兴产业指出了多个发展重点，将新一代信息技术、生物技术、高端装备制造、新材料等发展壮大为新支柱产业。在新型显示、5G（第五代移动通信技术）和移动互联网、智能机器人等十大重点领域将培育一批重大产业项目。同时，围绕信息消费、新型健康技术、海洋工程装备、高技术服务业、高性能集成电路等重点领域及其关键环节，实施一批战略性新兴产业重大工程。战略性新兴产业作为国家经济发展战略的制高点，是对标国际的重要产业支撑点。粤港澳大湾区着力发展战略性新兴产业，是基于自身优势（制造业体系完备、市场庞大、消费能力强大）作出的重要选择。一方面，战略性新兴产业能够显著地推动传统产业转型升级，提高产品在国际市场的竞争力，增加产品的附加值；另一方面，战略性新兴产业对传统的产业链和价值链、创新链的组织方式来说意味着根本性的变革，也将促使生产关系和社会治理模式的变革。此外，发展节能环保产业、数字创意产业等，也是粤港澳大湾区未来战略性新兴产业的发展方向，符合时代和社会、市场发展的潮流及方向。

（三）关于加快发展现代服务业

比照世界三大湾区经济数据，旧金山湾区、纽约湾区和东京湾区的服务业占地区生产总值的比重都超过了80%。湾区中心区域产业以“微笑曲线”两端服务环节为主要内容，这是产业布局长期分工演化的必然结果。现代服务业空间场地占用量小，附加值高，最适合分布在湾区的中心地带，为湾区周边区域先进制造业等提供专业化服务。服务业比重较高意味着产业高级化程度突出。建设和发展粤港澳大湾区必须高度重视现代服务业发展，科学布局，将各类重点资源向现代服务业转移或倾斜，加强与制造业及周边区域的分工协作。《规划纲要》指出“加快发展现代服务业”，包括建设国际金融枢纽，大力发展特色金融产业，有序推进金融市场互联互通，构建现代服务业体系等四个方面。

第一，建设国际金融枢纽。《规划纲要》立足于香港、广州、深圳和澳门四地在金融方面的优势［香港金融业为其支柱产业之一，占本地区生产总值的比重达18%；澳门资金充沛且外部联系广泛；广东尤其是广州与深圳两地金融机构众多，各项金融指标位居内地各省（区、市）前列］，提出“发挥香港在金融领域的引领带动作用”，“支持广州完善现代金融服务体系”，“支持深圳依规发展以深圳证券交易所为核心的资本市场”，“支持澳门打造中国—葡语国家金融服务平台”等行动路线。从上述不同城市的定位或发展思路可以看出，粤港澳大湾区内将形成金融业错位发展、互相补充的态势。不仅如此，“国际金融枢纽”的定位意味着粤港澳大湾区金融业未来在全球的重要地位，也意味着金融作为粤港澳大湾区现代产业体系的血液，将起到举足轻重的作用。

第二，大力发展特色金融产业。所谓特色金融，即不同于传统金融品种的起到融通资金作用的金融产业，包括绿色金融、租赁、保险创新业务和创新型期货交易等。特色金融产业能够为有特殊资金融通需要的相关方提供金融服务，也可以为金融服务业注入新鲜血液，开辟新的利润通道，壮大金融产业的规模。《规划纲要》为香港、广州、澳门、深圳和珠海等城市发展特色金融产业提出了行动方案。如对香港而言，要“支持香港打造大湾区绿色金融中心，建设国际认可的绿色债券认证机构”。未来香港要通过采取相应措施引导资金流向节约资源技术开发和生态环境保护产业，引导企业生产注重绿色环保，引导消费者形成绿色消费理念。此外，对广州而言，要“支持广州建设绿色金融改革创新试验区，研究设立以碳排放为首个品种的创新型期货交易所”，致力于设立碳排放有计划、有额度的交易制度与场所，以推进环境整顿、治理和保护。未来碳排放权将成为一项资产和商品，减排困难的企业可以购买碳排放权，出售碳排放权的企业则可以通过交换获取额外收入等。

第三，有序推进金融市场互联互通。至2019年初，粤港澳大湾区金融机构的总资产已经达到40多万亿元。香港、深圳和广州的金融业居全国前列。粤港澳大湾区内雄踞有港交所和深交所两大证券交易所，汇聚全球众多的银行、保险、证券、风投基金等。粤港澳大湾区的金融区位优势十分明显，但未来要将大湾区打造成国际金融枢纽，还面临着一些障碍，如粤港澳当前金融合作体制机制未能实现充分对接，经济金融体制与法律不相协调等。下一步要促进粤港澳大湾区内各城市（尤其是香港、深圳和广州）间的金融合作，使得粤港澳大湾区内各城市在融资安排、业务创新和资源共享等方面实现互享共赢，推进金融市场互联互通。《规划纲要》对如何有序推进粤港澳大湾区金融市场互联互通作了整体安排，包括“逐步扩大大湾区内人民币跨境使用规模和范围”“大湾区内的企业可按规定跨境发行人民币债券”“有序推动大湾区内基金、保险等金融产品跨境交易”等。

第四，构建现代服务业体系。现代服务业主要依托信息技术和现代管理理念而发展。作为信息技术对服务业进行改造升级的产物，或者直接因信息化或其他科学技术发展而来的新兴服务业形态，现代服务业包含的内容很多，如：计算机和软件服务，移动通信服务，信息咨询服务，现代金融业，会计、审计、评估、法律服务，等等。现代服务业具有高附加值、高技术含量和高人力资本含量的特征。现代服务业体系是否健全发达，体现了一个地区的综合竞争力和现代化水平。《规划纲要》对粤港澳大湾区城市群如何构建现代服务业体系提出了可操作的路径："促进商务服务、流通服务等生产性服务业向专业化和价值链高端延伸发展""构建错位发展、优势互补、协作配套的现代服务业体系""推进粤港澳物流合作发展……建设国际物流枢纽""鼓励粤港澳共建专业服务机构"等。总体来说，生产性服务业是未来粤港澳大湾区建设发展现代服务业体系的重点方向，生活性服务业则注重向精细和高品质转变。

（四）关于大力发展海洋经济

21世纪被称为海洋的世纪，海洋经济蕴藏巨大的机遇和美好的发展前景。2017年中国海洋生产总值达77611亿元，占国内生产总值的9.4%。[①]海洋经济涵盖的领域和范围广阔，如海洋生物医药业、海洋电力业、海洋信息化产业、海洋牧场等。粤港澳大湾区因其海洋属性，发展海洋经济有着得天独厚的环境和条件，如海域面积广阔、海岸线漫长、港口群密集等。《规划纲要》指出，粤港澳大湾区发展海洋经济总的原则是"坚持陆海统筹、科学开发，加强粤港澳合作，拓展蓝色经济空间，共同建设现代海洋产业基地"。

① 《2017年全国海洋生产总值77611亿元　增长6.9%》，证券时报网，2018年3月1日。

重点开发的现代海洋产业包括海洋渔业、海洋交通运输、海洋船舶等传统优势产业，海洋生物医药、海洋工程装备制造和海水综合利用等新兴产业，以及港口物流等海洋服务业。从香港和深圳未来在海洋经济中的发展定位来看，《规划纲要》提出要“支持香港发挥海洋经济基础领域创新研究优势”，“支持深圳建设全球海洋中心城市”等。海洋经济已成为粤港澳大湾区各城市新的经济增长点，未来发展前景十分广阔。把海洋经济做大做强，着力打造现代海洋产业体系，有利于为粤港澳大湾区经济高质量发展提供强大的动力支持。

综上所述，粤港澳大湾区构建具有国际竞争力的现代产业体系，最关键的着力点包括先进制造业、战略性新兴产业、现代服务业和海洋经济四个方面。粤港澳大湾区要实现上述产业的高效协同发展，还面临着许多问题与挑战。如缺乏起到集群带头作用的龙头型企业，行政区划分割和地方保护主义制约城市间产业要素的有效整合，等等。未来粤港澳大湾区要进一步朝着地区产业协同的方向迈进，推动产业转型升级，真正把先进制造业、战略性新兴产业、现代服务业和海洋经济打造成为大湾区的支柱产业，使大湾区产业向着全球产业价值链的高端迈进。

第四节　共建宜居宜业宜游优质生活圈

《规划纲要》将打造宜居宜业宜游的优质生活圈作为粤港澳大湾区建设的重要战略定位，提出坚持以人民为中心的发展思想，践行生态文明理念，充分利用现代信息技术，实现城市群智能管理，优先发展民生工程，提高大湾区民众生活便利水平，提升居民生活质量，为港澳居民在内地学习、就业、创业、生活提供更加便利的条件，加强多元文化交流融合，建设生态安全、环境优美、社会安定、文化繁荣的美丽湾区。要把粤港澳大湾区打造成一个宜居宜业宜游的城市群，应促进国际化教育高地建设，完善就业创业服务体系，促进文化商旅的融合发展，发展绿色低碳经济，打造高端旅游业，加速人才、科技等创新要素的集聚和流动，从而形成宜居宜业宜游的优质生活圈。

一、推动教育融合发展

《规划纲要》提出，要努力把粤港澳大湾区建设成为“富有活力和国际竞争力的一流湾区和世界级城市群，打造高质量发展的典范”。因此，推动粤港澳三地高等教育资源合作发展，打造特色教育园区，把粤港澳大湾区建设成为世界区域性高等教育中心和国际化教育高地，有利于推动粤港澳大湾区高质量发展。

（一）高等教育资源共享发展

粤港澳三地高等教育资源丰富，层次多样，各具特色。香港的高等教育实力雄厚，拥有21所可颁授学位的高等教育院校，科研能力比较突出，国际化程度较高。像百年名校香港大学的医学、商科、政法、人文等学科领先亚洲，在世界上具有很大影响力。香港科技大学办学仅20余年，即跻身世界一流高校，其电子工程、土木工程、计算机科学等学科实力强大。澳门现有10所高等院校，其中4所为公立，6所为私立。澳门地区高校计算机科学、工程学、药理学与毒理学、社会科学总论、临床医学五大学科领域科研成果被引用次数国际排名靠前。广东高等院校总量约151所，数量庞大且拥有完整的学科布局和产业链。其中广州拥有80多所普通本专科院校，在校大学生数量超过100万人。深圳的高等教育起步虽然比较晚，但近几年来发展迅速。南方科技大学、深圳大学等发展迅猛。深圳大学有6个学科进入ESI（基本科学指标），世界排名前1%，是内地高校ESI排名进步最快的高校。南方科技大学建校不到6年，已获批4个一级学科博士学位授权点，创下国内最短纪录。深圳大学、南方科技大学都进入新一轮广东高水平大学重点建设高校行列。哈尔滨工业大学（深圳）、香港中文大学（深圳）进入新一轮广东高水平大学重点学科建设高校行列。深圳技术大学2019年正式独立招收本科生，创造了“深圳速度”。推动粤港澳三地高等教育资源共享，可充分发挥各自学科优势，有利于促进高校之间的优势互补，实现粤港澳大湾区高等教育综合实力的整体提升。（见表5-1）

表 5-1　粤港澳三地的主要高校

香港	澳门	广东
香港大学 香港中文大学 香港科技大学 香港理工大学 香港城市大学	澳门大学 澳门科技大学 澳门城市大学	中山大学 华南理工大学 暨南大学 华南师范大学 深圳大学

《规划纲要》强调，要充分发挥粤港澳高校联盟的作用。2016年，中山大学与香港中文大学、澳门大学共同发起粤港澳高校联盟，携手打造粤港澳“1小时学术圈”。该联盟是由中山大学倡议，

联合香港中文大学和澳门大学共同组建的非营利性大学合作联盟，首批共有26所精英高校加盟，包括中山大学、华南理工大学、暨南大学等10所广东高校，香港中文大学、岭南大学、香港大学等9所香港高校，澳门大学、圣若瑟大学等7所澳门高校。该联盟以汇聚三地高校、培养高素质人才、推动三地共同迈向知识型经济时代为宗旨，是提升区域合作层次和水平、丰富粤港澳教育体系的一大创举。截至2019年7月，粤港澳三地共有37所精英高校入盟。粤港澳高校联盟成立了图书馆、超算、空间科学与技术、海洋科技与创新、中文、中医药、公共卫生等多个专业联盟，在科研创新、学术交流、人才培养等多个方面开展一系列卓有成效的工作。粤港澳高校联盟汇聚三地高等教育资源，为粤港澳大湾区内高校合作与交流打开了新局面。（见表5-2）

表 5-2　粤港澳高校联盟一览表

广东（21所）	中山大学 华南理工大学 暨南大学 华南师范大学 华南农业大学 南方医科大学	广州中医药大学 广东工业大学 广东外语外贸大学 汕头大学 深圳大学 南方科技大学 清华大学深圳国际研究生院 哈尔滨工业大学（深圳） 北京师范大学珠海分校 广州大学 佛山科学技术学院 广州医科大学 东莞理工学院 五邑大学 广东海洋大学

（续上表）

香港（9所）	香港中文大学 香港大学 香港城市大学 香港浸会大学 香港教育大学	岭南大学 香港公开大学 香港科技大学 香港理工大学
澳门（7所）	澳门大学 澳门旅游学院 澳门科技大学 澳门镜湖护理学院	圣若瑟大学 澳门城市大学 澳门理工学院

《规划纲要》的出台推动三地高等教育合作发展，提出支持粤港澳高校合作办学，鼓励联合共建优势学科、实验室和研究中心，支持粤港澳大湾区建设国际教育示范区，引进世界知名大学和特色学院，推进世界一流大学和一流学科建设。

近年来，粤港澳三地高等教育合作交流机制不断完善，高校之间合作办学机构与项目不断增加。但三地高等教育交流合作的广度深度和层次水平仍需拓展提升，合作发展的体制机制还需创新完善。当前，粤港澳大湾区只有深圳、珠海和广州与香港开展了合作办学项目，分别设立香港中文大学（深圳）和北京师范大学—香港浸会大学联合国际学院，即将成立香港科技大学南沙分校。粤港澳三地在人才培养、科教资源共享、教育理念相融、学科借鉴（引进）、信息互通等方面，尚未能充分发挥三地教育协同发展的作用。

（二）职业教育合作拓展

职业教育是粤港澳大湾区教育体系的重要组成部分，也是促进粤港澳大湾区产业升级和打造先进制造业人才高地的重要途径。粤港澳大湾区的建设将泛珠三角区域的合作向更高层次、更深领域推进，也对区域内职业教育的发展提出了更高的要求。

粤港澳三地的职业教育各有特点。香港在管理机制和专业认证等方面具有国际视野，澳门在旅游教育培训方面独树一帜，广东在规模、结构、就业市场上则更具优势。《规划纲要》指出，推进粤港澳职业教育在招生就业、培养培训、师生交流、技能竞赛等方面的合作，创新内地与港澳合作办学方式，支持各类职业教育实训基地交流合作，共建一批特色职业教育园区。积极拓展粤港澳大湾区职业教育合作，离不开体制机制的创新。如：积极探索内地专科层次教育与香港副学士学位教育的互认，为粤港澳大湾区学生到香港高校接受高等职业教育、获得专升本的机会提供条件；探索针对粤港澳大湾区特点的跨境校企人才培养新机制，推动产教融合、校企合作。

截至2019年，香港职业训练局下设13个专修学院，能够为学生颁发国际认可的学历资格，每年约有25万名学生接受全面的职前和在职训练。澳门有7所专修学院、5所技术学校开展职业教育。珠三角地区是广东高等职业教育、中等职业教育的高度集聚地。

积极拓展粤港澳大湾区职业教育合作，有利于实现三地职业教育资源共享、优势互补、协同创新、合作共赢，为粤港澳大湾区建设提供强有力的应用型人才支撑，并注入活力。但从当前现实看，粤港澳三地职业教育协同发展机制尚未真正建立，三地职业教育合作还相对松散，合作模式有待进一步探索和创新。[①]

---

① 汪明：《积极拓展粤港澳大湾区教育合作》，光明网，2019年3月11日。

（三）基础教育合作互通

粤港澳大湾区基础教育合作，主要包括粤港澳三地中小学校之间、教师之间和学生之间的交流互通。《规划纲要》提出要加强基础教育交流合作，鼓励粤港澳三地中小学校结为“姊妹学校”，在广东建设港澳子弟学校或设立港澳儿童班并提供寄宿服务。研究探索三地幼儿园缔结“姊妹园”。研究开放港澳中小学教师、幼师到广东考取教师资格并任教。加强学校建设，扩大学位供给，进一步完善跨区域就业人员随迁子女就学政策，推动实现平等接受学前教育、义务教育和高中阶段教育，确保符合条件的随迁子女顺利在流入地参加高考。研究赋予在珠三角9市工作生活并符合条件的港澳居民子女与内地居民同等接受义务教育和高中阶段教育的权利。支持各级各类教育人才培训交流。

从学校的交流互通看，《规划纲要》鼓励粤港澳三地中小学校结为“姊妹学校”，研究探索三地幼儿园缔结“姊妹园”。广东是最早实施“姊妹学校”缔结计划的内地省份之一。2005年广东和香港、澳门签署了缔结“姊妹学校”协议。2015年广东省教育厅与香港教育局再次签署了《粤港姊妹学校合作协议》，将粤港澳“姊妹学校”缔结计划作为粤港澳青少年交流合作的品牌项目重点推进。截至2018年底，粤港澳缔结“姊妹学校”共850对，涵盖了粤港澳大湾区的9个内地城市。[①]同时，在广东建设港澳子弟学校或设立港澳儿童班并提供寄宿服务，以解决港澳子弟在当地读书及升学问题。

从教师的交流互通看，《规划纲要》提出，研究开放港澳中小学教师、幼师到广东考取教师资格并任教。目前粤港澳教师队伍的

① 汪明：《积极拓展粤港澳大湾区教育合作》，光明网，2019年3月11日。

交流仅限于基层学校间的浅层交流合作，三地教师互派工作等深层次人才流动机制尚未真正形成。其中难点之一在于三地教师资格互认。2019年1月，教育部办公厅、中共中央台湾工作办公室秘书局、国务院港澳事务办公室秘书行政司发布的《关于港澳台居民在内地（大陆）申请中小学教师资格有关问题的通知》，明确了在内地（大陆）学习、工作和生活的港澳台居民，凡遵守《中华人民共和国宪法》和法律，拥护中国共产党领导，坚持社会主义办学方向，贯彻党的教育方针，根据自愿原则，可申请参加中小学教师资格考试，认定中小学教师资格。

（四）打造国际化人才高地

《规划纲要》明确了粤港澳大湾区“打造教育和人才高地”的战略目标。加快粤港澳高等教育融合发展，构建富有特色、国内领先、世界一流的新型区域教育体系，打造粤港澳大湾区国际化人才高地，是培育我国开放竞争新优势，助力实现中华民族伟大复兴和构建人类命运共同体的客观需要。

粤港澳大湾区高新技术企业众多，电子通信、互联网、生物医药等新兴产业发展迅猛，集聚了华为、腾讯、中兴、比亚迪、华大基因、大疆等一大批创新型企业。粤港澳大湾区的PCT（《专利合作条约》）国际专利申请数量占全国的一半。粤港澳大湾区将大力推动高科技创新产业发展，创新平台与载体集聚使大湾区对创新创业人才具有巨大需求，培养及引进高层次人才迫在眉睫。

截至2019年3月，广州有一批合作共建项目平台、机构等正在稳步对接推进，与港大、港科大等高校有多项合作。广州正与中国科学院共建中科院广州科学院，建设粤港澳大湾区科学研究和高技术应用的创新人才高地，建设综合性国家科学中心。同时将重点推进广深科技创新走廊广州段建设，加快互联网创新集聚区发展。此外，广州依托再生医学与健康实验室和港大等高校共建研究中心，依托南方海洋科学与工程实验室与港科大合作设立香港分部。①

二、完善就业创业服务体系

就业是民生之本，创业是活力之源。《规划纲要》明确提出，要完善区域公共就业服务体系，建设公共就业综合服务平台，完善有利于港澳居民特别是内地学校毕业的港澳学生在珠三角9市就业生活的政策措施，拓宽港澳居民就业创业空间。

（一）制定招才引智政策

习近平总书记强调，发展是第一要务，人才是第一资源，创新是第一动力。中国如果不走创新驱动发展道路，新旧动能不能顺利转换，是不可能真正强大起来的，只能是大而不强。强起来要靠创新，创新要靠人才。在粤港澳大湾区建设中，各地政府将人才政策作为人才流动集聚的推进器。

各城市根据在粤港澳大湾区中的城市定位和主导产业制定一系列人才政策。澳门推动金融保险、中葡双语、海洋经济和创新型人才培育、优化海外人才回流的政策环境。香港推出"科技人才入境计划"。珠三角9市推出众多招才引智计划，如：广州的"羊城人才计划""红棉计划"；深圳的"鹏城英才计划""鹏城孔雀计

① 吴璇、裘萍等：《献计大湾区建设　建言"智造"强省》，《南方都市报》，2019年3月7日。

划”；珠海的“珠海英才计划”；中山的“中山英才计划”；惠州的“人才双十行动”；东莞的“特色人才特殊政策”等。这些人才政策为吸引不同层次的人才就业创业提供了众多机会。

（二）提高就业创业积极性

提供税收优惠，吸引所需人才就业创业。2018年3月至4月期间，香港青年动力协会就“粤港澳大湾区青年就业意向”进行问卷调查，调查对象主要为在香港及内地求职、求学的香港青年。调查显示，逾七成受访香港青年对粤港澳大湾区各大城市的就业前景感到“非常乐观”或“乐观”。调查结果还显示，如果能提升“居住配套”支持/津贴、青年创业基金及就业配对服务等水平，则最能增加香港青年前往粤港澳大湾区工作的意愿。[①]为支持粤港澳大湾区建设，吸引境外高端人才和紧缺人才来大湾区工作，提高港澳人才北上内地进行创新活动的积极性，2019年3月，财政部、税务总局制定出台了粤港澳大湾区个人所得税优惠政策，对在大湾区工作的境外高端人才和紧缺人才，按内地与香港个人所得税税负差额给予补贴，并对补贴免征个人所得税。

（三）完善公共就业服务体系

《规划纲要》提出，要完善区域公共就业服务体系，建设公共就业综合服务平台，完善有利于港澳居民特别是内地学校毕业的港澳学生在珠三角9市就业生活的政策措施，拓宽港澳居民就业创业

① 《调查：逾7成香港青年对粤港澳大湾区就业前景乐观》，中国新闻网，2018年5月3日。

空间。鼓励港澳居民中的中国公民依法担任内地国有企事业单位职务，研究推进港澳居民中的中国公民依法报考内地公务员。在深圳前海、广州南沙、珠海横琴建立港澳创业就业试验区。

随着粤港澳大湾区建设的推进，越来越多的港澳居民希望到内地工作发展，广东积极采取措施，吸引更多港澳居民到内地就业创业。比如，取消港澳人员在内地就业许可，来粤就业港澳人员与当地居民一样可直接办理就业登记。在各项相关业务中不再将办理就业许可作为前置要求。印发《人力资源社会保障部关于香港澳门台湾居民在内地（大陆）就业有关事项的通知》，进一步完善取消就业许可后相关配套服务。港澳居民在粤创业，享受创业带动就业补贴、优秀创业项目资助等扶持补贴政策。通过“中国公共招聘网”“广东就业网”统一对外发布公共就业服务机构招聘信息，港澳求职者可无差别登录查询岗位信息。积极搭建“泛珠三角区域人才网联盟平台”，实现粤港澳地区人才信息对接、资源共享等。

《规划纲要》还提出，在深圳前海、广州南沙、珠海横琴建立港澳创业就业试验区，试点允许取得建筑及相关工程咨询等港澳相应资质的企业和专业人士为内地市场主体直接提供服务，并逐步推出更多试点项目及开放措施。广东积极试行港澳工程建设管理模式，发挥国际化专业服务优势。广东于2016年成功在深圳前海自贸片区项目上试点实施香港工程管理模式，允许港商独资或控股的开发建设项目自主采用香港工程建设管理模式进行管理。行政审批流程、管理架构、管理制度、接受委托的专业人士的执业范围、专业机构的从业许可范围等，均可采用香港建设同类工程项目所采用的管理程序和方式。经香港特别行政区政府有关部门遴选后形成的名册内的专业人士及专业机构可在前海合作区提供服务。2017年8月，珠海横琴管委会与香港发展局签订合作协议，启动了横琴试行香港工程建设管理模式的工作。

三、打造人文优质生活圈

高度的文化认同与文化自信是粤港澳大湾区发展壮大的重要动力。粤港澳大湾区所属地域在人文、历史、语言等方面有着天然的同一性。《规划纲要》提出，要塑造粤港澳大湾区人文精神，共同推进文化繁荣发展，加强粤港澳青少年交流，推动中外文化交流互鉴，建设具有全球影响力的国际文化交往中心。

粤港澳大湾区融汇“9+2”（广州、佛山、肇庆、深圳、东莞、惠州、珠海、中山、江门9市和香港特别行政区、澳门特别行政区）城市文化精气神，文化呈现出两个显著特征。一方面，粤港澳大湾区文化具有开放性和包容性。千年以来，得益于领先全国的航海贸易，以广州为中心的珠三角地区与世界各地已建立紧密联系，成为中西方物质文明和精神文化的交汇地，逐步形成多元、开放、兼容、创新的文化特色。另一方面，粤港澳大湾区文化具有稳定的同质性和融合性。粤港澳三地同属广府文化，同属一个天然的文化生态圈，粤港澳大湾区由此成为一个有天然文化认同感和亲切感的地区。塑造粤港澳大湾区人文精神有利于让参与粤港澳大湾区建设的人都有“属地认同”“情感认同”和“社会文化认同”。

《规划纲要》提出，要发挥粤港澳地域相近、文脉相亲的优势，联合开展跨界重大文化遗产保护，支持弘扬以粤剧、龙舟、武术、醒狮等为代表的岭南文化。以粤剧为例，作为“岭南文化三瑰宝”之一的粤剧，有“南国红豆”之称，不仅是广东一张生动鲜活的文化名片，也是联结粤港澳大湾区三地民众文化情感的纽带。自2003年起，由广东省文化和旅游厅（原广东省文化厅）牵头，联合澳门文化局、香港康文署共同设立“粤剧日”。“粤剧日”的设立对粤剧的保护、传承、推广，以及三地交流平台的搭建起到重要作用。2009年，粤港澳三地联合将粤剧申报为世界非物质文化遗产。自2011年开始，三地每两年会举行一次“粤港澳粤剧群星会/新星汇”，轮流邀请其他两地演员同台演出并于三地巡回上演。随着粤港澳三地青少年文化交流活动的日益常态化，越来越多的青年人加入传播岭南文化的队伍中。“粤港澳青年文化之旅”自2009年启动，至今已经举办了10届，客家文化、广府文化、潮汕文化、非物质文化遗产等都曾被作为主题列入活动中。10年间，粤港澳三地超过1000名青年学生参加此活动。[①]

四、推进区域旅游发展

《规划纲要》提出，构建休闲湾区，要推进粤港澳大湾区旅游发展，依托大湾区特色优势及香港国际航运中心的地位，构建文化历史、休闲度假、养生保健、邮轮游艇等多元旅游产品体系，丰富粤港澳旅游精品路线，开发高铁“一程多站”旅游产品，建设粤港澳大湾区世界级旅游目的地。粤港澳大湾区庞大的消费群体和较高的收入水平，在构筑“休闲湾区”和塑造“健康湾区”方面具备社会需求和物质基础。

---

① 周豫：《坚定文化自信　塑造湾区人文精神》，《南方日报》，2019年3月7日。

（一）发展休闲旅游业

《规划纲要》提出，要高水平建设珠海横琴国际休闲旅游岛。建设横琴国际休闲旅游岛，是打造粤港澳大湾区宜居宜业宜游优质生活圈的重要举措之一，为横琴把握建设粤港澳大湾区重大机遇、加快构建以休闲旅游业为核心的现代产业体系指明了方向。国务院批复明确将横琴建设成为面向未来、国际品质、生态优先、协同发展、智慧支撑的国际休闲旅游岛，为横琴融入和推动粤港澳大湾区建设提供了抓手。作为全国首批"中国旅游休闲示范城市"，珠海近年来正逐步推动旅游产业由"景区旅游"向"全域旅游"转变，探索国际休闲旅游岛开发新模式。①

（二）共享区域旅游资源

《规划纲要》明确支持澳门建设世界旅游休闲中心，在澳门成立大湾区城市旅游合作联盟，推进粤港澳共享区域旅游资源。

澳门历史城区是世界文化遗产，富含葡语系国家文化积淀。数据显示，澳门2017年接待游客3260万人次，2018年超过3580万人次，增速显著。②虽然澳门有不少大型度假村式的酒店，但城市空间有限，要接纳这么多游客，必须跟粤港澳大湾区其他城市协同发展。澳门的旅游业要进一步发展，也离不开粤港澳大湾区内其他城市的支持。目前，澳门与珠江西岸城市在推进合作。珠海横琴的面积是澳门的3倍多，可以弥补澳门缺乏主题公园以及山林、原野等绿色生

---

① 《高水平建好横琴国际休闲旅游岛》，《南方日报》，2019年4月3日。

② 王晨曦：《2018年澳门入境旅客超3580万人次》，新华网，2019年1月23日。

态环境的短板。如果将合作空间向珠江西岸拓展，江门有川山群岛和世界文化遗产开平碉楼，阳江有海陵岛和南海一号博物馆，再往西的茂名和湛江也有很好的海岸线和旅游资源。因此，整个珠江西岸的城市联合起来，可共同开发历史文化、休闲度假、会议展览、养生保健等旅游产业，有效推进粤港澳共享区域旅游资源。珠江西岸连成一片大力发展以旅游商务为先导的现代服务产业群。[①]

（三）全域旅游示范区

《规划纲要》明确指出，要有序推动香港、广州、深圳国际邮轮港建设，进一步增加国际班轮航线，探索研究简化邮轮、游艇及旅客出入境手续。要大力发展海洋经济，构建现代海洋产业体系，促进滨海旅游业高品质发展，加快“海洋—海岛—海岸”旅游立体开发，完善滨海旅游基础设施与公共服务体系。

深圳大鹏新区是国家级旅游业改革创新先行区和深圳国家全域旅游示范区、试验区。该区依托自身资源和特色，充分发挥深圳和香港、深圳和惠州等区域的合作优势，促进文化和旅游融合发展。从北部的大鹏古城、较场尾、金沙湾，到南部的杨梅坑、西涌，基本形成立体化的海洋旅游生态。作为广东唯一的国家级旅游业改革创新先行区和深圳国家全域旅游示范区、试验区，大鹏新区成为不少香港居民周末出行的旅游胜地。从香港太子乘坐直通巴士，1小时左右可抵达大鹏南澳。随着广深港高铁和港珠澳大桥的开通，粤港澳大湾区已经进入“1小时旅游圈”。2018年，深圳全市共接待游

① 昌道励：《粤澳协同构建世界旅游休闲中心》，《南方日报》，2019年3月17日。

客1.39亿人次，同比增长5.97%；旅游业总收入1609亿元，同比增长8.32%。①

深圳蛇口邮轮母港片区将打造成集邮轮、旅游、金融、商贸、物流等为一体的海上综合性门户。蛇口邮轮母港于2016年11月开港，高速客运航线向南呈放射状分布，每天十几班船来回行驶于南海上。向东南，可到达香港机场和香港港澳客运码头；向西南，可到达澳门氹仔和外岛，还可到达珠海九洲港、桂山岛、东澳岛和外伶仃岛。2017年12月，蛇口邮轮母港完成首批往返深圳、香港的5艘游艇的联检工作，探索建立“定点停靠，就近联检”的新型口岸管理模式。航线除保持原有的菲律宾、越南、日本航线，还将会有更多环球航线在深圳靠泊。

五、共建健康湾区

《规划纲要》提出，要坚持以人民为中心的发展思想，建设宜居宜业宜游的优质生活圈，通过密切粤港澳三地医疗卫生合作，塑造健康湾区。

（一）优质医疗卫生资源合作

2018年1月，粤港澳三方签署了《粤港澳大湾区卫生与健康合作框架协议》以及26个合作项目，加强粤港澳大湾区医疗卫生交流合作，推动重大合作平台、重大项目建设。

粤澳在医药健康领域的成功合作，已经为塑造健康湾区树立了

① 《深圳市2018年旅游主要统计指标（全年）》，深圳市文化广电旅游体育局网，2019年1月21日。

一面旗帜。早在2011年，中医药科技产业园即作为粤澳合作项目落地与澳门一水之隔的横琴。经过多年的建设，中医药科技产业园已建成30万平方米，注册企业超过100家，涉及中医药、保健品、医疗器械、医疗服务等领域。①

2018年以来，粤港澳三地以人民健康为中心，深入开展多平台交流合作。三地在珠海共同举办了粤港澳防治传染病联席会议，成功举行“旋风行动”粤港澳2018年防治传染病联合应急演练，对粤港澳联合防治传染病应急合作机制进行了检验。此外，签订粤澳《技术鉴定协议》和合作备忘录，举办第11届粤港澳台口腔种植高峰论坛，推广粤港澳大湾区青年创新葛洪奖项目等。这些重点项目有效推动了三地紧密合作。

2019年，第二届粤港澳大湾区卫生健康合作大会在深圳召开，主题为“推动粤港澳大湾区卫生健康高质量发展”。广东省卫生健康委、香港特别行政区政府食物及卫生局、澳门特别行政区政府卫生局三方签署了《粤港澳大湾区卫生健康合作共识》。在疾病研究、传染病防控、医疗人才培训、产业合作等方面，三地共签署了62个合作项目。

随着《规划纲要》的颁发实施，粤港澳大湾区卫生健康合作区域在进一步扩大，从原来主要是在省的层面和港澳地区合作扩大到现在包括深圳、珠海、江门、惠州等城市合作。在公共卫生应急领域合作方面，除延续之前的信息通报机制外，还会定期组织开展传染病防治联合应急演练和研讨。在中医药合作方面，积极探讨中医

① 郭鑫、朱宇轩等：《粤港澳三地推进构筑“休闲湾区”“健康湾区”》，新华网，2019年3月19日。

药在手足口病等传染病防控中的作用。此外，各地还将在传染病防控领域加深合作，包括互相借鉴传染病防控措施，并在预防接种策略和预防效果评估等方面合作开展更深入的研究。

（二）推动健康产业发展

《规划纲要》提出，要塑造健康湾区，推动优质医疗卫生资源紧密合作，支持港澳医疗卫生服务提供主体在珠三角9市按规定以独资、合资或合作等方式设置医疗机构。加强医疗卫生人才联合培养和交流，鼓励港澳医务人员到珠三角9市开展学术交流和私人执业医务人员短期执业。深化中医药领域合作，推进中医药标准化、国际化，发展健康产业。

随着《规划纲要》的出台，粤港澳大湾区健康产业迎来非常好的发展时机。生命科学和健康产业成为未来粤港澳大湾区医疗发展的产业方向。粤港澳大湾区医学研究和产业发展具有很好的基础。香港和广州是医疗中心，相关研发能力较强。澳门对中医药的研究则处于领先地位。而深圳是生命科学、生物医药产业的制造中心，具有较强的生物科技成果转化能力和应用能力。近年来，在生物医药和生命健康领域，"香港研发-深圳转化"的模式催生了不少成果和企业。2018年，我国首款获批的无创结直肠癌检测试剂——睿肠太miR-92a检测试剂盒（荧光RT-PCR法）在深圳上市。该检测试剂盒的分子诊断技术就是由香港中文大学消化疾病研究所研究开发，由深圳市晋百慧生物有限公司进行临床转化和产业化。[①]此外，香港理工大学在深圳建立研究院及产学研基地，设立深圳市中药药

① 向雨航：《中国首款结直肠癌无创检测试剂在深上市》，南方网，2018年7月4日。

学及分子药理学研发中心，主要从事创新药物、现代中药和保健食品的研究。随着医疗科技合作的深入，深港两地优势互补，打通了科研和产业化的链条，促进基础研究成果快速转化，共同推进粤港澳大湾区生物医药产业的发展。

六、促进社会保障和社会治理合作

《规划纲要》提出要推进社会保障合作。探索推进在广东工作和生活的港澳居民在教育、医疗、养老、住房、交通等民生方面享有与内地居民同等的待遇。加强跨境公共服务和社会保障的衔接，探索澳门社会保险在粤港澳大湾区内跨境使用，提高香港长者社会保障措施的可携性。研究建立粤港澳跨境社会救助信息系统，开展社会福利和慈善事业合作。鼓励港澳与内地社会福利界加强合作，推进社会工作领域职业资格互认，加强粤港澳社工的专业培训交流。深化养老服务合作，支持港澳投资者在珠三角9市按规定以独资、合资或合作等方式兴办养老等社会服务机构，为港澳居民在广东养老创造便利条件。推进医养结合，建设一批区域性健康养老示范基地。

此外，《规划纲要》强调要深化社会治理合作。深入推进依法行政，加强粤港澳大湾区廉政机制协同，打造优质高效廉洁政府，提升政府服务效率和群众获得感。在珠三角9市港澳居民比较集中的城乡社区，有针对性地拓展社区综合服务功能，为港澳居民提供及时、高效、便捷的社会服务。严格依照宪法和基本法办事，在尊重各自管辖权的基础上，加强粤港澳司法协助。建立社会治安治理联动机制，强化矛盾纠纷排查预警和案件应急处置合作，联合打击偷渡行为，更大力度打击跨境犯罪活动，统筹应对传统和非传统安全威胁。完善突发事件应急处置机制，建立粤港澳大湾区应急协调平台，联合制定事故灾难、自然灾害、公共卫生事件、公共安全事件等重大突发事件应急预案，不定期开展应急演练，提高应急合作能力。

第五节　提升市场一体化水平

市场一体化是推动粤港澳大湾区建设和发展的核心动力。所谓市场一体化，是指在一个区域范围内，局部地区的市场主体行为受到统一供求关系的调节，使得资本、劳动力等要素以及商品和服务能够在统一的市场内部自由流动。市场一体化的水平，决定区域范围内经济要素集聚流动水平，进而影响区域经济活跃程度。粤港澳大湾区在建设和发展过程中，要着力于打破区域内局部地区的界限，建立起统一的经济空间，以求达到各种资源在整个区域市场范围内的最优配置。

一、推进投资便利化

联合国贸易和发展会议曾经区分“投资便利化”与“投资促进”这两个概念。“投资促进”的主要目的在于用激励性措施推动投资者选择特定投资目的地，其国家间竞争性十分明显，往往需要花费巨大的成本。而“投资便利化”则是借助政府行为的改善提高投资者的投资活动便利化程度，一般不需要付出额外的成本，被视为“容易采摘的低处果实”。为了加速投资者在粤港澳大湾区内跨界开发、经营并扩大业务，增强经济活跃度，密切经贸往来，必须采取一系列推进投资便利化的措施。

在推进投资便利化方面，《规划纲要》提出重点要“落实内地与香港、澳门CEPA系列协议”，“研究进一步取消或放宽对港澳投资者的资质要求、持股比例、行业准入等限制”，“使港澳专业人士与企业在内地更多领域从业投资营商享受国民待遇”。其中，CEPA系列协议中的《投资协议》，是内地首次以“负面清单”方式对外签署的投资协议。

二、推动贸易自由化

无论从理论还是实践角度来说，在粤港澳大湾区内推动贸易自由化既是发展方向，也是大势所趋。促进贸易自由化能够实现成本最小化和收益最大化。任何限制湾区都市圈自由贸易的措施和政策都不利于各城市的长远发展。为此，《规划纲要》就粤港澳大湾区“推动贸易自由化”提出了具体的对策，包括“加快国际贸易单一窗口建设”“支持广州南沙建设全球进出口商品质量溯源中心”“落实内地与香港、澳门CEPA服务贸易协议”等。

例如，就粤港澳大湾区的服务贸易而言，一方面，“珠三角9市+香港+澳门”相互间的服务贸易增长空间非常大，推动大湾区服务贸易自由化可以为大湾区经济发展注入强大的动力。另一方面，粤港澳大湾区的服务贸易领域存在不少深层次的体制机制矛盾等问题，需要进行大的突破，包括要对港澳在金融、法律、建筑、航运等领域进一步开放，要扩大内地与港澳专业资格互认范围等，为实现粤港澳服务贸易自由化奠定坚实的基础。再如，就“支持广州南沙建设全球进出口商品质量溯源中心”这一政策措施而言，借助该中心的技术与设备，未来将能实现对全球进出口商品的“来源可查、去向可追、责任可究”。这不仅保证进出口商品的质量安全，起到切实维护消费者权益的作用；也将进一步推动贸易成交量的增长，间接提高贸易自由化水平。

三、促进人员货物往来便利化

粤港澳大湾区内各城市要实现互联互通合作，必须不断提高人员货物往来的便利化水平。只有人才、资金、货物和服务等在城市间实现双向自由流动，粤港澳大湾区都市圈的内部联系才可能紧密，才能真正形成粤港澳大湾区城市群有机体。从人员往来方面来说，粤港澳三地还没能实现人才的自由流动。从货物往来方面说，由于在粤港澳三地实施不同关税制度，货物的查验标准和行政管理体制差异较大，信息难以共享，通关效率较低。

为了破除人员、货物在粤港澳大湾区内跨境流动的障碍，促进生产要素的高效便捷流动，《规划纲要》提出了一系列有针对性的措施，包括“提高港澳居民来往内地通行证使用便利化水平”、研究为符合条件的珠三角9市人员、外国人提供在粤港澳大湾区内便利的通行政策，以及“研究制定港澳与内地车辆通行政策和配套交通管理措施”等。从长期看，要把粤港澳大湾区视为居民跨境通勤、工作、商务、生活、休闲旅游的区域，把人员、货物往来便利化视为“日常生活和工作需求”，而非“一次性通关需要”，最终实现粤港澳大湾区内“两个市场”“不同区域”的要素融合。

综上所述，从未来发展目标来看，粤港澳大湾区之所以能够被称为“大湾区”，一个重要的原因是粤港澳大湾区的区域一体化和协同化程度很高。尤其是在市场一体化水平方面，粤港澳大湾区内各个城市的要素市场基本上能够达到融为一体的水平，包括关联商品、货物和人、资金、信息等均能实现较高程度的融合。提高粤港澳大湾区的市场一体化水平，是优化大湾区营商环境行动中的应有之义，它对于建设竞争有序的市场环境、营造互利共赢的开放环境、激发市场主体活力、形成开放型经济新优势等各个方面来说都有着重要的作用。从投资便利化、贸易自由化和人员货物往来便利化等几个方面入手提升粤港澳大湾区的市场一体化水平，不但有利于密切粤港澳大湾区内部城市之间的交流合作，而且能进一步发挥粤港澳大湾区的辐射带动作用，深化粤港澳大湾区与其他国家（地区）之间的经济合作与人文交流，最终把粤港澳大湾区建设成为世界一流湾区。

第六节　培育国际合作新优势

《规划纲要》提出，深化粤港澳合作，进一步优化珠三角9市投资和营商环境，提升粤港澳大湾区市场一体化水平，全面对接国际高标准市场规则体系，加快构建开放型经济新体制，形成全方位开放格局，共创国际经济贸易合作新优势，为“一带一路”建设提供有力支撑。

一、打造国际一流的营商环境

粤港澳大湾区要建成国际一流湾区和世界级城市群，就必须打造具有全球竞争力的一流营商环境。《规划纲要》提出，粤港澳大湾区要发挥香港、澳门的开放平台与示范作用，支持珠三角9市加快建立与国际高标准投资和贸易规则相适应的制度规则，发挥市场在资源配置中的决定性作用，减少行政干预，加强市场综合监管，形成稳定、公平、透明、可预期的一流营商环境。

《规划纲要》强调香港在金融领域的引领带动作用，要求巩固和提升香港国际金融中心地位，打造服务“一带一路”建设的投融资平台；支持广州完善现代金融服务体系，建设区域性私募股权交易市场，建设产权、大宗商品区域交易中心，提升国际化水平；支持深圳依规发展以深圳证券交易所为核心的资本市场，加快推进金融开放创新；支持澳门打造中国—葡语国家金融服务平台；研究探索建设澳门—珠海跨境金融合作示范区；等等。

粤港澳大湾区正在建设全球一流的营商环境。世界银行发布的《2018年营商环境报告：改革创造就业》显示，香港在全球190个国家或地区中排名第五，连续11年跻身世界前五。截至2019年，香港连续25年被评为全球最自由的经济体之一。广东一直是中国改革开放先行地，自2017年8月以来陆续推出多项重塑营商环境新优势的重大举措，包括“民营经济十条”“实体经济十条”“外资十条”。这些重大举措不仅有助于降低市场准入门槛和企业全生命周期运营成本，而且针对港澳地区实施的多项便利政策，进一步提升了粤港澳大湾区市场一体化水平和国际吸引力。

区域投资吸引力是反映一座城市营商环境的“晴雨表”。《规划纲要》提出，粤港澳大湾区打造国际一流的营商环境，要加快转变政府职能，深化“放管服”改革，推进营商环境法治化建设，加快社会信用体系建设，形成稳定、公平、透明、可预期的一流营商环境。随着营商环境的不断优化和区域投资吸引力的持续增强，粤港澳大湾区在构建全面开放新格局方面形成“新优势”。

二、全面参与国际经济合作

《规划纲要》提出，全面参与国际经济合作，要发挥港澳在对接国际市场方面重要的桥梁纽带作用，支持粤港澳大湾区优质企业和优势产品走出去，开展跨国并购和全球营销，强化对重点国家和地区的招商引资，高水平引进外资，提升大湾区参与国际合作的竞争力。

近年来，粤港澳大湾区积极探索搭建高水平合作平台。广东自贸试验区是粤港澳大湾区全面参与国际经济合作的“桥头堡”。广东自贸试验区已逐步建立与国际通行规则相衔接的投资管理制度，努力打造开放型经济新体制先行区、高水平对外开放门户枢纽和粤港澳合作示范区，助力粤港澳大湾区建设高水平参与国际经济合作新平台。截至2018年底，广东自贸试验区内负面清单缩减至45项，99%的新设外商投资企业通过备案设立；货物申报上线率达99%，一般货物进出口平均通关时间降低42.6%，打造安全高效的国际化通关服务体系。①

澳门大学与中山大学共建“教育部联合重点实验室”，在化学合成、光电与能源材料领域加强研究合作。澳门大学还与深圳大学建设联合实验室，与华为公司建立合作研究关系。香港科技园作为创客平台，积极发挥“走出去”的服务优势和经验，与粤港澳大湾

① 陈晓：《广东自贸试验区3年形成385项制度创新成果　加快建设开放型经济新体制示范区》，《南方日报》，2018年11月19日。

区其他城市开展合作，帮助内地创业者发展事业。此外，港澳青年创新创业基地、粤澳合作中医药科技产业园、前海深港基金小镇等平台的建立，开创粤港澳大湾区内科技合作与经济合作的新模式，推动粤港澳大湾区全面参与国际经济合作。

《规划纲要》强调，要支持粤港澳大湾区企业联手走出去，推动广东制造业、建筑业、能源资源行业与港澳会计、投资、法律、保险、商务咨询等服务业合作，开展跨国投资、跨国并购。加强粤港澳港口国际合作，与相关国家和地区共建港口产业园区，建设区域性港口联盟。要建立走出去专业服务联盟，建设走出去信息服务平台和重点项目库。支持符合条件的粤港澳机构合作设立人民币海外投贷基金，为企业走出去开展投资、并购提供投融资服务。要健全粤港澳大湾区国际产能合作机制，打造中白工业园中国（广东）光电科技产业园、中国·越南（深圳—海防）经贸合作区、尼日利亚广东经贸合作区、肯尼亚珠江经济特区、埃塞俄比亚华坚轻工业城、中国（广东）—乌干达国际产能合作工业园等一批高水平国际产能合作园区。

三、打造“一带一路”建设重要支撑区

《规划纲要》提出，要打造“一带一路”建设重要支撑区。发挥港澳优势，携手参与国际物流、国际航线、国际金融等方面建设，深化与相关国家和地区合作交流。落实《粤港携手参与国家“一带一路”建设合作意向书》《粤澳携手参与国家“一带一路”建设合作意向书》。推进川贵广—港澳—南亚国际物流大通道、粤港澳物流园、广州大田铁路物流基地、广东（石龙）铁路国际物流

基地等的建设。加大广东“中欧班列”政策扶持力度。加快开通一批面向“一带一路”沿线国家和地区的国际直飞航线和旅游包机航线。支持广州港、深圳港拓展全球海运网络。推动粤港澳金融机构在跨境融资、资产转让、跨境担保等跨境人民币合作，打造人民币跨境使用示范区。办好广东21世纪海上丝绸之路国际博览会，积极参与香港“一带一路”高峰论坛、澳门国际贸易投资展览会。

政策沟通、设施联通、贸易畅通、资金融通、民心相通是推进“一带一路”倡议的核心内容。作为中国的开放前沿和产业高地，粤港澳大湾区在“一带一路”建设中地位突出。《规划纲要》明确指出，在政策沟通上，粤港澳大湾区要探索有利于人才、资本、信息、技术等创新要素跨境流动和区域融通的政策举措。香港是自由港，具有与国际接轨的、完善的政策体系，是亚太区国际法律及争议解决服务中心。广东有自贸区优势，正着力构建与国际接轨的投资贸易规则体系，容易形成政策合力。未来，粤港澳大湾区将依托自由港和自贸区的政策创新体系，打造“一带一路”的政策服务平台和“一带一路”合作窗口。在设施联通上，要加强粤港澳大湾区的基础设施建设，畅通对外联系通道，形成功能完善、运作高效的基础设施网络。粤港澳大湾区是由“海陆空”共同形成的综合交通枢纽体系，力争建设成为“一带一路”重要的物流枢纽。在贸易畅通上，香港是全球贸易中心，拥有高度国际化、法治化的营商环境以及遍布全球的商业网络。澳门在促进内地与葡语国家经贸关系中具有重要作用，粤港澳大湾区将支持横琴与澳门联手打造中拉经贸合作平台，搭建内地与“一带一路”相关国家和地区的国际贸易通道，推动葡语国家产品经澳门进入内地市场便捷化。在资金融通上，要在粤港澳大湾区建设国际金融枢纽。这就意味着要发挥香港在金融领域的引领带动作用，巩固和提升香港国际金融中心地位，打造服务“一带一路”建设的投融资平台。支持澳门打造中国—葡语国家金融服务平台，建设成为葡语国家人民币清算中心。支持广州完善现代金融服务体系，建设区域性私募股权交易市场，建设产权、大宗商品区域交易中心，提升国际化水平。支持深圳依规发展以深圳证券交易所为核心的资本市场，加快推进金融开放创新。在民心沟通上，鼓励香港发挥中西方文化交流平台作用，弘扬中华优秀传统文化。支持澳门发挥东西方多元文化长期交融共存的特色，加快发展文化产业和文化旅游，建设中国与葡语国家文化交流中心。未来粤港澳大湾区借助“一带一路”的实施，打造以中华文化为主流、多元文化共存的交流合作基地，继续推广和发扬中国文化。

四、加快数字政府建设

《规划纲要》特别强调要加快数字政府建设，创新“互联网+政务服务”模式，实现政务数据融合汇集，提高行政服务效率。为贯彻广东省“数字政府”建设总体规划，必须落实《广东省“数字政府”建设总体规划（2018—2020年）实施方案》，优化建设广东政务服务网。加快清理整合分散、独立的政务信息系统，建设在线智慧政府，建好“粤省事”综合服务平台，打破“信息孤岛”，提高行政服务效率。加快“多证合一”系统“开办企业一窗受理”、中介服务超市等营商主题服务系统建设，推行数字政府“指尖计划”，持续开展“减证便民”行动。推进广东自贸试验区“企业专属网页”优化办事流程，逐步实现“零跑动”。探索建立数据交易中心和政府数据运营中心，建立数据开放和交易规则，推动跨部门综合专网建设和电子政务数据开放。

粤港澳大湾区正处于数字经济发展战略机遇期，数字化革命是粤港澳大湾区跻身世界级大湾区的机遇。粤港澳大湾区在全球数字经济中应该担当重要角色。把“数字政府”改革与“放管服”改革、营商环境改革等结合起来协同推进，主动服务粤港澳大湾区建设。《粤港澳大湾区数字经济发展报告》指出，粤港澳大湾区战略定位将进一步优化数字经济发展格局，以基础研发、数字技术和应用场景为一体的“数字湾区”将成为粤港澳大湾区发展的最鲜明特征。把握以数字化的知识和信息作为关键生产要素的数字经济发展趋势，把数字经济作为推动粤港澳大湾区动能转换、重塑核心竞争力的新引擎，成为对标世界一流湾区发展的主要赛道。粤港澳三地要坚持政府引导与市场推动相结合，积极发挥企业作为数字经济创新的主体作用，构建跨区域、跨制度的数字经济创新协同体系，形成粤港澳大湾区城市群共同推进数字经济创新发展的格局。

第七节 支持重大合作平台建设

《规划纲要》提出，要加快推进深圳前海、广州南沙、珠海横琴等重大平台开发建设，充分发挥其在进一步深化改革、扩大开放、促进合作中的试验示范作用，拓展港澳发展空间，推动公共服务合作共享，引领带动粤港澳全面合作。

一、打造深圳前海深港现代服务业合作区

2010年8月，在深圳经济特区成立30周年之际，国务院批复同意《前海深港现代服务业合作区总体发展规划》。2012年7月，在香港回归祖国15周年之际，国务院发布《关于支持深圳前海深港现代服务业合作区开发开放有关政策的批复》。2012年12月，习近平总书记对前海作出“依托香港、服务内地、面向世界”，“打造最浓缩最精华的核心引擎”的重要指示。2015年4月，广东自贸试验区前海蛇口片区揭牌，标志着广东自贸试验区前海蛇口片区正式启动运作。在《规划纲要》中，前海被直接提及14次，提出要“强化前海合作发展引擎作用”，在金融改革、法治建设、港澳青年创业、基础设施联通等方面被赋予更多任务。《广东省推进粤港澳大湾区建设三年行动计划（2018—2020年）》提出要优化提升深圳前海深港现代服务业合作区功能。探索降低港澳投资者在深圳设立银行、证券、保险等机构的准入门槛、放宽业务开展等方面的限制。建立与前海开放创新相适应的账户管理体系。开展深港绿色金融合作。建设跨境经贸网络合作平台，深化拓展前海湾保税港区功能。推进前海法院全国综合性司法改革示范法院建设。深化粤港澳合作联营律师事务所试点。建设集国际商事调解、域外法律查明于一体的国际商事调解中心。这对前海的发展定位而言是一次重大的飞跃。

前海作为“叠加深港现代服务业合作区、保税港区、自贸试验区、粤港澳深度合作示范区四区之地”，是国家“一带一路”建设以及粤港澳大湾区建设的重要组成部分。截至2018年底，前海累计注册港企数量突破1万家、注册资本突破1万亿元，经济总量占前海蛇口自贸片区的22.96%，纳税占24.63%，固定资产投资占34.6%，实

际利用外资占86.39%。[①]围绕制度创新、现代服务业集聚、深港合作三个方面，前海形成了极具特色的“前海模式”，成为粤港澳区域的一个重要增长极。

在制度创新方面，前海位居全国前列。《中国自由贸易试验区发展蓝皮书（2017—2018）》指出，前海蛇口自贸区制度创新指数在全国23个自由贸易试验区/片区中，位居全国第一。2019年，前海新推出制度创新成果102项，累计达516项。这些成果中，在全国复制推广的有50项，在广东复制推广的有69项，在深圳全市复制推广的有122项，在山西复制推广的有137项，在哈尔滨香坊复制推广的有40项。[②]此外，前海围绕“金融业对外开放示范窗口”的国家战略定位，推进以“跨境人民币业务”为核心的金融创新以及“互联网+”的金融监管创新，开创了多项全国第一。前海区别于其他自贸区的重要优势和驱动力在于前海始终积极推进法治建设，为合作区境内外企业构建一个安全高效的法治环境。在管理制度上，前海大力推进投资便利化和优化贸易通关环境，不断完善事中事后监管机制。前海通过制度创新，形成了一批“可复制、可推广”的经验，有效推动高水平的对外开放，使前海成为区域经济增长极。

在现代服务业方面，前海加速产业集聚。前海深港现代服务业合作区的战略定位为现代服务业体制机制创新区、现代服务业发展集聚区，重点发展金融业、现代物流业、科技服务业和其他专业服务业。

在深港合作方面，前海积极推进深港两地的产业合作。前海通

① 王剑锋：《打造最浓缩最精华核心引擎——前海深化改革推进粤港澳深度合作》，《深圳特区报》，2019年3月7日。

② 《前海模式有效辐射全国》，人民网，2019年12月31日。

过提供空间支撑，加快合作区内金融产业的发展，加速全球金融资本在前海的集聚。截至2018年8月，前海面向港企已累计出让土地15宗，面积为34.08公顷。[①]前海深港现代服务业合作区产业以金融业为主导，包含现代物流、信息服务、科技服务和专业服务等现代服务产业。此外，前海积极打造深港人才合作的平台，建立了前海深港青年梦工场、前海深港创新中心、前海深港设计创意产业园、前海深港基金小镇等合作载体，构建深港两地专业人才的合作机制。

二、建设广州南沙粤港澳全面合作示范区

《规划纲要》提出，要打造广州南沙粤港澳全面合作示范区，充分发挥国家级新区和自贸试验区优势，加强与港澳全面合作，加快建设粤港澳大湾区国际航运、金融和科技创新功能的承载区，成为高水平对外开放门户。《广东省推进粤港澳大湾区建设三年行动计划（2018—2020年）》提出，要打造广州南沙粤港澳全面合作示范区。加强与港澳全面合作，加快建设粤港澳大湾区国际航运、金融和科技创新功能的承载区，携手港澳建设高水平对外开放门户。加快南沙庆盛科技创新产业基地建设，规划建设粤港产业深度合作园，打造创新发展示范区。高标准建设南沙国际金融岛。推动设立粤港澳大湾区国际商业银行。提升南沙区域综合交通枢纽地位，合理统筹解决新增建设用地规模。推进与周边城市在城市规划、综合交通、公共服务等方面的一体化衔接。加快创建国际化人才特区，高水平建设广州城市副中心。

① 赵瑞希：《我的前海，我的梦——港人港企前海寻机遇》，新华网，2018年10月24日。

在引才聚才方面，南沙出台对港澳人才专项扶持奖励政策，举办粤港澳大湾区人才发展战略峰会等引才活动，实施港澳青年学生实习就业基地“百企千人”计划，推动粤港澳人员公共就业服务均等化。2018年全年，新设港澳企业1504家、投资额496亿美元。[①]南沙大力建设粤港澳大湾区重大合作平台，推动与港澳进行产业合作、规则衔接、政策融通、人员往来。依托南沙湾、庆盛枢纽、南沙枢纽三大片区，规划建设粤港产业深度合作园，加快推进庆盛枢纽综合体、粤港澳现代服务业总部基地、国际医疗健康城、国际教育园区等项目建设，推动香港科技大学（广州）建设。

探索建设粤澳合作葡语国家产业园。依托华南技术转移中心、霍英东研究院等平台，加强与港澳在科技成果转移转化等方面合作，建立港澳青年创业就业试验区，打造粤港澳大湾区科技创新成果转化新高地。在CEPA框架下进一步扩大法律、金融、建筑、航运等领域对港澳开放，争取引进一批港澳一流服务型企业和机构，建设粤港专业服务集聚区。[②]

三、建设珠海横琴粤港澳深度合作示范区

《规划纲要》提出，要共建粤港澳合作发展平台，推进珠海横琴粤港澳深度合作示范区建设。作为内地唯一与港澳陆桥相连的自贸区，横琴具有对港澳合作，尤其是对澳门合作的先天优势，承担

---

① 麦婉华：《南沙：“大湾区几何中心”，向着粤港澳全面合作示范区迈进》，腾讯网，2019年5月9日。

② 宾红霞：《打造国际一流营商环境和人居环境》，《南方日报》，2019年3月15日。

着在“一国两制”下探索制度创新、营造国际化营商环境、促进澳门经济多元化发展的历史使命。珠海横琴新区片区重点发展旅游休闲健康、商务金融服务、文化科教和高新技术等产业，致力于建设文化教育开放先导区和国际商务服务休闲旅游基地，打造促进澳门经济适度多元发展新载体。

横琴助力发挥澳门—珠海一极的引领带动作用。从区位上看，横琴紧邻澳门，处在珠海与澳门的中心位置，地理位置得天独厚。在粤港澳大湾区的澳门—珠海这一极，横琴相当于是极心，应当起到引擎和发动机的作用。横琴通过不断创新制度政策，打破珠海与澳门不同体制间的壁垒，让珠澳两地实现联通、融通和贯通。截至2019年4月，横琴已实际落地370项制度创新成果，其中有两个案例获得全国自贸试验区“最佳实践案例”。[①]

横琴推进与港澳的深度合作。目前，横琴积极探索优化拓展“分线管理”政策，探索横琴与澳门之间货物贸易“一线”基本放开、“二线”高效管住，实现粤港澳三地人员在横琴混居，享受趋同的经济环境，并探索建立共谋共建共治共享的产业协同发展新机制。此外，横琴积极主动配合澳门对接广深港澳科技创新走廊，与港澳合作打造“未来产业岛”。横琴和澳门大学合作共建产业示范基地，实现科技成果转化。横琴还将探索与澳门携手发展医疗健康产业，加速推动进口药品、境外医师、先进医疗技术、国际医院等高端资源在粤澳合作中医药科技产业园等集聚。探索跨境金融创新发展，打造粤澳金融合作示范园，推进澳门特色金融服务基地建

① 梁涵：《横琴自贸片区四年实际落地370项创新成果》，南方网，2019年4月26日。

设，加快离岸跨境数据中心建设。

四、发展特色合作平台

（一）深港科技创新合作区

深港科技创新合作区位于福田区南部与香港接壤处，是《规划纲要》中唯一一个以科技创新为主题的合作区，同时也是唯一一个双方跨境接壤互联互通的合作区。2017年1月，深圳市政府与香港特区政府签署《关于港深推进落马洲河套地区共同发展的合作备忘录》，明确联手打造深港科技创新合作区。合作区包括香港境内管辖的1平方千米和深圳河北岸深圳管辖的3平方千米区域，即“1+3”的概念。

《规划纲要》明确提出：支持落马洲河套港深创新及科技园和毗邻的深方科创园区建设，共同打造科技创新合作区，建立有利于科技产业创新的国际化营商环境，实现创新要素便捷有效流动。当前，深圳正在全力推进深港科技创新合作区开发建设。深圳积极开展深方区域总体发展规划、科技产业规划、交通规划等研究，规划建设深港协调创新中心、深港国际科技园、国际生物医药基地三个创新载体，初步形成深港科技创新合作区深方规划方案。

（二）中新广州知识城

中新广州知识城位于广州东北部的黄埔九龙，规划面积123平方千米，其中规划建设用地面积60平方千米。中新广州知识城的发展愿景是以知识经济为创新模式，汇聚高端产业与人才，打造一座经济、人文与生态高度和谐及可持续发展的城市。

《中新广州知识城总体发展规划（2019—2035年）》已于2019年4月底成功通过广东省推进粤港澳大湾区建设领导小组会议审议并上报，争取由国务院印发。截至2019年6月，中新广州知识城累计注册企业1524家、注册资本1334亿元，完成固定资产投资1062亿元。引进创维、巨轮、诺诚健华等重大项目165个，在建企业投资项目48个，总投资近770亿元。①

（三）珠海西部生态新区

珠海西部生态新区是珠海建设珠江口西岸核心城市的重要载体和平台，是珠海实施新型城镇化战略的主战场。作为全省唯一一个以“生态”命名的新区， 在打造世界一流湾区和世界级城市群的进程中，珠海西部生态新区迎来新的使命，担起新的角色。根据中共广东省委、省政府印发的《实施意见》和《广东省推进粤港澳大湾区建设三年行动计划（2018—2020年）》，珠海西部生态新区与深港科技创新合作区、中新广州知识城等九大载体一道，被赋予了“特色合作平台”的重要定位。

《实施意见》明确提出，将支持珠海西部生态新区建设。发挥新区海港、空港、海洋及江河水系等资源优势，在先进装备制造业、临港工业和现代服务业等领域深化与港澳合作，形成生态优先、陆海联动、产城融合的珠港澳新型合作模式。建立与港澳高校、企业交流的机制，共建面向粤港澳的企业孵化基地和青年创新

① 梁怿韬：《中新广州知识城总体发展规划，通过广东审议上报国家湾区办》，金羊网，2019年6月4日。

创业中心。联手港澳打造具有国际影响力的大湾区主题会展和旅游品牌。深化万山海洋开发试验区功能，协同香港、澳门发展面向国际的邮轮市场。

《实施意见》也提出，将强化关键核心技术攻关。协同港澳面向重大技术领域持续攻坚，努力突破关键核心技术，抢占科技竞争和未来发展制高点，早日解决“卡脖子”问题。组织实施新一代信息技术、高端装备制造、绿色低碳、生物医药、数字经济、新材料、海洋经济、现代种业和精准农业、现代工程技术等重点领域研发计划。目前，珠海西部生态新区在高端装备制造、生物医药、新材料、海洋经济等重点领域相继推出创新性研发成果。港珠澳大桥的开通也为未来珠海西部生态新区建设粤港澳特色合作平台提供巨大的优势。

（四）江门大广海湾经济区

江门大广海湾经济区位于江门东南部，范围包括江门新会、台山和恩平，共20个镇（街），总规划面积约3240平方千米，是广东最大的省级经济区，开发强度只有5%左右。核心区主要位于银湖湾和广海湾，面积约520平方千米。大广海湾经济区是珠三角唯一可大规模连片开发的区域，发展空间相当广阔。

《规划纲要》提出，支持江门与港澳合作建设大广海湾经济区，拓展在金融、旅游、文化创意、电子商务、海洋经济、职业教育、生命健康等领域合作。江门大广海湾经济区努力发展成为珠江西岸先进制造业和循环经济基地、粤港澳大湾区海洋经济合作重要平台、南海战略的服务基地、宜居宜业的国际化滨海新城。

目前，江门大广海湾经济区积极发挥发展空间广阔、区位承东启西等独特优势，主动谋划、积极作为，全力推进5个万亩园区、4个新城和江门人才岛等重大平台规划建设，深入实施“大交通”发展战略，建设珠西综合交通枢纽，构建承接珠江东岸、辐射粤西地区的高快速路网。

第八节　推动体制机制创新

粤港澳大湾区在国家发展大局中具有重要战略定位，推动粤港澳大湾区体制机制创新，有利于更好地提升粤港澳大湾区经济的开放性、创新性和国际化的活力，建立与国际接轨的开放型经济新体制。

一、区域协调体制机制创新

粤港澳大湾区是“一个国家、两种制度、三个关税区、三种货币”。如果协调机制不能有效建立起来，粤港澳三地之间生产要素的跨区流动和对接也将难以实现。因此，推动体制机制创新是粤港澳大湾区协调发展的核心问题。

“一国两制”背景下，粤港澳三地在政治制度、市场经济体制和社会制度等方面都存在着较大差异。珠三角和港澳分属三个不同的独立关税区，独立关税区之间的要素跨境流动存在限制。自2017年7月1日签署《深化粤港澳合作　推进大湾区建设框架协议》以来，粤港澳大湾区各个合作领域的协调机制和创新政策取得了一定突破。在基础设施互联互通方面，广深港高铁项目通过法律程序确定了“一地两检”方案，不仅保障了广深港高铁的正常运营，也为粤港澳大湾区通关便利化提供了示范。港珠澳大桥作为粤港澳大湾区建设的先导工程于2018年10月顺利开通，在建设实践中取得了“一国两制”下三方协同决策、协调发展、协商解决争端的经验，是粤港澳大湾区合作机制创新的有益探索。在创新合作和创业方面，推动中央财政经费过境香港支持科研活动，鼓励香港在内地设立科研机构，使其享受仪器设备进口税收政策，促进内地与香港联合资助研发项目合作，支持香港科技创新平台建设。此外，《港澳台居民居住证申领发放办法》于2018年9月1日正式实施，规定港澳台居民居住证持有者享有3项权利、6项基本公共服务和9项便利。国家和居住地提供的各项基本公共服务和优惠政策，全面覆盖进入粤港澳大湾区发展的港澳台居民，确保了港澳台居民“进得来、留得住、干得好”，拓展了港澳台居民的创业就业空间。

二、医疗保障共建共享

“一国两制”背景下，粤港澳大湾区的医疗体制、医师制度、医疗支付、医保和医疗社工系统都不一样。内地与港澳拥有不同的医疗保障体系。粤港澳三地居民医保、商业保险结算衔接机制尚未建立。港澳居民在内地须按照规定参加医保，才能享受医保待遇，而且内地城乡居民医保未覆盖随行就业配偶及未成年子女。而香港是公营医疗和私营医疗“两条腿走路”，特区政府从税收中拨款给医院管理局，保障居民看病需求，且实行管拨分离，由医管局自行决定医疗资源分配。另外，三地的药物名录并未统一，准入标准存在差异。如香港对重要重金属的限量标准采用的是食品标准，而内地采用的是药品标准。港澳常用的药品、疫苗、设备等，多数在内地未获批准使用。

近年来，深圳为港澳独资在深圳开办医疗机构放宽了条件，设置了专门的办理窗口，并承诺办理时限为15个工作日。深圳已有8家港资独资医疗机构。深圳选定7家公立医院、香港选定2家医院开展两地病人转诊试点工作。自2015年10月起，移居内地的香港长者可以在港大深圳医院使用香港特区政府资助的医疗券支付基本医疗服务的费用。根据港大深圳医院提供的数据，截至2018年9月17日，在港大深圳医院使用长者医疗券的已达10501人次。①

珠海也在积极探索医保互通。珠海将探索澳门就医券、医保在珠海使用，还将研究横琴与澳门地区生产总值和税收共享分成的政策安排。2019年4月19日，珠海市医保局发布《关于常住横琴的澳门居民参加珠海市基本医疗保险试点有关问题的通知（征求意见稿）》，常住横琴的澳门居民可参加珠海基本医疗保险，按照珠海有关规定享受同等医疗保险待遇。

三、金融创新发展

《规划纲要》明确提出粤港澳大湾区建设国际金融枢纽，大力发展特色金融产业，有序推进金融市场互联互通等具体目标。其中包括探索建立与粤港澳大湾区发展相适应的账户管理体系，在跨境资金管理、人民币跨境使用、资本项目可兑换等方面先行先试，促进跨境贸易、投融资结算便利化。

① 白瑜：《香港长者医疗券深圳试点　三年服务人次过万》，《人民日报（海外版）》，2018年10月12日。

粤港澳大湾区是在“一个国家、两种制度、三个关税区、三种货币”的条件下建设的，国际上没有先例。对三地金融监管部门而言，制度、法规、规则、政策存在差异，要如何平衡好金融改革开放、金融创新发展与防范金融风险之间的矛盾关系，如何有效防范化解各种新的金融风险，如区域性金融风险、外部冲击风险等，是亟待解决的难题。

金融创新是粤港澳大湾区建设的独特优势。金融市场的互联互通、深度融合对推动粤港澳大湾区金融创新非常关键。只有进一步加大粤港澳大湾区内金融融合力度，畅通资金流，才能优化资源配置，从而增强大湾区内金融服务实体经济的能力，引领和支撑经济转型升级。目前，粤港澳之间仍未建立常态化的金融监管协调机制，欠缺共同防范和应对系统性金融风险的能力。

四、法律制度的创新

粤港澳大湾区是涉及两大法系、三个关税区、三个司法裁判区的特殊区域，各种市场主体对于跨境法律服务的需求都十分突出。目前，内地与港澳市场对于法律服务的需求旺盛，法律服务机构合作将越来越紧密。

粤港澳大湾区建设需要以法治为引领、以法律为约束，从而保证各项事务能够持续稳定地开展。同时粤港澳大湾区建设亦对法治产生新要求。法治建设是渐进的过程，应当与区域内创新发展的阶段目标相对应，形成不同时期的规划，设定不同阶段的任务。粤港澳大湾区要建设国际科技创新中心，需要完善知识产权制度，加强知识产权行政执法和司法保护。粤港澳大湾区法治服务与保障建设，还要处理好硬法和软法衔接关系、顶层设计和先行先试关系、政府主导和多元主体协同关系等。此外，要完善穗港澳合作的法律法规，特别是对知识产权的法律保障。同时还要加强同国际经贸规则对接，建立社会信用体系，推动市场规范化国际化进程。

五、科技创新体制机制的突破

粤港澳大湾区是我国科技创新资源最集中、新兴产业发展最活跃的区域之一，是我国参与全球产业和科技竞争的重要空间载体。粤港澳大湾区内科技资源高度集聚，能够为粤港澳大湾区科技创新提供强大的人才和技术支撑。当前，在科技创新发展过程中，粤港澳大湾区的科技创新协同发展、科技资源要素高效便捷流动、科技成果转化质量等仍存在问题。

在科技创新协同发展上，香港、广州、深圳三个中心城市科技创新仍未实现协同发展。香港在人才、科研、资本、法治方面具备优势，但缺乏全球性的科技创新企业和活跃的创新科技生态圈。广州具备丰富的高校资源，但同样缺乏科技型龙头企业。深圳则在科技创新体系、产业化能力以及创新生态方面具备优势，但缺乏高质量的高校资源和研究平台。实际上，港穗深在科技创新协同发展方面仍缺乏纵深合作。

在科技要素高效流动上，虽然粤港澳大湾区科技创新资源丰富，高校以及科研院所数量不亚于世界三大湾区，但由于粤港澳人才在资质互认、通关便利化、科研资金使用等方面仍存在许多限制，影响了粤港澳大湾区人才、资本、技术等创新要素的高效流动，以及科技创新成果的转化质量和转化率。

科技创新需要稳定、透明、可预期和公平竞争的营商环境，知识产权保护是促进科技创新的重要保障。《规划纲要》明确提出，要强化知识产权保护和运用。依托粤港、粤澳及泛珠三角区域知识产权合作机制，全面加强粤港澳大湾区在知识产权保护、专业人才培养等领域的合作。强化知识产权行政执法和司法保护，更好地发挥广州知识产权法院等机构作用，加强电子商务、进出口等重点领域和环节的知识产权执法。加强在知识产权创造、运用、保护和贸易方面的国际合作，建立完善知识产权案件跨境协作机制。依托现有交易场所，开展知识产权交易，促进知识产权的合理有效流通。开展知识产权保护规范化市场培育和"正版正货"承诺活动。发挥知识产权服务业集聚发展区的辐射作用。充分发挥香港在知识产权保护及相关专业服务等方面具有的优势，支持香港成为区域知识产权贸易中心。不断丰富、发展和完善有利于激励创新的知识产权保护制度。

国家主席习近平在会见香港澳门各界庆祝国家改革开放40周年访问团的讲话中指出："实施粤港澳大湾区建设，是我们立足全局和长远作出的重大谋划，也是保持香港、澳门长期繁荣稳定的重大决策。建设好大湾区，关键在创新。"当前，粤港澳大湾区在区域合作、科技合作、生态建设、环境保护、社会保障以及社会发展等方面，积极探索机制体制创新，改善营商环境，加强粤港澳大湾区市场体制对接，消除要素跨境流通障碍，强化粤港澳大湾区跨境政策协调，从而构建粤港澳大湾区参与国际竞争合作的制度优势，形成粤港澳大湾区协调发展新格局，加快建设富有活力和竞争力的国际一流湾区和世界级城市群。

第六章 粤港澳大湾区建设的广州实践

广州地区生产总值曾多年居全国城市第三位，是国家中心城市之一。《规划纲要》对广州在粤港澳大湾区发展中的地位和作用进一步明确，广州被赋予新的历史使命和责任。作为粤港澳大湾区发展的区域核心引擎之一，广州在粤港澳大湾区建设过程中获得了难得的发展机遇。广州有能力，也有责任、义务为推进粤港澳大湾区建设发挥作用、贡献力量。

第一节　广州在粤港澳大湾区建设中的功能定位

一、明确广州在粤港澳大湾区建设中的功能定位

《规划纲要》提出，广州要充分发挥国家中心城市和综合性门户城市引领作用，全面增强国际商贸中心、综合交通枢纽功能，培育提升科技教育文化中心功能，着力建设国际大都市。

在空间布局上，《规划纲要》提出要构建极点带动、轴带支撑网络化空间格局。极点带动就是要发挥香港—深圳、广州—佛山、澳门—珠海强强联合的引领带动作用，深化港深、澳珠合作，加快

广佛同城化建设，提升整体实力和全球影响力，引领粤港澳大湾区深度参与国际合作，引领和带动大湾区整体实力的提升。

2019年7月，中共广东省委、省政府印发的《实施意见》提出，要发挥极点带动作用，以香港、澳门、广州、深圳四大中心城市作为区域发展的核心引擎引领粤港澳大湾区建设，发挥香港—深圳、广州—佛山、澳门—珠海强强联合的引领带动作用，推动大湾区深度参与国际合作，提升整体实力和全球影响力。强化广州、深圳的引领带动作用，发挥重要节点城市比较优势，加强与港澳的协同互补，加快形成分工有序、功能互补、高效协同的城市体系。支持广州实现老城市、新活力，在综合城市功能、城市文化综合实力、现代服务业、现代化国际化营商环境等方面出新出彩。

二、发挥广州在粤港澳大湾区建设中的极点核心作用

为贯彻落实中央和广东省关于粤港澳大湾区建设的决策部署和具体举措，广州市先后印发了《实施意见》《行动计划》《建设广州国际航运中心三年行动计划（2018—2020年）》等系列配套文件，出台了《发挥广州国家中心城市优势作用支持港澳青年来穗发展行动计划》《关于实施“广聚英才计划”的意见》等政策，形成了粤港澳大湾区建设的“施工图”“进度表”，构建远期、中期、近期相结合的贯彻实施体系。

（一）建设国家中心城市

早在2016年2月，国务院批复《广州市城市总体规划（2011—2020年）》，将广州的城市定位明确为“广东省省会、国家历史文

化名城，我国重要的中心城市、国际商贸中心和综合交通枢纽”。2016年8月，中共广州市委十届九次全会公布了广州加快枢纽型网络城市建设的“路线图”和“施工图”，科学布局建设城市空间的枢纽与节点、网络与连接，形成层次更清晰、功能更完善、联系更便捷的枢纽型网络城市格局，打造国家中心城市“加强版”。具体来说就是实施“枢纽+战略”，强化国际航运、航空及科技创新三大枢纽的功能；做好珠江大文章，优化提升“一江两岸三带”，建设南沙城市副中心；打通发展“大动脉”，完善大交通网络体系和城市信息网络，形成新的发展动力源和增长极。

强化三大国际枢纽。一是立足南沙新区、广州港，做强现代航运服务业，建设国际航运枢纽。二是基于白云国际机场、空港经济区，发展航空高端产业，建设国际航空枢纽。三是着力培育创新主体，加强创新载体建设，营造创新生态环境，加快珠三角国家自主创新示范区和全面创新改革试验核心区建设，打造国际科技创新枢纽。重点建设广州开发区、南沙经济技术开发区、增城经济技术开发区等国家级开发区及一批功能区，形成枢纽型网络城市中各具特色、错位发展的重要支撑节点。推进大众创业、万众创新。[①]

优化“一江两岸三带”。以珠江为天然轴线，推进实施沿江布局和开发建设，打造30公里精品珠江。从白鹅潭到广州大桥的西十公里，形成展现城市历史风貌的滨水长廊；从广州大桥到琶洲岛东端的中十公里，形成展现大都市魅力的岭南水岸；从琶洲岛东端到南海神庙的东十公里，形成展现开放与活力的现代化港城。珠

---

① 《广州全面布局国家中心城市建设》，广州市人民政府网，2016年8月8日。

江新城、广州国际金融城、琶洲互联网创新集聚区这一“黄金三角区”，将分别建成企业总部、国际金融、科技创新高地。

山海呼应重塑城市风貌。广州将按照依山、沿江、滨海的脉络，从北至南形成3个风貌区，彰显广州城市特色。北部地区突出山体森林的生态风貌，保护成片农田、生态公益林区、森林公园、水源地等自然空间。中部地区突出历史与现代交融的都市风貌，严格控制珠江沿岸的城市开发，保护城市肌理，根植岭南文化，建设古今相融、中西合璧的活力街区。南部地区突出滨海新城风貌，科学规划生产岸线、生活岸线、生态岸线。

建设南沙城市副中心。南沙城市副中心建设全面提速。建设南沙连接广州中心城区的快速轨道、快速道路体系，实现半小时内直达中心城区和到达深圳、东莞、中山、佛山等邻近城市，1小时内到达珠三角主要城市。精心规划建设南沙港、明珠湾、南沙湾、蕉门河中心区等7个自贸区功能区块，有效对接港澳地区和广州中心城区功能。①

提高城市规划建设管理水平。强化规划战略引领，增强规划编制的科学性、实施的强制性、管理的系统性，提升城市空间品质。建设海绵城市和地下综合管廊，推进新型城镇化和城市有序更新，提高城市建筑质量，提升城市建设品质。完善干净整洁平安有序的城市环境建设长效机制，推进城市智慧管理，创新城市基层治理，保障城市公共安全。优化产业结构，推动产业集聚集群集约发展，促进产城融合，增强城市可持续发展的产业支撑。优化基本公共服

① 《广州全面布局国家中心城市建设》，广州市人民政府网，2016年8月8日。

务设施布局，提高公共服务品质。加强精神文明建设，提升市民现代文明素养。优化生态环境，建设具有岭南特色的森林城市、绿色城市、生态城市。

（二）建设国际贸易中心

广州是千年商都，有着悠久的商业传统和商业氛围，有着成熟的市场意识和规则。2018年7月，《广州蓝皮书：广州商贸业发展报告（2018）》发布的信息称，2017年广州商贸总体规模稳步扩大，商贸综合实力稳步提升。全年实现社会消费品零售总额同比增长8.0%，达9402.59亿元，连续30年稳居全国各大城市第三位。广州的商贸创新、客流物流功能排名相对靠前，分别位列第一和第二，具有比较优势。广州会展排名第三。广州电子商务实现平稳发展。2018年广州商品进出口总值9810.15亿元，比上年增长1.0%。纳入统计的跨境电子商务进出口总值246.8亿元，增长8.4%。广州电子商务产业按照“1+1+9”（海珠琶洲定位为电商总部示范区，荔湾白鹅潭为产业集聚发展区，黄埔、天河、白云、南沙等9个区建设关注于电子商务或互联网的产业基地）布局发展思路，推动电商集聚区和示范基地建设，跨境电商规模连续四年（2015—2018年）全国第一。逐步形成“一核引领、两翼齐飞、多区联动”的发展格局。一是琶洲互联网创新集聚区初具雏形。吸引腾讯、阿里、复星、国美、小米、YY、唯品会、环球市场、粤传媒、科大讯飞等14家企业的26个项目及业务运营公司，总注册资本达109亿元。二是两大国家电子商务示范基地集聚效应明显。广州云埔电子商务园区聚集了120多家品牌电子商务企业和电子商务服务机构，形成了“龙头企业+中小微企业”集聚，综合电商、垂直电商、金融电商、跨境电商和传统企业应用电子商务多业态综合发展格局。广州荔湾区花地河电子商务集聚区规划了10个重点园区，包括唯品会、广新信息大厦、广佛数字园（一、二、三期）、岭南电子商务园（梦芭莎）、广东塑胶交易所（广州圆）等功能区，集聚了唯品会、摩拉、绿瘦、七乐康、广东塑胶交易所等一批电商龙头企业，以及一批产值密度高、成长性好的中小科技创意企业，已发展成为千亿级产业集聚区。此外，依托各区产业特色和比较优势，广州还形成了一批“淘宝村”，主要集中分布在白云、番禺、花都、增城等区。但广州在服务贸易功能上具有比较劣势，仅排名第四，与广州的国际商贸中心地位不匹配。[①]

2018年12月，粤港澳大湾区研究院发布《2018年中国城市营商环境评价报告》，对全国直辖市、副省级城市、省会城市共35个大中城市的营商环境进行了评价。深圳、上海、广州、北京、重庆位居前五，广州在基础设施指数上排名第三，市场环境指数排名第四，社会服务指数排名第八。

在2016年全球城市新型国际商贸中心指数排名中，一共选取了21个全球城市。广州排在这21个城市的最后一位。从分项功能来看，广州在国际消费中心、客流物流枢纽、国际会展中心等核心商贸功能等方面表现出一定的比较优势，排名分别为第15、第10和第14。但服务贸易和货物贸易功能的得分较低，排名分别为第20和第19。广州在服务贸易、国际货物贸易规模、新兴市场等方面存在明显的短板。另外，虽然广州的会展功能排名较为靠前，得益于展览

---

① 张跃国、陈杰、荀振英：《广州蓝皮书：广州商贸业发展报告（2018）》，社会科学文献出版社，2018年版。

业比较优势明显，但国际会议发展明显滞后，在21个比较城市中排在最后一位。[①]

综合国内外比较结果可以看出，广州国际商贸中心的地位比较突出，在商贸流通方面具有诸多优势。然而，比较劣势和短板的存在，也制约了广州发展成为更高级或更具影响力的国际商贸中心，主要表现为：消费方面，国际品牌渗透率低，旅游吸引力较弱；货物贸易方面，国际贸易规模偏小；服务贸易方面，国际服务贸易总量小，信息、金融等高端服务短板突出；会展方面，国际会议的发展短板明显；客流物流方面，航空枢纽功能有待加强，机场旅客吞吐量与北京、上海差距大；等等。[②]

（三）打造国际综合交通枢纽

《规划纲要》提出，粤港澳大湾区要构建现代化的综合交通运输体系，提升珠三角港口群国际竞争力。增强广州、深圳国际航运综合服务功能，进一步提升港口、航道等基础设施服务能力，与香港形成优势互补、互惠共赢的港口、航运、物流和配套服务体系，增强港口群整体国际竞争力。提升广州和深圳机场国际枢纽竞争力，增强澳门、珠海等机场功能，推进粤港澳大湾区机场错位发展和良性互动。实施广州、深圳等机场改扩建，开展广州新机场前期研究工作，研究建设一批支线机场和通用机场。推进广州、深圳临空经济区发展。

① 张天墨：《综合国内外比较结果，广州国际商贸中心地位比较突出，在商贸流通方面具有诸多优势》，中国皮书网，2018年7月30日。

② 张跃国、陈杰、荀振英：《广州蓝皮书：广州商贸业发展报告（2018）》，社会科学文献出版社，2018年版。

广州具有打造国际综合交通枢纽的有利条件。广州东连惠州博罗、龙门两县，西邻佛山的三水、南海和顺德三区，南接东莞和中山，隔海与香港特别行政区、澳门特别行政区相望，其地理区位优势明显。从航运条件上看，广州位于珠江口，岛屿众多，水道密布，有虎门、蕉门、洪奇门等水道出海，是中国远洋航运的优良海港，是珠江流域的进出口岸和航运枢纽。从铁道运输条件上看，广州是京广、广深、广茂、广梅汕和贵广、南广、武广等铁路的交汇点，是全国重要铁路枢纽城市。而白云国际机场是全国三大航空枢纽之一，与世界各地的联系极为密切。因此，可以说广州具备良好的空港基础、海空港联动优势、覆盖华南五省和联通粤北地区的物流中转条件。2018年，广州旅客周转量、货运量、客运量同比分别增长9.8%、8.8%、6.1%。国际交通枢纽功能日益完善。2018年，白云国际机场安全起降航班近48万架次，同比增长2.6%；旅客吞吐量6974.32万人次，增长5.9%；货邮吞吐量189.06万吨，增长6.2%。广州港开拓、布局全球集装箱航线。截至2018年底，已开通集装箱航线209条，其中外贸班轮航线103条。广州港全年完成集装箱吞吐量达2191.18万标箱，排名上升至世界第五位。[①]未来广州建设国际综合交通枢纽主要从以下几方面着手：

第一，打造国际航运中心。2018年5月，广州市人民政府印发了《建设广州国际航运中心三年行动计划（2018—2020年）》。2019年9月，广州市政府常务会审议通过了《广州市关于提升粤港澳大湾区建设背景下增强广州港国际航运综合服务功能的工作方案》（以下简称《工作方案》）。《工作方案》提出，要实现老港口转型升

① 广州市统计局、国家统计局广州调查队：《2018年广州市国民经济和社会发展统计公报》，广州市人民政府网，2019年4月2日。

级，促进老港口转型与新港口建设步调一致，推进南沙港区与黄埔港区规划方案调整，加快港口基础设施建设，打造华南集装箱调拨中心，大力发展船舶及邮轮游船产业，推动珠江游绿色发展。2017年9月，广州港深水航道拓宽工程一期顺利完成，实现10万吨级集装箱船与15万吨级集装箱船（减载）双向通航；南沙港区三期6个15万吨级集装箱泊位建成投产；南沙港铁路、南沙国际邮轮码头等重点工程开工建设。南沙港区四期、南沙国际汽车物流产业园汽车滚装码头、南沙港区近洋码头、新沙港区二期、珠江口公共锚地等工程前期工作取得积极进展。南沙航运产业投资基金成立，基金总规模50亿元，为航运服务发展项目提供资金支持。①广州海关在全国率先推出“互联网+易通关”。黄埔海关深入推行“一站式作业”。广州检验检疫部门构建国内首个进出口商品全球溯源体系。广州边检部门推进无纸化申报试点。广州海事部门有效解决船舶进出口岸手续的“最后一公里”问题。

第二，打造国际航空枢纽。广州是南方航空公司的所在地，拥有白云国际机场和空港经济区。2018年4月，白云国际机场2号航站楼（T2）正式启用，航站楼建筑面积扩展65.87万平方米，总体旅客吞吐量设计容量已提升至8000万人次/年。白云国际机场航线网络已覆盖全球220个航点，拥有航线超过300条，其中国际航线157条。2017年实现旅客吞吐量6584万人次，位居世界第13，其中国际旅客吞吐量1589万人次，同比增长17.6%，占总旅客的24%；货邮吞吐量达178万吨，同比增长7.9%。白云国际机场口岸贸易便利化水平也显

① 《广州全速冲刺“国际航运中心”》，中国产业经济信息网，2018年4月17日。

著提升：通过深化“三互”（信息互换、监管互认、执法互助）大通关改革，实施“单一窗口”“互联网+空港e通”等措施，试点创建国家级检验检疫公共服务标准化示范基地，实现进口巴氏杀菌乳通关时长减至20分钟以内、保税融资租赁飞机落地入区验放1小时以内、进出口报关单平均通关效率提高25%以上。[①]白云国际机场将新增30条国际航线，欧洲、非洲、南美洲、大洋洲以及东南亚均有涉及，人们从广州出发抵达全球各大热门城市将变得更加便捷高效。广州白云国际机场与高铁、城轨、地铁、高速公路等无缝衔接正在加快推动，机场立体化综合交通体系不断完善。

第三，打造国家航空经济示范区。发展高端航空产业，积极争取飞机维修基地项目。至2018年底，广州空港经济区已进驻企业超过1.1万家，形成六大临空产业集聚集群。航空维修与制造业方面，空客、波音的飞机客改货项目先后落户，推动建立广州飞机维修工程有限公司（GAMECO）的飞机附件维修基地，初步形成全国最大飞机维修基地和全球最大飞机客改货基地。航空物流业方面，联邦快递、DHL、顺丰、唯品会等国内外知名物流企业均在区内建立物流基地，初步形成全国最大空港物流中心。2018年1—11月白云国际机场综合保税区进出口总额为100.8亿元。[②]

第四，打造大交通网络。推进高铁、地铁、城轨、高快速路网建设，实现与外部轨道交通的高速高效通达，与内部公共交通系统的便利对接，形成现代化的高效交通网络。推进铁路网络的建设，改造广州站、广州东站为高铁站，建设并启用广州北站，建设大田

①② 《广州国际航空枢纽功能显著增强》，《广州日报》，2018年12月28日。

铁路集装箱中心站。加快地铁建设，争取到2023年城市轨道交通里程超过800千米。完善城市内部公路系统，建设外围区域与中心城区的快速通道，建设机场第二高速等，提高公路网络的便利性。2018年，广深港高铁香港段正式开通，从广州出发的高铁可直达18个省份，形成了“四面八方、四通八达、面向全国、连接东南亚”的铁路网络。南沙大桥全线贯通并于2019年4月通车。4条地铁新线开通，实现所有行政区通地铁，运营里程接近500千米。

根据中国社科院研究机构2018年底发布的“国家中心城市指数”报告，广州的国家交通中心指数为1，居全国第一，而其交通集聚度和交通联系度指数分别排全国第一位和第三位。在国家交通中心的具体指标排名方面，广州各具体指标的排名全部居于全国前五位，很多分项居于第一位。

（四）建设世界级产业集群

《规划纲要》提出，要依托香港、澳门、广州、深圳等中心城市的科研资源优势和高新技术产业基础，充分发挥国家级新区、国家自主创新示范区、国家高新区等高端要素集聚平台作用，联合打造一批产业链条完善、辐射带动力强、具有国际竞争力的战略性新兴产业集群，增强经济发展新动能。

2019年6月，广州市政府常务会议审议通过了《行动计划》，明确广州将以先进制造业、战略性新兴产业、现代服务业、海洋经济、都市现代农业五大产业为主导，携手粤港澳大湾区城市共建世界级产业集群。

加快广佛极点建设。广佛极点建设成为广佛两市区域合作的重要抓手，广佛同城迎来更高层次的合作新阶段。统计显示，广州和佛山两地的产业天然互补，广州第三产业占经济总量的70%，佛山第二产业占经济总量的60%。“广州服务+佛山制造”的协同效应不断凸显。2018年，两市地区生产总值近3.3万亿元，占全省三成以上，超过北京和上海。在加快制造业高端合作平台建设上，广佛联手打造广佛同城化先进装备制造产业示范平台，探索共建广佛先进装备制造产业合作试验区。广佛两市重点规划建好广佛融合先导区（广州南站—佛山三龙湾—荔湾海龙片区），力争将其打造成为国家级的平台载体、广佛极点的核心。2019年5月，广佛两市签署《共建广佛高质量发展融合试验区备忘录》，两市沿着广佛197千米接壤边界，合力打造“1+4”广佛高质量发展融合试验区、广佛同城化合作示范区等发展平台。“1+4”试验区包括以广州南站为核心的广佛融合先导区和“花都+三水”“白云+里水”“荔湾+桂城”“南沙+大良容桂”4个融合试验区。广佛进一步加大项目建设，加强产业协同，推动产业高级化、规模化，加快共建先进装备制造、汽车、新一代信息技术、生物医药与健康等4个万亿级产业集群。

（五）建成具有国际竞争力的现代产业体系

广州构建现代产业体系，将以加快建设科技创新强市、先进制造业强市、现代服务业强市和文化强市为目标，激发老城市新活力，为建设国际大都市提供产业支撑，打造高质量发展的典范。

根据广州市政府常务会议审议通过的《广州市协同构建粤港澳大湾区具有国际竞争力的现代产业体系行动计划》（以下简称《行动计划》），广州将按照“三步走”安排，实施2019—2022年行动计划，远景展望2035年未来蓝图。具体是：到2020年，广州初步形成创新型现代产业体系框架，建成新一轮高水平开放合作的产业核心支撑区。先进制造业增加值占规模以上制造业增加值比重达70%，战略性新兴产业增加值占国内生产总值比重超15%，现代服务业占服务业增加值比重达70%，先进制造业、战略性新兴产业成为经济发展新支柱。到2022年，广州要初步确立以创新驱动为主动力的现代产业体系，建成具有全球影响力的科技产业创新枢纽区。广州将通过完善科技创新平台体系、链接全球科技创新前沿资源，实现全球高端人才集聚，并掌握一批领跑世界的关键技术，形成一批核心专利，建设一批具有国际竞争力的创新型产业集群。

到2035年，广州力争基本建成具有国际竞争力的现代产业体系，成为支撑国际一流湾区的核心引擎先行区。广州将建成若干世界级高端、高质、高新产业集群，支撑广州引领粤港澳、服务全中国、辐射全世界，建设成为国际科技产业创新中心、国际商贸中心、国际金融中心、国际航空枢纽、国际航运中心、国际文化创意中心，重要产业发展指标达到世界领先水平。①

围绕以上目标，《行动计划》提出广州要携手粤港澳大湾区城市共建世界级产业集群，形成“一核、一廊、三翼、多极驱动”的产业空间布局，推动构建结构科学、布局合理、集约高效的大湾区现代产业体系发展格局。

“一核”是指建设具有国际辐射带动力的中心城区现代产业集聚核。范围主要包括天河区、海珠区、荔湾区、越秀区所在的中心城区和广州科学城、广州国际生物岛及白云区北二环高速公路以南

---

① 《广州推动粤港澳大湾区建设，协同打造具国际竞争力的现代产业体系》，《南方都市报》，2019年7月12日。

地区，重点发展以高附加值产业链为主导，具有国际辐射带动力的总部经济、现代金融、产业科技创新、信息服务、商贸服务、文化旅游、教育、健康、体育等现代服务业，高水平打造珠江新城、广州国际金融城、琶洲会展总部集聚区、黄埔临港经济区、白云新城总部经济集聚区等现代产业集聚发展核心区。

“一廊”是指加快“广州—深圳—香港—澳门”科技创新走廊广州段建设，东西贯穿增城区至荔湾区，连接佛山、东莞、深圳、香港、澳门，集中打造广州大学城—国际创新城、琶洲粤港澳大湾区人工智能和数字经济创新试验区、中新广州知识城、广州科学城、南沙科学城、天河智慧城等创新平台。

“三翼”是指发展东、南、北三个产业集聚带。东翼围绕国际科技创新枢纽建设，以天河区东部、黄埔区（广州开发区）至增城区的产业组团为载体，加快发展知识密集型、资本密集型、技术密集型经济，打造先进制造业、战略性新兴产业发展区，生物医药健康产业区和生态旅游示范区。南翼围绕国际航运枢纽建设，以珠江航道黄埔港至龙穴岛段沿江区域的番禺、南沙产业组团为载体，建设国际物流商贸区、高端装备制造业区、滨江滨海生态旅游区和现代航运服务业集聚区。北翼围绕空港经济区国际航空枢纽建设，以白云区北部、花都区和从化区西南部等流溪河岸线的产业组团为载体，重点建设国家临空经济示范区、生态旅游产业示范区、生物医药健康产业区、铁路经济集聚区和轨道交通装备产业区。

“多极驱动”是指深入实施区域合作战略，以广州市产业区块（园区）载体为主阵地，共建南沙粤港澳全面合作示范区、中新广州知识城、广佛合作试验区、广清经济特别合作区等一批重大合作载体，发展一批特色合作平台，形成点（载体）、线（走廊）、面

（枢纽）相结合的产业发展格局。

（六）完善现代金融服务体系

《规划纲要》提出，支持广州完善现代金融服务体系，建设区域性私募股权交易市场，建设产权、大宗商品区域交易中心，提升国际化水平。支持符合条件的港澳银行、保险机构在深圳前海、广州南沙、珠海横琴设立经营机构。

为全力推进粤港澳大湾区建设，广州将充分发挥粤港澳大湾区核心引擎作用，找准金融突破口，大力推进“五大中心”建设，携手港澳共建大湾区国际金融枢纽。广州市通过推动在跨境人民币业务、跨境保险业务、离岸银行业务等方面积极创新，探索设立粤港澳大湾区保险产品创新中心，为粤港澳大湾区提供创新型保险服务。建设金融开放合作重大平台，在广东自贸区南沙片区内组建粤港澳大湾区国际商业银行，筹建创新型期货交易所，推动粤港澳大湾区发展基金注册落户。

（七）做强做优现代服务业

广州现代服务业产业基础深厚，发展空间广阔，发展潜力巨大。

2018年，广州服务业占地区生产总值比重已超过70%，[①]仅次于北京，位居全国第二，达到了发达国家的平均水平。广州现代服务业增加值增长6.7%，占服务业比重66.5%，同比提升0.4个百分点。

① 广州市统计局、国家统计局广州调查队：《2018年广州市国民经济和社会发展统计公报》，广州市人民政府网，2019年4月2日。

其中信息服务业增长25%以上，旅游业收入增长11%，新增上市公司10家、新三板挂牌企业21家。[①]作为现代服务业重要组成部分的交通运输、仓储和邮政业，2018年实现增加值1577.95亿元，位居全国第一。根据国家邮政局公布的2018年邮政行业运行情况，该年广州的快递业务量累计达到50.6亿件，为全国第一；快递业务收入累计达到479.7亿元，为全国第二。

服务业已成为我国经济增长的新动力和结构转型的主引擎，现代服务业更是广州实现高质量发展的重要支撑。随着移动互联网、云计算、大数据等新一代信息技术与各行业深度融合，广州新兴服务业呈蓬勃发展之势。《2019年广州市政府工作报告》提出，要做优做强高端现代服务业，支持发展法律、会计、咨询、广告、精算、人力资源等专业服务业，建设国际工业设计中心，发展供应链管理、定制化服务、总集成总承包、信息增值服务等服务型制造新业态。根据《广州服务经济发展规划（2016—2025年）》的要求，到2020年、2025年，广州服务业增加值将达到1.96万亿元和2.80万亿元，服务业增加值占地区生产总值的比重、现代服务业增加值占服务业增加值的比重在2020年分别达到70%的基础上，2025年将双双提升到71.5%。[②]

随着移动互联网、云计算、大数据等新一代信息技术发展日渐成熟，现代服务业日益与传统制造业实现深度融合。广州涌现出不少从生产型制造向服务型制造转型的企业，形成蓬勃发展的新兴服务业态。在此基础上，广州还鼓励发展工业设计、工业电子商务与

---

① 《2019年广州市政府工作报告》，广州市人民政府网，2019年1月21日。

② 《现代服务业担当广州经济发展新引擎》，《南方日报》，2019年4月12日。

供应链管理、工业互联网等平台型项目。

（八）在人文湾区建设中发挥引领带动作用

《规划纲要》提出，要塑造湾区人文精神。坚定文化自信，共同推进中华优秀传统文化传承发展，发挥粤港澳地域相近、文脉相亲的优势，联合开展跨界重大文化遗产保护，合作举办各类文化遗产展览、展演活动，保护、宣传、利用好湾区内的文物古迹、世界文化遗产和非物质文化遗产，支持弘扬以粤剧、龙舟、武术、醒狮等为代表的岭南文化，彰显独特文化魅力。增强大湾区文化软实力，进一步提升居民文化素养与社会文明程度，共同塑造和丰富湾区人文精神内涵。支持香港、澳门、广州、佛山（顺德）弘扬特色饮食文化，共建世界美食之都。支持广州建设岭南文化中心和对外文化交流门户，扩大岭南文化的影响力和辐射力。

中共广东省委、省政府印发的《实施意见》提出，共建人文湾区。发挥粤港澳地域相近、文脉相亲的优势，完善大湾区公共文化服务体系，打造文化精品，共同推进中华优秀传统文化创造性转化、创新性发展。建立粤港澳大湾区文化合作工作机制，促进大湾区文化事业与文化产业发展。推进粤港澳在保护利用世界文化遗产、传承弘扬岭南文化等方面的合作，推动岐澳古道与世界文化遗产澳门历史城区步行系统连接，充分挖掘利用大湾区内文物古迹、世界文化遗产和非物质文化遗产、古驿道等资源，构建大湾区文化遗产游径系统。

广州具有引领带动粤港澳大湾区文化发展的优良基础。广州是全国第一批历史文化名城，是海上丝绸之路的发祥地、岭南文化的发源地、近现代革命的策源地、改革开放的前沿地，“四地合一”

的广州具有丰富的历史文化资源。作为岭南文化的发源地，广州有丰富的岭南文化资源，如历史文物古迹、岭南建筑、岭南绘画、粤菜、粤剧、骨雕、木雕、玉雕、广彩、广绣、民俗、庆典等。作为公共文化基础设施建设较好的省会城市，广州有为数众多的博物馆、文化馆、图书馆和各类文艺演出团体。据统计，广州行政区内共有博物馆61个。2019年，广州全市公共图书馆216个，其中位于珠江新城的广州图书馆新馆年接待读者量世界第一。广州有7家市属国有文艺院团，有“广州文交会”“广州国际动漫节”“中国（广州）国际纪录片节”“中国（广州）国际演艺交易会”等文化产业展会平台。广州的文化创意产业近年来也快速发展。据不完全统计，截至2018年底，广州有文化创意产业园区（基地）约222个，包括广东国家音乐产业基地、广州国家广告产业园区等16个国家级文化创意产业园区（基地），广州TIT纺织服装创意园、黄花岗科技园（信息园）等10个省级文化创意产业园区，太古仓创意园、1850文化创意园、珠江·琶醍啤酒文化创意艺术区，等等。此外，广州在互联网文化、文化消费、数字音乐产业等领域均处于全国领先地位。广州应充分发挥这些有利条件，在粤港澳大湾区文化建设中发挥引领和带动作用。

大力弘扬岭南文化，增强粤港澳大湾区人民的凝聚力。粤港澳大湾区地缘相连、人缘相亲、语言相通、习俗相近。岭南文化是粤港澳大湾区城市共同的文化渊源。这种文化上的同一性是推动粤港澳三地人民跨越障碍和隔阂、携手合作的重大动力。粤港澳三地存在两种不同的社会制度和多元的价值观，尤其需要以粤港澳三地人民共同拥有的文化血脉作为黏合剂，团结协作。广州是岭南文化的历史集聚地和发源地，保留着丰富的岭南文化资源。在粤港澳大湾区建设中，广州要发挥岭南文化中心的作用，通过多种形式为大湾区人民呈现丰富多彩的岭南文化，从而增进大湾区人民之间的交流、理解和感情，为大湾区建设奠定坚实的共同文化基础。同时，岭南文化也是广东改革开放先行一步的内生动力，是海上丝绸之路的强大文化纽带。广州作为粤港澳大湾区中心城市，要发挥岭南文化中心的作用，运用岭南文化的影响力，凝聚海内外华人的力量，在全面对外开放中起到前沿地的作用，促进海上丝绸之路的建设和发展。

发掘民主革命文化资源，增强粤港澳大湾区人民的民族认同感。广州不但拥有丰富的民主革命史料资源，还拥有众多革命旧址和纪念性建筑物。这些革命遗址和建筑，都是活生生的历史教材。广州全面整合辛亥革命和大革命时期的历史文化资源，利用展览、文化论坛、学术会议、讲座及多种媒体手段加大宣传力度，使粤港澳大湾区民众通过这些文化活动深入了解中国的历史，了解三地人民同根同源、曾经为中华民族独立而团结斗争的光荣历史，增强对国家和民族的认同感，增强在新的历史时期为实现中华民族伟大复兴而奋斗的使命感和责任感。

丰富改革开放文化，增强文化自信。广州是改革开放的先行地。改革开放以来，广州勇于破除传统思想束缚，倡导商品经济理念，大胆学习和吸收国外的先进科技成果和管理经验，提倡竞争、进取、效益、平等等先进理念。40多年来，广州在改革开放中创下了多个第一，诞生了一批风云人物，涌现出许多不平凡的事迹，取得了巨大的经济、社会、文化建设方面的成就。这些都是广州传播改革开放先进文化的宝贵资源。

积极建立粤港澳大湾区文化交流合作的体制机制。广州要率先建立一个与粤港澳大湾区各城市互相对接、交流、促进、发展的机制和平台，把粤港澳大湾区合作从经济领域扩展到文化领域，实现大湾区内公共文化资源共享。要推动建立粤港澳大湾区内部利益分享和激励机制，使地方政府在提供跨域公共产品和公共服务方面更有积极性，推进大湾区基本公共文化服务跨区域衔接。要加快推进公共文化服务数字化建设，加快建设数字图书馆、数字博物馆、数字文化馆等文化信息资源共享平台。粤港澳三地合作共建了“粤港澳文化资讯网”。该网采用统一界面、统一管理和发布的方式，宣传粤港澳三地文化合作专案，让三地居民更容易掌握不同地域的文化资讯。但近年来移动互联网、社交媒体迅速成为文化信息传播的主渠道，广州要积极运用新媒体提升公共文化信息传播的丰富性和影响力。

（九）建设国际科技产业创新中心

《规划纲要》提出，推进“广州—深圳—香港—澳门”科技创新走廊建设，探索有利于人才、资本、信息、技术等创新要素跨境流动和区域融通的政策举措，共建粤港澳大湾区大数据中心和国际化创新平台。支持港深创新及科技园、中新广州知识城、南沙庆盛科技创新产业基地、横琴粤澳合作中医药科技产业园等重大创新载体建设。充分发挥香港、澳门、深圳、广州等资本市场和金融服务功能，合作构建多元化、国际化、跨区域的科技创新投融资体系。强化知识产权行政执法和司法保护，更好发挥广州知识产权法院等机构作用，加强电子商务、进出口等重点领域和环节的知识产权执法。

2018年9月，《广州市建设国际科技产业创新中心三年行动计划

（2018—2020年）》提出，要强化广州国家创新中心城市优势，通过推动创新链、产业链、资金链、人才链深度融合，构建富有广州特色的创新生态系统，力争2025年基本建成、2035年全面建成国际科技产业创新中心。主要达到以下目标：

自主创新能力大幅提升。集中力量把体现国家战略的大科学装置、大科学研究中心、各类公共服务平台和各方面创新资源聚集到广州，争取建设能够代表国家水平参与国际竞争与合作的国家实验室，加快创建综合性国家科学中心，争取在基础研究、应用基础研究领域取得一批并跑、领跑核心关键技术突破。

创新经济发展水平明显提升。科技创新与产业升级的结合日趋紧密，运用新技术、新设备、新工艺改造提升传统制造业的产业层次和核心竞争力的作用突出，整个制造业向高端化发展趋势明显。创新中心门户地位日益显著。成为国内外科技成果发布和交易的重要平台、技术汇聚集成与输出的重要门户、创投风投资本的汇聚基地。

2025年，基本建成国际科技产业创新中心，形成基础研究和原始创新能力较强、高端高质高新产业体系完备、高精尖企业汇聚、风投创投活跃、孵化育成体系完善、科技成果转化顺畅、高端人才集聚、能在科技创新领域代表我国参与国际竞争的“重要引擎”。到2035年，全面建成国际科技产业创新中心，在我国进入创新型国家前列时，成为比肩全球创新城市的“领头羊”。

科技创新，人才是关键。要借鉴港澳吸引国际高端人才的经验和做法，实行更积极、更开放、更有效的人才引进政策，创造更具吸引力的引进人才环境。建立紧缺人才清单制度，定期发布紧缺人才需求，拓宽国际人才招揽渠道，引进一批站在世界科技前沿、处在创新高峰期的创新领军人才和高层次创新团队，凝聚海外留学归国青年人才。

重点人才靶向引进。落实广州“1+4”人才政策（2016年出台的关于加快集聚产业领军人才的意见及4个配套文件）和人才绿卡，突出“高精尖缺”导向，以全球创新指数前20名国家（地区）、全球排名前100的大学、全球排名前100的实验室、全球500强企业的优秀人才和IAB、NEM的各细分行业世界排名前50的专家学者为目标，着力引进活跃在国际学术前沿的一流科学家和创新团队，重点引进诺贝尔奖获得者、国家最高科学技术奖获得者以及两院院士，重点培养一批具有成长为两院院士潜力的人才。

优化国际人才工作环境。简化外籍高层次人才居留证件、人才签证和外国人工作许可证办理程序。完善创新创业人才服务体系，对创新领军人才、产业高端人才和急需紧缺人才给予资助和奖励。对企业通过人力资源服务机构引进创新领军人才给予补贴，对优秀服务机构给予奖励。完善居住证积分人才引进政策体系。

第二节 打造广州南沙粤港澳全面合作示范区

广州南沙地处粤港澳大湾区地理几何中心。以南沙为中心，半径100千米画圆可以覆盖粤港澳大湾区11个城市。南沙得天独厚的地理位置，使其在粤港澳大湾区建设中占据先机和优势。《规划纲要》明确要求南沙携手港澳建设高水平对外开放门户、共建创新发展示范区、建设金融服务重要平台和打造优质生活圈。

一、建设高水平对外开放门户

作为国家级新区和自贸试验区，南沙是参与新一轮经济全球化竞争与合作的重要载体和平台，是进一步深化和扩大改革开放的先行地、试验田。改革开放是南沙发展的生命线。自贸区成立以来，南沙在对外开放与合作方面取得了显著成就。

对外开放水平全面提高，与港澳合作进一步加强。到2018年底，已有2872家港澳企业落户南沙，投资额累计804亿美元。南沙自贸区积极参与“一带一路”建设，已与爱尔兰香农自由贸易区、东莞滨海湾新区、中国（四川）自由贸易试验区川南临港片区等建立战略合作关系。2018年，香港“一带一路”总商会、澳门工商联会、广州市一带一路投资企业联合会三方签订协议，在南沙成立穗港澳“一带一路”企业联盟，联合开展投资贸易项目服务，助力三地联合开展企业“引进来”和“走出去”工作。[①]2018年12月，广州市政府、广州大学已与香港科技大学正式签署合作协议，在南沙庆盛建立香港科技大学（广州），推动霍英东研究院发展成为香港科技大学在内地科研成果转化总部基地。粤港澳大湾区暨“一带一路”法律服务集聚区正式成立。建设粤澳合作葡语国家产业园。

国际航运中心的功能不断增强。南沙港区已是世界第五大港口。2018年实现集装箱吞吐量达1566万标准箱，同比增长11.4%，货物吞吐量达3.56亿吨，商品车吞吐量历史性突破100万辆。港口基础设施方面，建成了华南最具规模的集装箱、汽车和通用码头群，有16个15万吨级专业化集装箱泊位，年通过能力达1600万标准箱。

① 《蔡朝林：加快打造粤港澳全面合作示范区》，《南方日报》，2019年4月1日。

粮食、油品等散货设计年通过能力5000万吨。拥有国内最大、设施条件最好的专业性汽车码头之一。集疏运体系方面，全球排名前20的班轮公司均已入驻发展，2015—2018年连续四年新增国际班轮航线10条以上（累计98条），建立了36个无水港。航运物流要素快速集聚。南沙自贸区已集聚了4800多家航运物流企业。中远海运散货全球总部、中远航运风电总部、唯品会跨境电子商务总部等航运物流总部企业落户南沙。成立了50亿元规模的航运产业投资基金。

二、建设创新发展示范区

创新是南沙发展的动力。其中，制度创新是南沙创新的动力源。南沙自贸区自成立以来，着力推出一批重大政策创新和改革举措。到2018年底，已经累计形成了376项制度创新成果，平均每三天推出一项改革创新举措。这些改革创新举措有19项在全国复制推广，90项在全省复制推广，140项在全市复制推广。2018年，南沙还出台了一系列对港澳籍人才专项扶持奖励政策，港澳籍人士在南沙可申请人才绿卡。持有绿卡的港澳籍人士在申办工商营业执照、子女入学、银行开户等方面享受与户籍人口同等待遇。推出了商事登记“国际营商通”服务和160项“湾区通办”政务服务事项，港澳投资者足不出户就可在当地注册南沙企业。开展了共有产权住房试点等改革。出台针对港澳专业服务业的专项扶持奖励政策等，初步实现了“港人港税、澳人澳税”。

南沙自贸区积极推动制度创新与科技创新、产业创新互融互促，着力构建以创新为引领的高质量发展模式。一是以推进与港澳制度规则相互衔接为重点，着力营造高标准的市场化法治化便利化营商环境。二是强化粤港澳联合科技创新，共同将南沙打造成为华南科技创新成果转化高地。三是突出数字经济、绿色经济、海洋经济发展导向，着力构建创新型产业体系。四是创新合作机制和合作模式，建设一批区域合作重大平台。①

南沙已集聚了众多创新资源要素，吸引了一批科技产业落户。科大讯飞、中科院等4个开放性人工智能平台，聚集了腾讯、亚信、云从科技、小马智行等40多家业内顶尖企业的多个投资项目和一大批人工智能领军人才。海尔、北京精雕、联瑞制药等一批行业领军企业也已落户南沙。广汽丰田第三生产线顺利投产。创新人才加快集聚，已集聚诺贝尔奖获奖者1名、院士10名、区重点发展领域急需人才2300余名。

南沙还将着力建设一批重大产业项目。支持和培育人工智能企业加快发展。推动打造千亿级智能网联汽车产业集群，加快形成先进制造业规模效应，加快推进全球质量溯源中心等项目建设，提升国际供应链枢纽服务功能。加快培育海洋科技产业集群，重点培育一批孵化器和服务平台，打造粤港澳青年创新创业服务中心及粤港澳合作的创新创业示范区。

三、建设金融服务平台

金融服务是南沙着力培育的枢纽功能。南沙自贸区大力促进金融服务实体经济和创新创业发展，积极构建创新型金融服务体系。

---

① 《蔡朝林：加快打造粤港澳全面合作示范区》，《南方日报》，2019年4月1日。

着力发展航运金融、科技金融、飞机船舶租赁等特色金融，探索与港澳金融机构合作发展离岸金融。积极推动设立粤港澳大湾区国际商业银行、创新型期货交易所等金融服务平台，探索建设国际航运保险等创新型保险要素交易平台，探索建立与粤港澳大湾区发展相适应的账户管理体系。2018年，南沙已累计落户金融和类金融机构3700多家，融资租赁企业数量增多，业务规模超过千亿元，占全市八成。揭牌成立全国首个能源金融示范区，启动南沙国际金融岛项目，国际金融论坛（IFF）永久落户。

南沙将以国际化、创新型为方向与港澳共建粤港澳大湾区国际商业银行，推动创新型期货交易所尽快落地，争取设立全牌照粤港合资证券公司，加快壮大发展千亿级融资租赁产业集群。探索内地和香港社会管理创新及经济融合发展的新机制，研究在内地法律框架下借鉴引入香港标准规范，规划明珠湾起步区作为粤港澳合作的金融集聚区。在灵山岛、横沥岛尖10平方千米的范围内重点发展特色金融，强化与香港金融业的深度合作，引领粤港澳大湾区金融创新。[①]

四、打造优质生活圈

打造优质生活圈是南沙着力追求的发展愿景。南沙将对接港澳先进的城市规划理念，着力推进一批重大公共服务设施项目的引进和建设，打造教育、医疗卫生新高地，构建综合交通枢纽，打造“半小时交通圈”，提供与港澳相衔接的公共服务和社会管理环境，完善便利港澳居民在南沙发展的政策措施，着力创建国际化人

① 《蔡朝林：加快打造粤港澳全面合作示范区》，《南方日报》，2019年4月1日。

才特区。

第一，构建“半小时交通圈”。广州对标粤港澳大湾区城市群核心门户城市定位，以“强化轨道通道、提升道路通道、优化水路通道”为目标，加快推进粤港澳大湾区综合交通枢纽建设。重点打造高快速轨道交通系统，布局“七横七纵”高快速路网，完善区内交通网络，构建区域水路客运体系。通过构筑珠三角核心圈层60分钟、广州中心城区及周边邻近区域30分钟、南沙组团内15分钟的“153060”时效圈，缩短粤港澳大湾区城市之间的时空距离，从而推动南沙由地理几何中心向区域交通枢纽转变。南沙自贸区大力推进总投资2505亿元的91个重大交通基础设施项目建设，力争用3~5年时间与粤港澳大湾区相关城市的核心节点构建起“半小时交通圈”。2017年12月，南沙连接广州主城区的地铁4号线全线贯通。2018年9月，广深港高铁香港段正式开通，南沙从庆盛站出发前往香港西九龙仅需28分钟。2019年4月，南沙大桥通车，它是粤港澳核心区新的重要过江通道，从南沙30分钟内可以到达深圳宝安机场、前海地区。地铁18号线、22号线建成，实现28分钟从南沙直达广州火车东站、25分钟通达广州南站，并延伸至中山、珠海。路网建设也同样在提速。深中通道开工建设，广中江高速、“三高三快”通道南沙段等项目有序推进。南沙港区三期已建成投产，国际邮轮母港全面开工建设。2016—2017年，南沙的邮轮出入境旅客吞吐量共72.95万人次，连续两年位列全国第三，为南沙寻找到新的经济增长点。南沙邮轮航线，可到达香港、菲律宾、越南、日本等目的地，是国内去往东南亚航线最多的邮轮港口。

第二，打造教育新高地。香港科技大学（广州），广州外国语学校，华南师范大学第二附属中学及其附属小学、幼儿园和广东优联教育集团已成功引入南沙办学。广州外国语学校附属小学、幼儿园，广州市第二中学南沙天元学校，广州大学附属中学南沙实验学校，广东外语外贸大学附设南沙外国语学校，广州实验教育集团南沙实验幼儿园等一批名校（园）已建成或正在动工建设。通过大力开展新建学校项目建设，对现有学校进行改、扩建以及集团化、学区化办学等方式扩大优质教育资源总量。

第三，打造医疗健康新高地。中山大学附属第一（南沙）医院、广东省中医院南沙医院、广州市妇女儿童医疗中心南沙院区已落户，中山大学附属口腔医院、广州医科大学附属肿瘤医院正在积极引进。这些医院将联手在南沙打造国际先进、国内一流的国家医学中心。未来几年，南沙计划投资55亿元用于区属医院改造扩建，共计改扩建10家，迁建3家，增加建筑面积约34万平方米，新增3449张病床。布局华南地区健康医疗大数据中心，联合中电数据公司推动国家健康医疗大数据中心与产业园建设试点工程。打造国家级健康旅游示范基地，搭建高端医疗综合发展战略平台，集聚先进医疗服务产业集群，构建生物医药科研创新引擎。

第四，打造绿色生态智慧城市。南沙在城市规划方面重点推进几方面工作：一是深化土地供给侧改革，挖潜盘活低效用地300多公顷，优化了154个民生和经济发展项目的用地布局。二是高标准编制新一轮城市总体规划。《广州市城市总体规划（2017—2035年）》草案中明确了南沙作为唯一城市副中心的定位。南沙也在同步组织编制南沙新区2035+发展战略规划和南沙新区新一轮的总体规划，打造高效聚集粤港澳大湾区核心资源门户枢纽的功能。三是探索以高水平的城市设计统领规划建设管理工作，打造国际化精细化品质化的宜业宜居的城市环境。引入美国SOM建筑设计事务所、德国意厦国际设计团队，参与南沙自贸区重点区块的城市设计工作。

在绿色生态智慧城市建设上重点开展四方面的实践探索：一是在绿色生态方面，已在资源化利用、综合管廊、海绵城市、装配式建筑、绿色施工等方面开展技术研究及工程实践。二是在低碳节能方面，以绿色建筑和分布式能源站为抓手推进商务楼宇低碳节能工作。三是在智慧城市方面，以更加美好的城市生活为目标，大力建设智慧城市基础设施，构建更加高效的智慧城市管理和服务平台。四是在岭南特色方面，通过构建岭南特色水乡社区、层次丰富的岭南滨水景观和特色岭南水街，着力将明珠湾打造成现代文明与传统文化相融合的岭南水城。①

第五，推出“湾区通办”政务服务，进一步强化粤港澳大湾区协同发展。2018年10月，南沙上线粤港澳大湾区版“市民之窗”，实现了大湾区广州、深圳、珠海、佛山、惠州、东莞、中山、江门、肇庆等9个城市内“全天候、全通办”的便民服务通办。目前可办理包括住房、社保、教育、卫生等民生事项，商事自助登记等企业事项，交通违章处理等公安事项。通过“市民之窗”自助服务终端，粤港澳大湾区内的珠三角9市之间全面实现政务服务业务跨城办理，未来还将探索与香港、澳门进行衔接，逐步实现大湾区内全通办。②

①② 《建设广州城市副中心　打造粤港澳大湾区重大合作平台》，南沙区发改局网，2018年4月24日。

第三节　实现老城市新活力、做到“四个出新出彩”

2018年10月，习近平总书记在视察广东重要讲话中提出：广州要实现老城市新活力，聚焦粤港澳大湾区建设，在综合城市功能、城市文化综合实力、现代服务业、现代化国际化营商环境方面出新出彩。2019年7月，中共广东省委、省政府印发《实施意见》提出，支持广州实现老城市、新活力，在综合城市功能、城市文化综合实力、现代服务业、现代化国际化营商环境等方面出新出彩。中共广州市委十一届六次全会强调，要坚持以习近平新时代中国特色社会主义思想为指导，坚决贯彻落实中央及省委、省政府决策部署和工作要求，聚焦“四个出新出彩”，完善优化“1+1+4”工作举措，扎实做好改革发展稳定各项工作。着力推进粤港澳大湾区建设，强化区域发展核心引擎功能。着力推动综合城市功能出新出彩，建设幸福广州、美丽广州、平安广州。着力推动城市文化综合实力出新出彩，高水平建设文化强市。着力推动现代服务业出新出彩，打造现代服务业强市。着力推动现代化国际化营商环境出新出彩，推动营商环境走在全国前列。

一、广州老城市的优势和不足

广州是一座有着2200多年建城历史的老城市，是国家历史文化名城。老城市有自身独特的优势。2200多年的历史使广州有着深厚的文化底蕴。广州是海上丝绸之路的发祥地、近现代中国民主革命的策源地、岭南文化的发源地、改革开放的前沿地，是历史悠久的商贸名城，中西文化在这里交流、碰撞、融合，形成了开放包容的城市文化和敢为人先、开拓进取的城市精神。广州城内古迹众多，粤剧、广绣、广彩等非物质文化遗产享誉世界。迎春花市是年俗，也是广州的文化名片。改革开放以来，广州创下了多项全国第一：率先打响城市经济体制改革"第一枪"，诞生了第一批个体户，率先开办"三资"企业，首个劳务集市开锣，首家五星级宾馆落成，首家超级市场开业……广州的城市综合实力雄厚，连续多年地区生产总值在全国城市排名第三，仅次于北京、上海。广州产业结构完备，是华南地区工业门类最齐全的城市。广州的市场发育比较充分，市场化程度高，基础设施完善，毗邻港澳，枢纽地位突出。广州地区集中了全省2/3的普通高校、70%的科技人员、97%的国家重点学科、77%的自然科学与技术开发机构，以及绝大部分国家重点实验室。据全球权威世界城市研究机构GaWC发布的《世界城市名册2018》中，广州在世界一线城市中排第27位。①

同时，老城市也存在一定的局限。广州与国内外不少大城市一样，面临着一些大城市病的挑战。如：城市管理有待进一步提升，城市更新任务繁重，传统产业面临转型升级，高技术制造业和新兴产业比重不高，高端服务业偏弱；创新动力不足，思想上容易陷入惯性思维、行动路径依赖，习惯待在舒适区；等等。广州在科技创新能力、创新龙头企业数量、科研成果转化等方面也存在不足。仅以全社会研发投入这一项数据来看，广州全市R&D经费支出占地区生产总值的比重仅2.5%左右，与北京、上海等地差距明显。一些核心技术、关键零部件、重大装备仍然受制于人。②在环境治理方面，在打赢黑臭水体剿灭战、大气污染治理攻坚战、净土保卫战，把绿

①② 《奋进的城市出新出彩》，《广州日报》，2019年4月11日。

色发展推向深入等方面，广州还有不少“硬骨头”要啃。

二、老城市如何焕发新活力、出新出彩

广州深入学习贯彻习近平总书记视察广东重要讲话精神，谋划推进一系列战役战略性改革和创造型引领型改革，推动重要领域和关键环节改革取得更多突破性成果，为实现老城市新活力提供体制机制支撑。

第一，创新粤港澳大湾区合作机制，加快形成全面开放新格局。在粤港澳大湾区建设框架下，深入推进穗港澳深合作机制创新。积极探索对外开放的新模式、新体制，统筹利用好国际国内两个市场、两种资源，深化南沙自贸试验区制度创新系统集成，携手打造“一带一路”倡议重要支撑区，加快形成高水平全面开放新格局。①

第二，深入推进营商环境改革，推动现代化国际化营商环境出新出彩。深化“放管服”改革，推进“数字政府”改革建设，转变政府职能，以体制机制创新推动现代化国际化营商环境建设，形成稳定、公平、透明、可预期的一流营商环境。

第三，完善建设科技创新强市、先进制造业强市、现代服务业强市相关政策措施，加快建设现代化经济体系。

第四，强化民生社会领域改革。着力解决就业、教育、医疗、社保、住房、养老、家政服务、交通、生态等群众关心关注的热点难点问题，探索推动构建“一核多元”的基层社会治理格局。

第五，深化全域文明创建体制机制改革。推进国际交流合作

---

① 《推动创造型引领型改革　实现老城市新活力》，广州机关党建网，2019年3月11日。

体制机制创新，大力弘扬岭南文化，扩大岭南文化的影响力和辐射力，努力提升城市国际品牌。

第六，深化生态文明体制改革。健全生态文明制度体系，推进绿色金融改革创新试验区建设，培育壮大高效节能装备、环保监测治理装备、节能环保服务等绿色产业，完善河长制、湖长制运行机制，坚决打赢大气治理攻坚战、黑臭水体剿灭战、净土保卫战。[①]

三、“四个出新出彩”

（一）在综合城市功能方面出新出彩

广州坚定不移地推动综合城市功能出新出彩，着力建设科技创新强市、先进制造业强市，提升门户枢纽能级，用绣花功夫管理城市，实施乡村振兴战略，大力建设幸福广州、平安广州、美丽广州，不断提升城市能级和核心竞争力。2016年，广州在全国率先开展老旧小区微改造工作。2017年底，广州入选住房城乡建设部老旧小区改造试点城市，为15个入选城市中唯一的一线城市。该项工作已初见成效。截至2019年9月，城中村改造拆除违法建筑超120万平方米，老旧小区微改造项目已完工172个。绿地率从5%提高到35%以上，建筑密度由65%以上降低到30%，平均节地率达48%。建设村民安置房1540万平方米，配建公共服务设施（场所）1772个，建筑面积250万平方米。在旧厂改造方面，关停搬迁产能落后企业310家，引入创新型企业4600家，建成科技孵化器5个。落实金融城、广钢新

① 《推动创造型引领型改革　实现老城市新活力》，广州机关党建网，2019年3月11日。

城、科教城等一批重点功能区和发展平台的成片连片土地储备和开发。吸引广钢、广晟有色、万力集团、唯品会等一批企业总部基地落户。推动华南国际港航服务中心、万科黄埔跨境电子商务园区、TIT纺织服装创意园等一批园区产业的转型升级。①

（二）在城市文化综合实力方面出新出彩

广州是岭南文化中心地，广州城内古迹众多，文化遗产丰厚。粤剧、广绣、广彩等非物质文化遗产享誉世界。广州要保护、继承、发扬好这些文化资源，以文化凝聚粤港澳大湾区人民的共识，凝聚海内外华人的力量。同时，广州要大力培育和践行社会主义核心价值观，发展文化事业和文化产业，持续提升城市文化影响力，打造全球区域文化中心城市，建设文化强市。

（三）在现代服务业方面出新出彩

当前，随着移动互联网、云计算、大数据等新一代信息技术与各行业深度融合，广州新兴服务业态和服务模式不断涌现。传统服务业向数字化、信息化转变。一大批传统制造企业通过加大服务投入，延伸和提升价值链，实现了从生产型制造向服务型制造转变，成为新兴服务业态。花都作为广州首个经国家批准的金融专项试验区，率先开展绿色金融改革创新试点，出台支持绿色金融和绿色产业发展的“1+4”配套政策文件，创新绿色企业和绿色项目认证机制，设立绿色金融专业化服务机构。绿色金融街已进驻203家机构。广州现代服务业已呈现出集聚集群集约发展特点，形成了琶洲互

① 《老城市新活力　城市更新出新出彩》，广州市住房和城乡建设局网，2019年9月18日。

联网创新集聚区、广州天河路商业集聚区、广州国际金融城金融集聚区、番禺万博商务区现代信息服务业集聚区等30多个不同形态和行业的现代服务业集聚区或商务区。近年来，广州涌现了一批技术型、创新型企业，如腾讯、唯品会、尚品宅配、林安物流、环球市场等。这些企业的集约化发展带动着不同行业向高端、高质、高效发展。广州天河、越秀、海珠集聚了一大批总部型、价值型、创意型服务企业。它们通过业态、技术等创新，不断将服务向国内外市场延伸，形成巨大的服务体系和竞争力，从而为广州现代服务业发展注入了新动力和活力。[①]现代服务业正成为广州经济新的增长点，带动着广州这座古老的城市焕发出新的生机和活力。

（四）在现代化国际化营商环境方面出新出彩

《实施意见》提出，打造国际一流的营商环境，深化“放管服”改革，加快转变政府职能，推进营商环境法治化建设，加快社会信用体系建设，形成稳定、公平、透明、可预期的一流营商环境。支持广州、东莞等开展深化营商环境综合改革试点，支持深圳、广州开发区创建营商环境改革创新实验区。

广州印发了《广州市营商环境综合改革试点实施方案》《关于狠抓落实〈广州市营商环境综合改革试点实施方案〉有关工作的通知》《广州市优化营商环境专项行动计划》《优化营商环境指标　推动我市营商环境评价走在全国前列工作方案》等优化营商环境政策文件，为实现营商环境“质的飞跃”明确了任务分工及工作

① 王先庆：《新时期广州现代服务业的新路径》，新浪网，2019年3月15日。

要求。深入推进压缩企业开办时间、工程建设项目审批制度改革、优化税收营商环境等三项国家级改革试点，深化广州开发区、南沙自贸区、临空经济示范区等重点区域营商环境改革，开展“获得电力”“获得用水”“获得用气”等优化营商环境11个专项行动。

《广州营商环境报告（2018）》显示，广州的宜商竞争力在全国位列前五，属于所有城市中的第一档次。广州营商环境的优势在于城市区位、环境、房价、全球联系度、航空联系度、外贸依存度等方面。[①]广州拥有深厚的商业底蕴，悠久的对外开放历史。广州作为粤港澳大湾区的中心城市之一，市场广阔，科技教育文化基础好。这些都是广州营商环境的优势。广州的短板主要在于创新和软环境，如战略性新兴产业数量不多、科研转化不足、改革创新系统性和精细化程度不高、改革攻坚锐气不足等。这些需要广州在建设现代化国际化营商环境中作进一步加强和改善。

① 《广州推进全面深化改革新实践　营造现代化国际化营商环境》，《广州日报》，2019年7月17日。

参考文献

[1] 中共中央　国务院印发《粤港澳大湾区发展规划纲要》[EB/OL].[2019-02-18]. http://www.xinhuanet.com/politics/2019-02/18/c_1124131474.htm.

[2] 广东省推进粤港澳大湾区建设三年行动计划（2018—2020年）[EB/OL].[2019-07-05]. http://www.pprd.org.cn/fzgk/zxzc/201907/t20190705_513771.htm.

[3] 广东省委、省政府印发《关于贯彻落实〈粤港澳大湾区发展规划纲要〉的实施意见》[EB/OL].[2019-07-05]. http://economy.southcn.com/e/2019-07/05/content_188215812.htm.

[4] 深化粤港澳合作　推进大湾区建设框架协议[EB/OL]. [2019-02-26]. http://politics.gmw.cn/2019-02/26/content_32569449.htm.

[5] 授权发布：推动共建丝绸之路经济带和21世纪海上丝绸之路的愿景与行动[EB/OL].[2015-03-28]. http://www.xinhuanet.com/world/2015-03/28/c_1114793986.htm.

[6] 国务院关于深化泛珠三角区域合作的指导意见[EB/OL].[2016-03-15]. http://www.gov.cn/zhengce/content/2016-03/15/content_5053647.htm.

[7] 广州市人民政府关于印发广州市国民经济和社会发展第十三个五年规划纲要（2016—2020年）的通知[EB/OL].[2016-04-28]. http://www.gz.gov.cn/zwgk/zwwgk/jggk/lsqkgk/content/post_2854710.html.

[8] 广州市人民政府. 建设广州国际航运中心三年行动计划（2018—2020年）[EB/OL].[2018-05-13]. https://www.sohu.com/a/231427785_800178.

[9] 国家发改委. 珠三角地区改革发展规划纲要（2008—2020年）[EB/OL].[2009-01-08]. http://www.china.com.cn/news/2009-01/08/content_17074210_4.htm.

[10] 广东省发展和改革委员会. 广东省国民经济和社会发展第十三个五年规划纲要[EB/OL].[2018-07-26]. http://drc.gd.gov.cn/sswgh/content/post_854165.html.

[11] 中华人民共和国国家发展和改革委员会. 国家发展改革委办公厅关于

加快城市群规划编制工作的通知［EB/OL］.［2016-12-09］. http://www.gov.cn/xinwen/2016-12/09/content_5145866.htm#1.

［12］2018年广东省政府工作报告［EB/OL］.［2018-02-02］. http://news.southcn.com/gd/content/2018-02/02/content_180670819.htm.

［13］2019年广东省政府工作报告［EB/OL］.［2019-03-01］. http://www.agriplan.cn/industry/2019-03/zy-3477_7.htm.

［14］2019年广州市政府工作报告［EB/OL］.［2019-03-18］. http://www.agriplan.cn/industry/2019-03/zy-3575_7.htm.

［15］秦玉才，姜晓军，等. 粤港澳大湾区融合发展规划研究［M］. 杭州：浙江大学出版社，2018.

［16］国世平. 粤港澳大湾区规划和全球定位［M］. 广州：广东人民出版社，2018.

［17］马化腾，等. 粤港澳大湾区［M］. 北京：中信出版集团股份有限公司，2018.

［18］陈广汉. 粤港澳大湾区发展报告［M］. 北京：中国人民大学出版社，2018.

［19］王廉. 粤港澳大湾区城市群文化特色与发展对标.［M］. 广州：花城出版社，2018.

［20］庞川，林广志. 粤港澳大湾区发展报告2018—2019［M］. 广州：广东人民出版社，2019.

［21］张光南，周吉梅，等. 粤港澳大湾区可持续发展指数报告［M］. 北京：中国社会科学出版社，2018.

［22］黄汉权，等. 珠海支撑粤港澳大湾区建设的现代产业体系研究［M］. 北京：中国社会科学出版社，2019.

［23］冼雪琳. 世界湾区与深圳湾区经济发展战略［M］. 北京：北京理工大学出版社，2017.

［24］王珺，袁俊. 粤港澳大湾区建设报告：2018［M］. 北京：社会科学文献出版社，2018.

［25］曾伟玉. 粤港澳大湾区研究：第一辑［M］. 北京：社会科学文献出版社，2019.

[26] 曾志敏. 粤港澳大湾区论纲 [M]. 广州：华南理工大学出版社，2018.

[27] 秦玉才，姜晓军. 粤港澳大湾区融合发展规划研究 [M]. 杭州：浙江大学出版社，2018.

[28] 田新朝. 跨境养老服务：粤港澳大湾区的协同合作 [J]. 开放导报，2017 (5).

[29] 江璐明，张虹鸥，梁国昭. 环珠江口与环东京湾地区产业发展及环境比较 [J]. 热带地理，2005 (4).

[30] 闻瑞东，钟世川. 加强粤港澳大湾区文化整合的对策 [J]. 改革与开放，2018 (20).

[31] 李猛. "一带一路"背景下制定高标准粤港澳大湾区自由经贸协定研究 [J]. 亚太经济，2018 (2)：135-142.

[32] 艾德洲. 服务"一带一路"政策沟通的粤港澳湾区联动发展研究 [J]. 当代经济管理，2016 (11).

[33] 覃成林，刘丽玲，覃文昊. 粤港澳大湾区城市群发展战略思考 [J]. 区域经济评论，2017 (5).

[34] 张立真，王喆. 粤港澳大湾区：演进发展、国际镜鉴与战略思考 [J]. 改革与战略，2018 (3).

[35] 姚江春，池葆春，刘中毅，等. 粤港澳大湾区规划治理与协作策略 [J]. 规划师，2018 (4).

[36] 蔡赤萌. 粤港澳大湾区城市群建设的战略意义和现实挑战 [J]. 广东社会科学，2017 (4).

[37] 王河. 践行粤港澳大湾区战略　广州打造世界级国际大都市 [J]. 广东经济，2018 (5).

[38] 刘成昆. 融入城市群，打造湾区经济——粤港澳大湾区城市群发展分析 [J]. 港澳研究，2017 (4).

[39] 李胜兰. 粤港澳大湾区的意义、优势、挑战与制度创新 [J]. 探求，2018 (2).

[40] 张磊. 粤港澳大湾区建设的机遇和挑战 [J]. 时代金融，2018 (17).

[41] 陈俊达，易露霞. 大力发展广东湾区经济，全面建设黄金海岸带 [J]. 中国商贸，2015 (9).

［42］赵逸靖，千庆兰．全球视角下粤港澳大湾区的现状特征及发展方向［J］．广东经济，2018（11）．

［43］张胜磊．粤港澳大湾区建设：理论依据、现存问题及国际经验启示［J］．兰州财经大学学报，2018（5）．

［44］林贡钦，徐广林．国外著名湾区发展经验及对我国的启示［J］．深圳大学学报（人文社会科学版），2017（5）．

［45］毛艳华，荣健欣．粤港澳大湾区的战略定位与协同发展［J］．华南师范大学学报（社会科学版），2018（4）．

［46］周春山，邓鸿鹄，史晨怡．粤港澳大湾区协同发展特征及机制［J］．规划师，2018（4）．

［47］李光辉，章海源，梁明，等．粤港澳大湾区总体思路研究［J］．国际贸易，2018（2）．

［48］庞川．粤港澳区域协同机制下的澳门创新发展［J］．金融经济，2018（23）．

［49］陈世栋．粤港澳大湾区要素流动空间特征及国际对接路径研究［J］．华南师范大学学报（社会科学版），2018（2）．

［50］熊晶．粤港澳大湾区发展中的城市发展战略探索——以中山市为例［J］．广东省社会主义学院学报，2018（4）．

［51］阮晓波．粤港澳大湾区港口融合发展研究［J］．广东经济，2018（11）．

［52］孔维宏．粤港澳大湾区城市群陆路交通一体化的问题与对策［J］．城市观察，2018（2）．

［53］丁旭光．借鉴旧金山湾区创新经验，构建粤港澳大湾区创新共同体［J］．探求，2017（6）．

［54］龙建辉．粤港澳大湾区打造全球物流枢纽的战略思考——新起点、新挑战、新任务与新举措［J］．广东经济，2017（12）．

［55］王林生．现代文化市场体系：粤港澳大湾区文化产业高质量发展的路径与方向［J］．深圳大学学报（人文社会科学版），2019（4）．

［56］刘少和，梁明珠．粤港澳大湾区城市群休闲游憩带结构研究［J］．华南理工大学学报（社会科学版），2017（6）．

［57］曹锦阳．粤港澳大湾区文化创意产业集群发展量化分析研究［J］．深圳社

会科学，2019（1）.

［58］逯新红. 粤港澳大湾区金融合作背景和战略意义［J］. 金融与经济，2017（7）.

［59］刘向耘. 从粤港澳大湾区建设看金融如何支持经济转型升级［J］. 金融经济学研究，2018（1）.

［60］程华，杨云志，韩剑. 粤港澳大湾区发展的金融机遇及银行对接路径［J］. 银行家，2018（2）.

［61］袁宏舟. 浅析香港在粤港澳大湾区建设中的作用［J］. 宏观经济管理，2018（2）.

［62］钟世川. 澳门参与粤港澳大湾区经贸合作的困境及对策［J］. 城市观察，2018（5）.

［63］谭锐. 广州在粤港澳大湾区建设中的城市发展战略［J］. 城市观察，2018（2）.

［64］谭弈霖. 粤港澳大湾区中广州的地位优势分析［J］. 发展改革理论与实践，2018（3）.

［65］李星星. 深圳在粤港澳大湾区中的城市定位和作用［J］. 发展改革理论与实践，2018（3）.

［66］周会祥. 充分发挥深圳在粤港澳大湾区城市群中的作用［J］. 特区实践与理论，2018（1）.

［67］刘城. 粤港澳大湾区优化营商环境的对策建议［J］. 新经济，2017（12）.

［68］谢俊，申明浩，杨永聪. 差距与对接：粤港澳大湾区国际化营商环境的建设路径［J］. 城市观察，2017（6）.

［69］钟韵，胡晓华. 粤港澳大湾区的构建与制度创新：理论基础与实施机制［J］. 经济学家，2017（12）.

［70］刘云刚，侯璐璐，许志桦. 粤港澳大湾区跨境区域协调：现状、问题与展望［J］. 城市观察，2018（1）.

［71］王玉明. 粤港澳大湾区环境治理合作的回顾与展望［J］. 哈尔滨工业大学学报（社会科学版），2018（1）.

［72］迟福林. 做好粤港澳大湾区建设这篇大文章［N］. 南方日报，2019-01-08.

［73］国务院港澳事务办公室. 国务院港澳办：中央已明确大湾区五大战略定位及港澳广深四城定位［EB/OL］.［2019-01-13］. http：//finance.sina.com.cn/roll/2019-01-13/doc-ihqhqcis5833379.shtml.

［74］汪云兴. 六方面发力建设国际科技创新中心［N］. 佛山日报，2018-12-28（F02）.

［75］李晓峰. 发挥高校在粤港澳大湾区建设中的支撑作用［N］. 中国教育报，2018-11-15（5）.

后　记

粤港澳大湾区建设是习近平总书记亲自谋划、亲自部署、亲自推动的国家战略。2019年2月中共中央、国务院印发《粤港澳大湾区发展规划纲要》后，粤港澳大湾区11市相继出台了一系列配套政策文件，粤港澳大湾区建设进入全面实施阶段。

为了让读者对粤港澳大湾区建设这一国家战略有一个全景式的了解，本书写作组系统梳理大湾区建设的国内外背景，分析其面临的机遇和挑战，阐述11市的发展现状及其在大湾区建设中的作用与功能，呈现大湾区建设的最新进展，探讨大湾区建设路径，等等。试图从理论和实践两个层面对粤港澳大湾区建设进行较为深入的分析研究。

本书第一章作者为姜晓婷，第二章和第六章作者为刘杰，第三章和第四章作者为冯雅璐，第五章作者为姚迈新、谢兴梅。刘杰副研究馆员做了大量组织协调及全书统稿工作。中共广州市委党校副校长丁旭光对本书的写作框架、具体内容给予了细致的指导并对成稿进行了修改。感谢中共广州市委党校常务副校长孟源北、副校长尹德慈、科研处处长杨玉斌等的支持鼓励，使本书得以顺利出版。

由于作者自身水平所限加之资料掌握尚不够全面，本书难免有错漏和不足之处，敬请读者批评指正。